幕末から冷戦後まで

ナショナリズムの時代精神

米原謙・長妻三佐雄 編

萌書房

まえがき

幕末・維新から冷戦後までの近現代日本の二〇〇年間を、ナショナリズムの問題に焦点を当て考察することが本書の課題である。ナショナリズムに関する諸理論を適宜参考にしながらも、具体的な状況の中で展開されたナショナリティをめぐる多岐にわたる言説が特定の図式に収斂してしまうことをできるかぎり避けようとした。本書は通史篇と人物篇から成り立っているが、通史篇では、各時代のナショナリズム像を、それが展開された言説空間の中で再現することを心がけた。人物篇でも、対象となっている人物のテクストを具体的な時代状況と関連づけて読み直し、それぞれのナショナリズム観を浮き彫りにしようと試みた。

これまで、ベネディクト・アンダーソン『想像の共同体』やホブズボウム『創られた伝統』などの影響を受けて、近代日本を対象に国民国家の形成過程が検討されてきた。その中で、日本という枠組みそのものが問い直され、ナショナル・アイデンティティやナショナリティを自明のものとして語るのが難しくなったことはよく知られている。明治維新以来、西力東漸の中で、国家的独立を保持するために中華秩序を前提とした国家から西欧的な主権国家体制への移行が急速に行われた。近代的な中央集権国家をつくりあげるため、国境を画定するとともに、その境界内にいる人々を国民化する必要が生じたのである。言語の問題をはじめ、国民をつくりだすための政策が様々なレベルで行われ、必ずしも言語や文化の面で同質的ではない人々が国民という枠組みに統合されてきた。多種多様な個性を持つ人々を国民という枠に当てはめるため、政治的なレベルで強圧的な手段がとられた。また、殖産興業が推進される中、新しい産業構造に適応するために、独自の生活様式を有する人々が自らを国民化することを余儀なくされた側面もあるだろう。国民国家やナショナリティが近代の産物であり、日本でも明治以降につくられたものであることは否定できない事実である。もちろん、近代的な国民国家とそれ以前の国家との連続性に注目する研究もあり、近代日本においてつくりだされたナショナル・アイデンティティの源泉を近代以前に求めることも可能である。だが、その場合でも、主にマジョリティの論理を前提としており、マイノリティの国民化という問題は避けて通ることはできないであろう。これらのことを念頭に置きながらも、本書では、できるだけ特定の図式や先入観にとらわれることなく、それぞれの執筆者が複雑で多様なナショナリズムに関する言説と向き合うことを目的とした。

近代日本のナショナリズムを概観するとき、戦時体制期の「偏狭なナショナリズム」に対して、明治期のナショナリズムを「健全なナショナリズム」と位置づけることがある。しかし、ナショナリズムを根源的に批判する立場に立つならば、「偏狭なナショナリズム」の病理性はナショナリズムそのものの問題性であり、「健全なナショナリズム」も決して例外ではない。「健全なナショナリズム」が堕落して「偏狭なナショナリズム」になったのではなく、そもそも「健全なナショナリズム」に病理性が内在していたと見ることもできる。例えば、「健全なナショナリズム」の一例として挙げられることの多い政教社のメンバーに三宅雪嶺がいる。明治期に雪嶺が展開した在野精神に裏打ちされた議論を、昭和期の「極端なナショナリズム」と直結させることには、正直のところ違和感がある。他方、昭和期に雪嶺が残した文章を読むとき、まったく関係がないかと言えば首を横に振らざるをえない。重要なのは、「健全なナショナリズム」から「偏狭なナショナリズム」へという枠組みも、ナショナリズムをトータルに批判する図式も前提にせず、ていねいに雪嶺の思想的な営みを追うことではないだろうか。

したがって、本書では、具体的な時代状況の中で展開された、複雑で多様なナショナリズム像を追究することを目標にしている。それらは簡単に「健全なナショナリズム」や「偏狭なナショナリズム」といった枠組みに回収できるものではないだろう。また、近代だけではなく、ポスト産業社会の現代にまで視野を広げ、ナショナリズムの変遷を辿ったが、具体的な言説を追求する中で浮かび上がってくる問題は、必ずしもナショナリズムという枠組みには収まりきらない。本書では、ナショナリズムの問題を手がかりに、それぞれが対象とした時代や人物の豊饒な姿を垣間見ようとした。

通史篇では、日本でナショナリズムが芽生え始める幕末期からその変容が指摘される「帝国」日本の時代を経て、戦後高度成長期から一九八〇年代の中曽根政権、二〇〇〇年代の小泉政権・安倍政権まで視野に入れて、近現代日本のナショナリズムを考察していく。第1章では、小寺正敏が化政・天保期から明治国家確立期までの国家意識を概観した。第2章では、田中和男が「一等国意識の浸透と動揺」というタイトルで明治後期のナショナリズムの諸相を検討した。第3章では、萩原稔が明治末期から大正期のナショナリズムを中国革命の影響などを踏まえて分析し、第4章では、滝口剛が「大正デモクラシー」体制の崩壊から日中戦争・日米戦争にいたる「極端なナショナリズム」の時代を検証した。第5章では、長妻三佐雄が占領下における日本のナショナリズムについて論じ、第6章では、米原謙が高度成長期からポスト産業社会に至るまでの現代日本のナショナリズムを検討した。

人物篇・第1章の安西敏三論文では、福澤諭吉が「報国心」を尊重しながらもナショナリズムを「偏頗心」として相対化する視点を有していたこと、トクヴィルを参考に「推考の愛国心」を培おうと苦心していたことを明らかにした。第2章の魯炳浩論文では、「人民」を主体とした吉野作造の国家像を検討するとともに、朝鮮をはじめとする他者との関係から吉野のナショナリズム論の特質を考察した。第3章の織田健志論文は、長谷川如是閑が重視していた「生活事実」の意味内容を分析し、それが一九三三年前後の「日本回帰」を境に変容していることに注目したものである。第4章の李建華論文では、津田左右吉が古代から近代に至る「国民思想」の研究を通して、明治以来の「国体観念」に基づく国家体制とは異なる国家像を模索していたことを検証した。第5章の胆紅論文では、蝋山政道の「東亜協同体論」と比較しながら、中国ナショナリズムと共存するかたちで展開された尾崎秀実の「東亜協同体論」の特質を明らかにした。第6章の平野敬和論文は、一九五〇年代から六〇年代前半に戦争体験を問うことが戦争責任論に及ぼした影響を分析し、丸山眞男や竹内好の議論を踏まえた上で、橋川文三の戦争体験論・戦争責任論に迫まるものである。

読者が、本書に登場する人物の本を実際に読み、さらに古典的な書籍に触れるきっかけにしてくださるならば、編者にとって何よりの喜びである。最後に、引用については、現代仮名遣い・新字体にあらため、適宜ルビを振ったことをお断りしておく。

二〇〇九年八月

長妻　三佐雄

参考文献

苅部直・片岡龍編『日本思想史ハンドブック』新書館、二〇〇八年
中野目徹『政教社の研究』思文閣出版、一九九三年
米原謙『近代日本のアイデンティティと政治』ミネルヴァ書房、二〇〇二年

ナショナリズムの時代精神——幕末から冷戦後まで——＊目次

第2章　吉野作造——〈ネーション〉のあり方——

ナショナリズムの時代精神

——幕末から冷戦後まで——

第Ⅰ部　通史篇

第1章　黎明期の国家意識

幕末から明治国家確立まで

はじめに

十九世紀に幕藩体制は深刻な「内憂外患」（徳川斉昭《なりあき》）に直面することになった。「内憂」とは百姓一揆や打ちこわしの激化など、体制内部の危機的状況の進行を指すものであった。「外患」は欧米列強の船舶が日本近海に出現する状況として表面化した。幕府は「外患」への対応として、異国船打払令を発布し鎖国の「祖法」を堅持する方針を示した。しかし、アヘン戦争における清の惨敗の情報に衝撃を受け、薪水《しんすい》給与令を発して打払政策を変更した。「外患」は「癸丑《きちゅう》以来」として意識される幕末の欧米列強の来航によって深化した。この危機感を背景に、列強との対峙を目指す戦略としての攘夷《じょうい》論が形成される。一方、朝廷が政治過程に浮上することにより、尊王論と結びつき幕藩体制を相対化する言説が形成される。しかし、現実には幕藩体制がただちに否定されるに至ったわけではなく、尊王と敬幕とは整合性を持っていた。しかし、最終的に成立した尊王から倒幕への転移は、朝幕間のヘゲモニー争奪戦というパワー・ポリティックスの結果であった。

もちろん、朝廷への権力移動をもって政治闘争が終結したわけではなく、維新当初は権力構想も流動的であった。戊辰戦争から廃藩置県の間に、国家の諸方面における改革が進行した。廃藩置県後に政府は西洋諸国の視察のために岩倉使節団を派遣したが、その間にも改革は継続された。この時期の改革過程において確実に剥離していったのは復古色であった。幕末期に朝廷の政治的比重が大きくなったが、「神武創業之始《じんむそうぎょうのはじめ》」への回帰が期待されていたわけではなかった。現実政治家たちにとっては、朝廷の統合機能こそが重要だったのである。その段階で、尊王論のイデオロギーも有効性を失っていった。

民撰議院設立の建白に始まる自由民権運動は、明治十年代に藩閥政府の上からの立憲構想との緊張関係の中で高揚した。しかし、運動は急進派の激化事件と政府の攻勢を経て凋落し、政府の立憲主義が大日本帝国憲法（明治憲法）として結実した。憲法原理において、天皇大権の淵源は水戸学や復古国学に通ずる「天壌無窮《てんじょうむきゅう》の神勅」に求められた。明治憲法体制に籠絡された人間像は、「日本帝国成立の一分子にして、倶《とも》に国の生存独立光栄を護る者」（『憲法義解』）としての「臣民」であった。そして、「臣民」像を明確に示したものが教育勅語であった。「内憂外患」の中から胎動を始めたナショナリズムは、明治憲法と教育勅語に形を整えたのである。

1　「内憂外患」とナショナリズムの萌芽

神話的日本観の成立――平田篤胤

日本のナショナリズムの源流を考える場合、その形成の歴史的条件として化政・天保期の「内憂外患」を看過することはできない。この時期には、ロシアの通商要求と北方での紛争やイギリスのフェートン号事件など、対外問題が深刻になっていた。このような「外患」の蓄積が、日本という国家意識を高める遠因となっていくのである。その過程で強烈なエスノセントリズムを主張したのが、復古国学を提唱した平田篤胤《あつたね》（一七七六―一八四三）であった。

国学はすでに「内憂外患」以前に、中世の因襲的な古典の解釈を批判し、主情主義的理解を主張するものとして成立した。その創始者契沖《けいちゅう》（一六四〇―一七〇一）から、荷田春満《かだのあずままろ》（一六六九―一七三六）・賀茂真淵《かものまぶち》（一六九七―一七六九）を経て、本居宣長《もとおりのりなが》（一七三〇―一八〇一）に至って近世国学が確立した。宣長は古典文学に表現された人間の心情を感じ取ること主張し、人情の働きを抑制する儒教的規範主義を「さかしら」として否定した。この「漢《から》意《ごころ》」の排除は、『古事記伝』の大成に示されるような文献学的方法の展開とともに、儒教・仏教など外来思想が渡来する以前の「神の道」を発見し、それへの回帰を目指す思想的課題を明確にしていった。

平田篤胤の復古国学は、宣長における「神の道」の観念を独特の神道的世界観に仕上げ、価値規範の根本に高めることを目指して成立した。篤胤の根本的世界観は『霊《たま》の真柱《みはしら》』に示されている。それによれば、原初の混沌から澄んだ気は上昇して天になり、濁った重い気は下降して「泉《よみ》」（黄泉）となる。その中間に固まったものが地である。天・地・泉の生成を知ることは、「神の功徳《いさお》」を知り、さらに、「我が皇大御国《すめらおおみくに》は、万《よろず》の国の、本《もと》つ御柱《みはしら》たる御国《みくに》にして、万の事万の物の、万の国に卓越《すぐれ》たる元因《もとのいわれ》」（『霊の真柱』）、および「我が天皇命《すめらみこと》は、万の国の大君に坐《ま》しますことの、真理《まことのことわり》」（同上）を知ることになると主張する。

コスモロジーと日本の卓越性の関係を、篤胤は服部中庸《なかつね》（一七五六―一八二四）の『三大考』に依拠しつつ、天地の生成過程から説明する。すなわち、日本の所在は、「天と地との断たりし蔕《ほぞ》の処」（同上）であるとするが、その意義を果実に譬《たと》えて、蔕の部分が後に熟するのは「蔕のところは、成り初《そ》むる本《もと》なるが故に、その気《いきおい》の盛《さかり》に厚かればなり」（同上）として、諸外国は早くから「わろくかしこくなれる」（同上）が、日本は「久しく神代の随《まま》に大らかなりし」（同上）と説明する。
篤胤の思想の出発点は日本神国論にある。日本は神の生んだ国であるがゆえに、「万国に秀《ひい》で勝《すぐ》れ、四海の宗国」（同上）であり、「人の心も直《なお》く正し」（同上）いことが、彼の一貫した主張である。この論法によれば、日本の伝承はすべて正しく、外国のものはすべて「妄説《みだりごと》」として否定される。彼の活動時期には洋学の受容も進み、西洋のコスモロジーも知られていたが、篤胤にとっては、「紛ワシキ処ヲモ、学問ノ眼《まなこ》ヲ以テハ、其《その》真偽 忽《たちまち》ニ見分《みわか》ル」（『古道大意』）ことができ、「事実ト古エニ徴シテ考エル」（同上）ことにより、「殊《すぐ》レテ御国ノ古伝説ガ真実ジヤ」（同上）と思うようになると述べている。

篤胤は記紀を中心に、「諸《もろもろ》古典《いにしえぶみ》に見えたる伝《つたえ》どもを通考《あわせかんが》えて、新たに撰びたる古史の文」（『霊の真柱』）に依拠して、独自の世界観を展開した。その世界像は近代科学的観点から見れば荒唐無稽のものでしかなく、そのコスモロジーを根拠とするかぎり、日本の万国に対する卓越性の論理もしょせんは独善的とする誹《そし》りを免れない。確かに、彼の神話解釈には独断に満ちた強引な論理がある。しかし、神話そのものは記紀以来の伝承として、古典の知的遺産として教養人たちを中心に共有されていた。ただ、神話的世界観が社会的な行動規範として、広く支持されていたわけではなかった。それを古典学的教養の域に留めず、倫理の根源として規範化を試みたところに、平田国学の思想としての時代性が見られる。篤胤が執拗なまでに探究した幽冥観の意義も、死後の「霊《たま》の行方の安定《しずまり》」（同上）を知ることが、「大倭心《やまとごころ》を、太高く固まく欲《ほり》する」（同上）者にとって、死後安心を得ることでこの世に生きる覚悟を確立することの重要性にあった。

篤胤のコスモロジーによれば、天照大神の「神勅」を根拠として、その後裔たる天皇が統治する現世がある。したがって、天地生成の秘儀を知ることによって「大倭心」を確立することは、天皇の君臨する日本において己が分を守って務めを果たすことという主張となるはずである。しかし、そのことは必ずしも幕藩体制を否定することにはならない。むしろ、神慮を理由として現実の幕藩体制を肯定することによって、自らの職分に精励することを求める封建倫理を補強する役割を果たしたのである。化政・天保期においては、篤胤にかぎらず国学全体にとって、現実の幕藩体制を否定する理由は存在しなかった。したがって、その観念的な神国観の中に、日本を他者と峻別する意識の原型を見出すことができるという意味で、ナショナリズムの萌芽を見ることができるのである。

戦略的思考としての国体論——後期水戸学

水戸学も「内憂外患」以前から成立していた。その源流は水戸藩第二代藩主徳川光圀《みつくに》（一六二八―一七〇〇）が着手した『大日本史』の編纂事業にある。この修史事業は、『史記』伯夷《はくい》伝を読んで感銘を受けた光圀が、史書の編纂を通じて、歴史の根底を貫流する道徳規範を世に示そうする意図のもとに始まった。この事業推進のために、一六七二（寛文十二）年に彰考館《しょうこうかん》が設置された。光圀の死を経て、修史事業は財政難などの理由から一時衰退したが、一七八六（天明六）年に立原翠軒《すいけん》（一七四四―一八二三）が総裁として彰考館を再興するに至って再開された。この修史事業の理念が水戸学として確立されるが、彰考館の再興以後のものを後期水戸学と称する。そこには、前期水戸学の時代よりも深刻化した体制的危機が背景に存在し、それを克服すべき戦略的思考としての国体論が主張されている。

翠軒のもとで抜擢された藤田幽谷《ゆうこく》（一七七四―一八二六）は、天下国家においては必ず名分が存在し、「皇祖開闢《かいびゃく》より、天を父とし地を母として、聖子・神孫、世《よよ》明徳を継ぎて、以て四海に照覧したまう」（『正名論』）のが天皇であって、「庶姓の天位を奸《おか》す者あらざる」（同上）ことが示すように、「君臣の名、上下の分」（同上）が厳然として存在しているがゆえに、日本は四海に卓越した国であるとする。したがって、幕府は天下を統治するとはいえども、君臣の名分を守るべく、「幕府、皇室を尊べば、すなわち諸侯、幕府を崇《たっと》」（同上）ぶとして、幕府は尊王精神を保持することによって、現実の統治が肯定されることになる。この理念は会沢正志斎《あいざわせいしさい》（一七八一―一八六三）に継承される。しかし、会沢においては、国体の危機が強く認識されている。折から迫り来る「内憂外患」にもかかわらず、「天下の士民は、ただ利のみこれ計り、忠を尽し慮を竭《つく》して以て国家を謀るを肯《がえ》んぜず」（『新論』）という、幕藩制的支配の現状、および「異端・邪説相踵《あいつ》いで作《おこ》り、巫覡《ふげき》の流あり、浮屠《ふと》の法あり、陋儒《ろうじゅ》・俗学あり、西荒耶蘇《せいこうやそ》の説あり」（同上）という精神的状況を指摘する。すなわち、これを総合して言えば、「国家の安危を忘れて、而《しか》して時務に達せざる」（同上）議論が横行する状況ということになる。

会沢が『新論』を書いたのは一八二五（文政八）年のことで、幕府の異国船打払令の発布に呼応するものであった。「今、幕府、断然として明かに天下に令し、虜を見れば必ずこれを摧《くだ》け、と公然として天下と同じくこれを仇《きゅう》とす」（同上）と述べている部分が、それを指している。彼にとっては、空論を展開しているような時代状況ではなかった。列強の接近と秩序の弛緩という内外から迫る危機的状況に対して、それを克服すべき方策の模索こそが、経世の学に求められることであった。会沢は、「諳厄利《イギリス》、突然として来りて長崎を擾《みだ》し、浦賀に闌入《らんにゅう》し、常に洋中に往来渟泊《ていはく》す」（同上）というフェートン号事件を含めた列強の日本接近の事実を踏まえ、「邦君《ほうくん》をして強を国に養うを得しめ」（同上）る強兵策を主張する。ここに言う「国」とは当然藩と同義である。ところが、「今俗は驕淫《きょういん》に赴き、諸侯は僭奢《せんしゃ》」（同上）であるような状況なので、「一時の権宜《けんぎ》にして、必ずしも永制となさず」（同上）ということを条件として武備の強化を展開している。すなわち、幕藩体制の存続を前提としながら、対外的危機への挙国一致的な対応策を求めているのである。すなわち、会沢は幕府の統治上の主導権を認めつつ、その責務を果たすことこそが、「聖子・神孫の皇祖・天神に奉ずる所以《ゆえん》の大孝」（同上）であるとして、「尊王敬幕」の国体論を主張している。

幽谷から会沢への水戸学の継承と併行して、時代も「内憂外患」の様相を深化させた。そのような事態が水戸学の国体論を一層先鋭化させていったのである。しかし、水戸藩という立場上、ついに幕藩体制を国体論によって克服することはできなかった。その意味でも、また日本の卓越性の主張からも、水戸学の国体観念は平田国学と同質のものであった。藤田東湖《とうこ》（一八〇六―五五）の言う「尊王攘夷は、実に志士・仁人の、尽忠・報国の大義なり」（『弘道館記述義』）の主張も、平田篤胤のいわゆる「大倭心を、太高く固まく欲する」ことに通うものを持っている。

しかし、東湖は「世の神道を奉ずる者は、鴻荒《こうこう》を談説し、幽眇《ゆうびょう》を張皇《ちょうこう》し、或は隠を索《もと》め怪を行うの弊あり」（同上）と述べているが、この批判は平田国学に対するものである。すなわち、水戸学は、幽冥と怪異への関心を示す平田国学との間に一線を画したのである。水戸学は「神州」意識を前提とするが、日本が「神州」たることの根拠に深く言及しなかった。水戸学にとっては、「内憂外患」に対して、幕藩体制における治者の立場としてなすべき対策が求められたのである。ここに政治思想と宗教思想との機能的差異があるも言えよう。しかし、その差異は、「内憂外患」を克服するための戦略的思考の表と裏を示していた。水戸学はその言説の中に萌芽的なナショナリズムの観念を含みつつ、現実にいかなる政策を遂行するかに議論を集中していた。一方、平田国学は「神州」意識を倫理として内面化する試みを示していた。この政治と倫理の関係が、ともに幕末期の激動の中での行動の原理としての意味を持つことになったのである。

2　幕末・維新期におけるナショナリズム

開国論のナショナリズム――佐久間象山と横井小楠

幕末期における「外患」の様相は、化政・天保期に比べて、緊迫感が一層高まっていた。一八五三（嘉永六）年に来航したアメリカ東インド艦隊司令長官ペリー（一七九四―一八五八）の、日本開国を果たそうとする固い決意もさることながら、日本が鎖国の「祖法」を墨守している間に世界情勢が大きく動いていた。欧米列強諸国の圧力が「祖法」を揺るがすことは確かに「外患」であるが、「祖法」に固執してアヘン戦争における清と同じ命運を辿るとすれば、「外患」は一層深刻なものになったであろう。しかし、開国に踏み切ったところで、「外患」がただちに終わるわけでもなく、植民地化の危険は否定できなかった。それを回避できるか否かで幕府の威信が問われることになった。この状況を背景として、化政・天保期においては萌芽的段階にあったナショナリズムの観念が、いよいよ発展することになったのである。

卓越した軍事力を背景に進出して来る欧米列強諸国に対して、復古国学のような、「神国」日本が万国に冠するという優秀性を掲げても無益であった。独善的な幻想で攘夷を唱えるよりも、むしろ列国に対峙しうる国力を養成して、自国の独立を貫徹するいう姿勢の方がはるかに現実的であった。武備の必要性は早くから海防論が指摘していたが、その早い例としての林子平《しへい》（一七三八―九三）の『海国兵談』においても、主張するところは幕藩体制の現実を前提としての海防であった。

日本の海防観に修正を迫ることになったのがアヘン戦争であった。天保改革時に薪水給与令を発して、異国船打払令を事実上撤回したことがそれを示しているが、それとともに、より強く海防の必要性を認識させることにもなった。佐久間象山《しょうざん》（一八一一―六四）は日清両国の地理的状況から、「国本を固くし、海洋防禦の事備具致し候様、本邦に生を受候ものは、願わしき事に有之候」（加藤氷谷宛書簡、天保十三年十月九日）と述べている。象山は信州松代藩の藩士であるが、ここに言う「本邦」は日本を指していると考えられる。しかし、嘉永三年四月二十七日の三村晴山宛書簡において、「乍不肖御取用《ふしょうながらおとりもちい》にも相成候はわば、文武の学制を定めて、御家中に人材を育《やしな》い立て、御国本に培《つちか》い、志気を興起し候て、世の変革にて、御他家は衰爾《すいじ》候ても、御国家のみは、いや常磐《ときわ》に御長存御座候様支度」と述べている部分では、「御国家」は松代藩を意味している。同書簡には、「御国恩〈日本を合せて申し候也〉を報じ可申」と述べている部分があるので、藩の立場を考える視点と、日本全体を考慮する視点とが、彼において並存していたことを示している。

象山のナショナリズムはペリー来航に遭遇して、松代藩士としての立場に立脚しつつ、外国に対置した日本の意識として高揚する。そのときのアメリカ側の姿勢について、「その挙動詞気《しき》、殊に悖慢《はいまん》を極め、国体を辱むること細ならずして、聞く者切歯《せっし》せざるはなかりき」（『省諐録』）と憤激し、ペリーの画像を寸断して怒りを表したという。では、いかにすべきかと言うに、「外夷をして易侮の心を開かしめざるは、これ防禦の至要なり」（同上）と述べているように、象山にとって、他国に対して日本が対峙しうる海防策を樹立することが急務であった。しかし、現実には、武士たちは身分的特権に安住し泰平に馴染んで、「兵謀師律《しりつ》の何事たるかを知らず。一旦国家の急あらば、誰か能く軍士の服するところとなりて、敵人の衝突を遏《とど》めんや」（同上）という有様であった。したがって、この窮状を打破するためには、「敵」を知ることが必要であると主張する。「兵法の先務も、彼を知り候より専なるはなく、当今海防の御先務も、彼を知り候より急なるは無御座《ござなく》」（時務に関する幕府宛上書）と述べているように、「敵」を知るために西洋の事情や兵学を学ぶ必要があると主張する。そして、西洋の事情や学問を学ぶためには、西洋の語学に精通しなければならないと考えている。このように、象山自身は一藩の武士の身分に留まりながら、異国の「敵」を認識し、それに対峙する道を模索することによって、すなわち「東洋の道徳と、西洋の芸術」（『省諐録』）に立脚して、ナショナリズムの観念を育んでいったのである。

象山は一八六四（元治元）年に兇刃《きょうじん》に倒れたが、その頃に、熊本藩の出身で福井藩主松平慶永《よしなが》（春嶽《しゅんがく》）（一八二八―九〇）のブレーンとして活躍した横井小楠《しょうなん》（一八〇九―六九）にも、同じナショナリズムの観念が見られる。小楠は開国と鎖国の是非を比較衡量的に論じながら、双方の利害を認めた上で、「天地の気運に乗じ万国の事情に随い、公共の道を以て天下を経綸」（『国是三論』）することが肝要であると主張する。しかし、一国の「経綸」としては開国通商を推進する道を採ることを良策とする。彼はその上で海防の必要性を説いている。その切迫した根拠として述べている「英・仏大挙して満清を討ち、天津を破り京畿に迫る」（同上）とは、アロー戦争である。清国に対する列強の武力行使を挙げて外的脅威を説き、脆弱な武備をもって、鎖国のもとでの泰平の夢にまどろむことがもはや不可能であることを指摘する。

そのためには幕府の主導のもとに改革を断行し、人心を収斂して「軍制を定め其威令を明らかに」（同上）することが焦眉の急であるとし、そうすれば、外国の圧力も恐れるに足りないものとなり、いつか海外に乗り出すことになれば、「数年ならずして外国却て我仁風を仰ぐに到らん」（同上）ことになると述べている。小楠は若い時期に朱子学を学び、武士としての人間形成を果たした。そのかぎりでは、彼は伝統的武士道に立脚していたと言えるが、「武」の内実を、緊迫する時代状況に対応すべく読み替えていく姿勢に、象山の「和魂洋才」の観念に相通ずる開明性があった。すなわち、小楠においても、封建的割拠状況を乗り越えるナショナリズムの可能性が内包されていたのである。

忠誠転換の思想——吉田松陰

「癸丑」以来急速に流動化する情勢の中で、自らの意識転換を体感しつつ、幕藩体制を相対化する方向に進んだのが吉田松陰《しょういん》（一八三〇—五九）である。松陰にとっても、象山と同様に状況に覚醒することによって発見したのが「西洋」であった。

松陰は伝統的な山鹿《やまが》流の兵学を学んだが、早くから西洋の兵学に関心を示していた。ペリー来航に際しても、泰平に鼓腹する日本の現状ではアメリカの軍事力に対してとうてい勝ち目がないとするのは、象山や小楠と共通する危機意識である。国書受理についても、「国体を失するの甚しき」（杉梅太郎宛、嘉永六年六月二十日）と悲憤の意を示している。松陰は兵力の彼我の差を認識しつつ、日本のあるべき姿へと国家像を築いていく。それが旧弊に泥《なず》んだ幕藩体制を超克すべきものとなることは、必然の道であった。彼は、「今之俗吏は天下国家の御大事を何事も思はず、己が固陋《ころう》偏執を以て、御上の御不覚とも相成るべき事を組立候事、実に以て痛哭流涕《つうこくりゅうてい》長太息に堪ざる事に御座候」（玉木文之進宛、嘉永六年九月十日）と、ペリー来航の脅威に対しても、対応する術を持たない幕藩体制の支配層を批判する。

しかし、この段階では、松陰はただちに幕藩体制を否定したわけではない。「僕は毛利家の臣なり。故に日夜毛利に奉公することを錬磨するなり。毛利家は天子の臣なり。故に日夜天子に奉公するなり。吾等国主に忠勤するは即ち天子に忠勤するなり」（松本黙霖宛、安政三年八月某日）と述べているように、彼にとっては、武士としての忠誠心は、藩侯に向けられたものがそのまま天皇に向かうべきものなのである。しかし、忠誠相克が起きたとき、藩侯や将軍の天皇への忠勤が怠慢であった場合は、直諫《ちょっかん》は忠誠と同回路を経て上達すべきであるが、もし幕府が受容しない場合は、「公然として東夷は桀紂《けっちゅう》と申なり」（同上）と断言する。すなわち、幕藩体制は朝廷への忠誠を担保として存在が容認されるのである。

確かに、幕府の正統性を保障するものは、朝廷からの大政委任の観念である。したがって、幕府が尊王の念を欠くときは、その正統性は否定され放伐も理論的には可能であるが、松陰においては、「桀紂」と排撃されるのは、朝廷との関係における幕府のみであって、藩侯自体を放伐の対象とする論理は持っていなかった。彼は自らの脱藩に対しても、「僕の家国に背く、其の罪国より大なり」（小田村伊之助・林寿之進宛、嘉永五年一月十八日）と自己批判している。その前提として「天下に君なき国なく、亦《また》親なきの郷なし、安《いずく》んぞ永く君親を棄て以て利を謀る者あらんや」（同上書簡）とする君臣倫理が、「孔門の教」（同上書簡）を通じて内面化していた。すなわち、松陰にとっては、技術としての西洋兵学の意義を高く評価し、「外患」に対してはそれを受容し活用すべきであると主張するが、彼のメンタリティは東洋的な儒教倫理が中心であった。その人間観を基盤とした秩序思想は、忠誠対象を幕府から朝廷に置換させることはできても、自らが帰属する藩を否定するものではなかった。

一八五八（安政五）年に、幕府がついに勅許を得ることなく日米修好通商条約を調印するに至って、尊王攘夷論からの批判が激化したが、幕府はただちに批判者に厳しい弾圧を加えた。安政の大獄である。この段階において松陰は危機意識を深化させつつ、幕府への不信を顕わにし「違勅討伐」（益田弾正宛、安政五年九月六日）を期待するようになる。すなわち、幕府は「違勅」の条約調印によって、留保されていた存在理由が否定されたのである。彼の言動は結果的には大獄の処分対象となるが、一層直接行動への親近性を強め、獄中でありながら「真忠孝に志あらば一度は亡命して草莽崛起《そうもうくっき》を謀らねば行け不申候」（佐世八十郎宛、安政六年二月九日頃）と述べるほどになる。佐久間象山や横井小楠よりも若く、しかも彼らよりも早く世を去った松陰が、先達たちのナショナリズムの観念をラディカルに純化しえたのである。

神々の変革とナショナリズム——幕末国学と神仏分離

化政・天保期に本居宣長および平田篤胤の双方の学派の間に対立はあったが、両学派とも社会の諸階層に及ぶ多くの門人を擁して、それぞれ活動を展開していた。対立の要因は、篤胤が展開したコスモロジーや幽冥観が、宣長国学には見られない特異性を示していたことにあったが、国学特有の強烈なエスノセントリズムは両派に共通するものであった。ところが、後世に「国学四大人」として、荷田春満、賀茂真淵、本居宣長、平田篤胤が総称されたため、あたかも平田学派の学統が正統性を持っているように見えるが、それは篤胤の門人大国隆正《たかまさ》（一七九二―一八七二）が、自らをその学統の継承者として位置づけることを意図して述べたものである（『学統辨論』）。

しかし、平田派の国学者たちの言説が、幕末期に大きな影響力を持つに至ったことは事実である。その背景には、

「内憂」と認識された事態が、幕末期に世直しを求める状況に進展し、「外患」が開国と攘夷のはざまで益々深刻になったことがあった。すなわち、平田国学の担い手の多くが村落指導層であり、世直し状況に敏感に反応したこと、および国学特有のエスノセントリズムの論理が攘夷論の思想を支えたことによって、幕末期の「内憂外患」に対応する思想と把握されたのである。したがって、平田篤胤の国学思想が思弁的であったのに対して、幕末国学は幕末期の問題状況に対応して、より実践的になったと言える。それは復古国学の名にふさわしく、神仏習合以前の神祇信仰への回帰であった。

神道の現実は古代以来の神仏習合の状況にあったが、国学のエスノセントリズムはこのあり方を厳しく批判していた。国学が神職層に受容されたのも、神仏習合のもとで仏教の風下に立たざるをえなかった神道の側にとっては、排仏論が強力な思想的武器と理解されたからであった。平田篤胤の幽冥論は来世観への関心が低い神道に対して、宗教としての性格をより強く付与するものであった。上述のように平田国学の継承者を称する大国隆正は、「外国の教法をもて、外国の教法を防がんより、わが国に固有の神道をおしたてゝこそ、西洋の邪教は防ぐべきことなれ」（『尊皇攘夷異説辨』）と述べ、キリスト教に匹敵する精神的根拠としての神道を主張している。

しかし、神道の純粋性や至高性を強調すればするほど、現実の神仏混交状態や宗教としての未熟さを認識せざるをえなくなる。そこから、国学は日本の万国に対する卓越性を理想として説くとともに、日本宗教の現実を改変しようとする主張が現れる。前者の論理は「日本国の天皇を、世界の総王として、万国より仰ぎたてまつる」（『新真公法論』）とする天皇万国総帝説に発展する。後者は王政復古に逢着して、「御一新御確定ノ神道」（『浦上問題につき意見書』）の樹立の主張に発展する。天皇万国総帝説は非現実的で、実現すべくもないが、神道の変革は平田・大国の門人を含めた神祇官僚たちによって、神仏分離政策として推進された。

神仏分離を国学発展の思想史的文脈の中に置いた場合、それは復古国学の理論的到達点と見ることができる。しかし、それを政策として具現するに至るには、パワー・ポリティックスの論理の役割を無視するわけにはいかない。王政復古の大号令に「神武創業之始」という一句を加えざるをえなかったのは、大政奉還後における権力の流動的状況の中で、復古国学の信奉者が少なからず存在する村落指導層を、新政府側に取り込む必要性があったからである。そのために、復古的な祭政一致の理念が前面に押し出されたのである。

祭政一致の理念の制度化は、神祇官制が新政府の三職七科の一科として出発し、一八六九（明治二）年の官制改革において太政官の上位に神祇官を設置することで完成した。それと併行して展開した神仏分離政策が契機となって、日吉山王社《ひえさんのうしゃ》の廃仏暴動を発端として全国各地に廃仏毀釈《はいぶつきしゃく》が波及した。しかし、一八七一（明治四）年の廃藩置県後の官制改革によって、神祇官は神祇省に格下げとなった。それは権力の流動的状況が終わったことを意味するものであり、近代国家確立を目指した現実政治家たちと、復古国学者たちとの「蜜月」が終わったことを意味するものでもあった。国学者玉松操《たままつみさお》（一八一〇—七二）の「奸雄《かんゆう》ノ為ニ售《たばか》ラレタリ」（『岩倉公実記』）という痛恨の感慨が、それを端的に表現している。

この事態をナショナリズム発展過程の潮流の中に置くと、復古国学が国家的規模で支持されたことにより、そのナショナリズム的言説がキリスト教に匹敵する精神的基礎の確立という課題を、きわめて短期間ではあるが担うことになったと見ることができる。しかし、ついにナショナリズムの旗手となりえなかったのは、その過度なまでの非科学性と時代錯誤性が開化の潮流に適合しなかったからである。

3　文明開化から明治国家の確立へ

国家と文明――福澤諭吉

明治維新は英語で The Meiji Restoration と訳されるように、復古としての一面を持っていた。しかし、国家体制の実態は、経済、技術、教育など生活に関わる多様な領域において、西洋文明の成果を導入することによって、確実に維新としての道を進んでいた。明治初年段階のキーワードは文明開化であった。福澤諭吉（一八三五―一九〇一）などの啓蒙思想家たちはその潮流の先頭に立って、時代をリードしようとしていた。

福澤諭吉は文明開化について、「人民はあたかも先祖伝来の重荷を卸《おろ》し、いまだ代りの荷物を荷わずして、休息する者の如くなり」（『文明論之概略』）と述べている。彼にとっては、封建的な因習の打破は新しい国家の創設のための道程であって、決して打破自体が目的ではないのである。日本は開国以来、欧米諸国との交流が進んだが、「西洋諸国は文明にして、我日本はいまだ文明に至らざること」（同上）が歴然としていて、彼我の文明の差が大きいことを痛感する。彼は秩序が自立した個人の自治的行動によって支えられる社会であるのに対して、我は「恩義、由緒、名分、差別の考」（同上）、すなわち封建社会の価値観が優越した社会である。福澤にとっては、西洋的な意味での個の覚醒と、それを存立の基礎とする国民国家の確立を可能ならしめるものが文明なのである。各人が「その家業を営み、身も独立し家も独立し天下国家も独立」（『学問のすゝめ』）することになるのである。

当時の日本が直面している諸問題のうちでも、条約改正は重大な外交上の難問であった。すなわち、西洋諸国との関係において、日本は不平等の位置にあった。その克服のために、理想としての「天地の公道」論や非現実的な攘夷論を掲げても無意味であった。彼は国家的課題が山積する維新期にあたって、日本人の義務は「国体を保つ」

(『文明論之概略』)ことにあり、それは「自国の政権を失わざること」(同上)であると主張する。さらに、国の独立は文明によってのみ保つことができると考え、自国の独立のためには、文明を進歩させなければならないと主張している。彼は文明を「外に見《あら》わるる事物と内に存する精神」(同上)に区分し、後者の達成の方が困難であるが、「国の文明」のためには「難を先にして易を後に」(同上)することを主張する。彼の言う「事物」としての文明とは鉄道や都市景観などで、経済力や技術力によって達成することは容易である。一方、「精神」としての文明は「一国の人心風俗」(同上)であるが、日本人にとって「西洋に行わるる文明の精神を取る」(同上)ことこそが急務であるとする。

かつて佐久間象山や横井小楠は、「和魂洋才」の発想に立脚してナショナリズムを志向した。それに対して、福澤の主張では「和魂」さえも「洋魂」に置換するかのように見える。有名な楠公権助論に象徴されるように、福澤は封建倫理の批判者として理解される。しかし、それだけのことなら、彼は皮相的な文明開化論者にすぎない。ナショナリストとしての福澤を見ようとするならば、彼の文明論の論理をさらに読み解く必要があろう。

福澤が文明論において強調するのは、文明の成果ではなくその精神である。文明開化の現状を、「文明の形は進むに似たれども、文明の精神たる人民の気力は日に退歩に赴けり」(同上)と述べている。すなわち、明治維新の諸改革は「事物」の改革を進めたが、「精神」は改革しなかったというのである。維新に近代的国家制度樹立のための諸準備としての意義を見出しているが、それを支える倫理を生まなかったことへの批判がここにある。

福澤にとって、個人と国家とは矛盾するものではなく、国家を志向する個人の自立こそが模索すべき価値であった。封建社会における被治者としての民衆の「お上」意識は、結局は一国の独立を失わしめることと同然なのである。ただし、彼は特定の政治体制の樹立を主張しているわけではない。「国の文明に便利なるものなれば、政府の体裁に立君にても共和にても、その名を問わずしてその実を取るべし」と述べているように、政体よりも、むしろ政体を主体的に選択し、それを自立して支える人間像を求めているのである。福澤はナショナルなものを個人の内面から支える倫理を求めたのである。彼にとってのナショナリズムの理想は、世界に向かって「万国対峙」の実をなすべき国家の樹立であった。

民権論と国権論のはざま――自由民権運動

自由民権運動の発端は、板垣退助（一八三七―一九一九）たちが一八七四（明治七）年の民撰議院設立の建白書を、太政官の左院に提出したことである。この建白書は新聞『日新真事誌』に掲載されたため、広く議論を巻き起こし自由民権運動の口火を切ることになった。政府は運動を厳しく取り締まる一方で、「上から」の立憲主義を模索した。西南戦争を最後に士族反乱が収束すると、言論による「有司専制」批判が本格化し、自由民権運動は全国的に発展した。運動の性格上リベラリズムの側面が強調されがちであるが、その思想においては国権論を軽視することはできない。

例えば、植木枝盛《えもり》（一八五七―九二）は、「民権を張らざれば国権を張り独立を保つ事もできず」（「民権自由論」）として、民権と国権とは表裏一体のものであることを主張する。また、中江兆民《ちょうみん》（一八四七―一九〇一）も外交について、「富国強兵の二者は天下の最も相容れざる者」（「論外交」）とする平和外交論を掲げる一方で、「惴々焉《ずいずいえん》として外国人の鼻息これ伺ふてわずかに独立を図るが如きは、実にあさましきの限りにあらずや」（「外交論」）として、「全国民討死と一決して一歩も退かざるの心」（同上）を持って列国に対峙すべきことを説いている。

このような「万国対峙」の志向は、維新期の文明開化の延長線上に位置するものであった。条約改正が実現しないかぎり、「万国対峙」の成就は不完全であるとしても、西洋文明を理想視し文明開化を自負することによって、マイナス・イメージを持ったアジア観を形成することになる。すなわち、中国や朝鮮を列強進出の脅威のもとに守旧の惰眠を貪る国として侮蔑する考え方である。この視点はナショナリズムの「脱亜」的言説を生み出すものであるが、それが自由民権論者の主張する国権論にもそのような言説が見られる。

　朝鮮外交は一八七五（明治八）年の江華島《ガンフワド》事件によって膨張主義的傾向を強めていくが、それとともに朝鮮を見下す論調も広がっていった。それに加えて、清国との対決姿勢を強めていく契機となったのが、一八八二（明治十五）年の壬午《じんご》軍乱であった。自由民権系の『朝野新聞』では、大院君《テウォングン》（一八二〇―九八）の反動主義を批判し、朝鮮の開化を援助することは、朝鮮のみならず「我ガ日本国権ヲ伸ブルガ為メ」（朝鮮鎖攘家ノ乱、一八八二年八月八日）とする論説を掲げている。しかし、同じ自由民権系の『郵便報知新聞』の論説においては、実力的に均衡状態にあると見られる清国と事を構えることは、ロシアに乗ずる隙を与えることになるとする。よって、「日支両国ノ大計ハ相イ結ビ相イ助クルニ在リ」（東洋ノ大勢大計ヲ論ズ、一八八二年九月五・六日）と主張する。

　壬午軍乱の頃までの自由民権運動におけるアジア観の基調は、おおむね朝鮮の開化独立の保持と、清国の影響力の排除にあるといってよい。しかし、清国との対決姿勢の過熱は、ロシアに東アジア進出の口実を与えることになるとする警戒感が強かった。その傾向が変化してまたも清国への敵愾心が高揚していったのは、壬午軍乱後に朝鮮に対する清国の宗主権が強化されたためであった。一八八四（明治十七）年に甲申《こうしん》事変における朝鮮開化派のクーデタが挫折すると、反清国感情は一層の高揚を見せた。福澤諭吉の有名な「脱亜論」に示されるように、朝鮮を日本の守りとするとともに、清国への警戒を強める言説が現れる。それは自由民権運動の場合も同じであった。『郵便報知新聞』は、朝鮮および清国の「倨傲《きょごう》」を批判し、「我ガ独立ヲ鞏固《きょうこ》ニスルノ法ハ唯ダ清韓二国ヲシテ我ガ威信ニ感服セシムルニ在ル」（支那朝鮮ヲシテ倨傲心ヲ増長セシム勿《なか》レ、一八八四年十二月二十一日）と主張する。その方法として掲げる「勇決果断」は、『自由新聞』が掲げる「日本兵ノ武力ヲ宇内《うだい》ニ示スベシ」（一八八四年十二月二十七日）という論説と共通する主張と考えてよいであろう。

自由民権運動を、「有司専制」批判と政治的自由のための闘いという側面から見るかぎりでは、福島事件以降の急進派による激化事件を経て、凋落の一途を辿ったかのような印象を受けざるをえない。確かに、立憲主義運動としての民権の主張は凋落したが、「万国対峙」志向としての国権の主張は、ナショナリズムの展開という歴史的文脈の中に位置づけることができる。上に述べたように、自由民権運動におけるアジア観は、欧米列強諸国の圧迫による対外的危機意識を下敷きにしていた。この対外認識が、日本が列強の植民地になることなく文明開化を達成しえた自意識へと反転したと見ることができる。先鋭化するアジア蔑視と表裏一体の対アジア膨脹主義も、民権の拡張を求める壮士的自負の延長線上で理解することができる。しかし、自由民権運動の帰結点は、藩閥政府の外見的立憲主義に対する敗北であり、対アジア強硬路線を進むナショナリズムは、明治立憲国家によって担われることになったのである。

明治国家の精神的基礎の整備――明治憲法と教育勅語

明治十年代後半には自由民権運動は凋落の一途を辿った。政府の弾圧にもよるが、運動自体に内在する要因もあった。北村透谷《とうこく》（一八六八―九四）が民権壮士たちと関わりを持っていた頃、運動資金調達のために同志から強盗に誘われ、苦悩の末に民権運動から離脱したエピソードは、民心が激化する運動から離れて行く状況を象徴している。これより前の一八八四（明治十七）年に、板垣退助は加波山事件の直後に自由党の解党を宣言したが、運動の指導層にとっては、やがて到来する国会開設に向けて力を温存したいと考えていた。それは民権壮士たちにとっては、指導層の運動に対する裏切りの以外の何物でもなかった。

自由民権運動の変貌と併行して、政府の「上からの立憲主義」の樹立作業が進んでいた。一八八三（明治十六）年、伊藤博文（一八四一―一九〇九）が憲法調査のための渡欧から帰国すると、早速統治機構の改革と憲法起草作業に着手した。憲法草案は枢密院での審議を経て、一八八九（明治二十二）年に大日本帝国憲法として公布された。このいわゆる明治憲法は欽定憲法として制定され、日本国は「万世一系」（第一条）にして、「神聖ニシテ不可侵」（第三条）たる地位の天皇が「元首ニシテ統治権ノ総攬《そうらん》者」（第三条）たることと定められた。そして、天皇主権の淵源が「天壌無窮の神勅」に求められた。ここに、古代の記紀神話が近代国家の政治神話として再認識されたわけであるが、同時に水戸学や復古国学が執拗なまでに主張していた日本神国論の思想的前提が、近代日本のナショナリズムにつながったのである。

統治者としての天皇に対して、被治者としての国民は「臣民」として把握された。もちろん、近代の立憲国家の制度として、基本的人権に相当する内容は一応保障されていたが、「臣民の権利義務」という概念で規定され、しかも「法律の留保」が付されていた。すなわち、明治憲法の根本原理は、国家と個人との関係を基本的に対立と捉える自由主義とは異なり、「臣民」の忠誠意識を窮極的に国家に収斂《しゅうれん》する国家主義であった。

明治国家は「臣民」の忠誠意識を不断に回収する機能を教育に求めた。一八八九（明治二十二）年に開催された地方長官会議では、普通教育に関する建議において、「我国家ヲ知ラシムルヲ勉メ、真ノ日本人タルニ恥ザル者ヲ養生センコトヲ冀望《きぼう》ス」（松平正直宮城県知事）や、「我国体ヲ基トシ徳育ヲ発達セシメンコトヲ冀望シテ止マザルナリ」（籠手田安定島根県知事）などのような、国家主義精神に基づく教育の必要性を強調する意見が提示された。すでに、一八七九（明治十二）年に発せられた教学聖旨において、文明開化以来の「専ラ智識才芸ノミヲ尚《たっ》ト」ぶ風潮が、「仁義忠孝ヲ後ニシ、徒《いたずら》ニ洋風是競ウニ於テハ、将来ノ恐ル、所、終ニ君臣父子ノ大義ヲ知ラザルニ至ランモ測ル可ラズ」となるのではないかと憂慮する考え方が示されていた。教学聖旨はそのような国民精神の危機に対して、「道徳ノ学ハ孔子ヲ主」とすることを主張しているが、その起草者は元田永孚《もとだながざね》（一八一六—九一）であった。元田は国民精神を涵養するためには、儒教倫理を根幹とすべきと考えていた。この理念はやがて井上毅《こわし》（一八四三一九五）とともに作成する教育勅語に反映することになる。

教育勅語は一八九〇（明治二十三）年十月に公布された。勅語では「忠良ノ臣民」として、父母への孝や朋友への信などの諸徳目の実践が求められたが、それは儒教倫理に基づくものであった。この倫理的生き方は窮極的には、「一旦緩急アレハ義勇公ニ奉シ以テ天壌無窮ノ皇運ヲ扶翼《ふよく》スヘシ」とする国家への絶対的な忠誠に向けられるものであった。ここに、旧幕時代に始まった「内憂外患」を契機とするナショナリズムの胎動は、幕末期から自由民権期にかけての時期における国家像の模索を通じて成長し、明治憲法と教育勅語によって明治国家において明確な形を現すことになったのである。

おわりに

本章では、平田国学や水戸学のナショナリズムの萌芽となった言説が形成された時期を起点とし、明治憲法と教育勅語に示された明治国家の確立に至るまでの、約一世紀足らずの時代を対象としている。一九世紀のほとんどを覆い尽したこの時期に、藩体制を超えた近代的な立憲国家が形成された。「内憂外患」の状況が、結果的には藩体制を克服する原動力となったのであるが、幕藩体制にとっての「内憂外患」が解消された後は、新たな課題が現れた。国内的には憲法制定に至るまでの藩閥と自由民権運動との争い、対外的には条約改正への努力、譬えて言えば、明治国家にとっての新たな「内憂外患」であった。明治立憲体制の確立は、藩閥側の勝利として一応の決着を見たことになる。しかし、「外患」としての条約改正問題は、憲法制定後の時期に持ち越されることになる。それとともに、ナショナリズムの潮流も新たな局面を迎えることになる。

参考文献

『平田篤胤　伴信友　大国隆正』〈日本思想大系〉50、岩波書店、一九七三年
『水戸学』〈日本思想大系〉53、岩波書店、一九七三年
『吉田松陰』〈日本思想大系〉54、岩波書店、一九七八年
『渡辺崋山　高野長英　佐久間象山　横井小楠　橋本左内』〈日本思想大系〉55、岩波書店、一九七一年
『宗教と国家』〈日本近代思想大系〉5、岩波書店、一九八九年
『教育の体系』〈日本近代思想大系〉6、岩波書店、一九九〇年
『憲法構想』〈日本近代思想大系〉8、岩波書店、一九八九年
『対外観』〈日本近代思想大系〉12、岩波書店、一九八八年
飛鳥井雅道『中江兆民』吉川弘文館、一九九七年
海原徹『吉田松陰』ミネルヴァ書房、二〇〇三年
J・ヴィクター・コシュマン／田尻祐一郎・梅森直之訳『水戸イデオロギー』ぺりかん社、一九九八年
子安宣邦『平田篤胤の世界』ぺりかん社、二〇〇一年
松浦玲『横井小楠　儒学的正義とは何か』増補版、朝日新聞社、二〇〇〇年
松永昌三『中江兆民評伝』岩波書店、一九九三年
松本健一『評伝佐久間象山』（上・下）中央公論社、二〇〇〇年
丸山眞男・松沢弘陽編『福沢諭吉の哲学　他六篇』岩波文庫、二〇〇一年
米原謙『植木枝盛――民権青年の自我表現』中公新書、一九九二年

第2章　一等国意識の浸透と動揺

明治後期のナショナリズムの諸相

はじめに

ペリーの来航を契機とする近代日本の国家形成は、一八九〇年前後の大日本帝国憲法の制定と帝国議会開設によって制度的な枠組みが整えられた。しかし国家を支える国民意識を前近代の「客分意識」（牧原憲夫）を抜けきれない被支配層にまで浸透させ、封建領主・将軍への忠誠心を天皇・国家への愛国心・ナショナリズムに転換することは九〇年代以降の大きな課題として残されていた。

対外的な近代国家としての独立を主権線の周辺の利益線の構築に求める明治国家の指導層の路線は、欧米列強との対立に先んじて琉球・韓国の支配権をめぐって、中国（清国）との対立解消を優先させた。日清戦争の勝利で琉球・台湾の領有を認知させたものの、朝鮮半島の支配をめぐってはロシアとの対立をもたらし、二十世紀早々、日露戦争を戦うことになる。日本の中国への領土的野心は、列強の中国分割（瓜分《かぶん》）を促進するとともに中国のナショナリズムを刺激した。また朝鮮半島・中国東北部（以下、満州と表記する）への関心は、ロシアとの対立が日露戦争で一応の和解を見た後は、太平洋国家として発達しだしたアメリカ合衆国との対抗関係を明確にしていくことになる。

日清戦争、義和団の乱・北清事変、日露戦争と続く対外的戦争を、政府官僚・民権派政治家、さらには国民が挙国一致的に支えたと言っても間違っているわけではない。初期議会の民権派・民党と藩閥側・吏党《りとう》の対立が、自由党土佐派の裏切りや天皇の関与で薄められていたとはいえ、日清戦争の勃発によって挙国一致モードに転換された。教育勅語の天皇の署名への拝礼を逡巡し、天皇に対する不敬を批判されたのはキリスト者・内村鑑三（一八六一―一九三〇）であった。彼はいち早く日清戦争を文明化した日本による野蛮な中国の変革を目指す文野《ぶんや》の戦いとして正当化した。自由民権運動に遅れた世代である徳富蘇峰《そほう》も同じように日清戦争を日本の文明化の証として認識する。経営する『国民新聞』の記者を従軍記者として派遣し、読者に日本人としての一体感と戦争への協力を煽り立てた。日清戦争は必ずしも長期にわたる総力戦ではなかったが、国民意識の動員という点では、日露戦争以降の戦争遂行のモデルとなった。

この時期に国民に浸透していくナショナリズムが、しかし、天皇を頂点とした一枚岩と理解することは短絡的すぎよう。例えば、日露戦争への過程であっても、ロシアに対する強硬な対応を求める対露同志会や七博士の開戦意見に現れている一枚岩的愛国心を求める動きと対抗するような非戦論の主張を無視することはできない。文野の戦いとして日清戦争を肯定した内村鑑三だけではなく平民社の社会主義者たち（例えば幸徳秋水《こうとくしゅうすい》、堺利彦）、キリスト教正教派（例えばロシア正教派の桂木頼千代）の人々、さらには与謝野晶子の「君死に給うことなかれ」などが、日露開戦に対しては疑問を投げかけた。反戦論ではなくとも、厭戦的な気分は国民の間に広がり、日露戦終結に際して、講和条約への反対暴動（日比谷焼打ち事件）が発生した。講和条約が容認した権益の不十分さに対する不満とともに、戦争へ国民の協力、死傷者や経済的負担や犠牲に対して正当な考慮がなされていないと国民には感じられたのである。

実際、分裂する階層や格差を生じた多様な利害や意見を持つ国民、私的な欲望を充実させようとする青年層をどう統合していくのかが日露戦争前後や日露戦後の政治の課題であった。十九世紀末から議論されだした貧富の隔絶・労働条件の改善などの社会問題に対しても、農商務省が『職工事情』を編集し、工場法の制定の方向が模索される。青年層に対しては自然主義文学の流行を阻止するように求める文部大臣通達が出され、農村青年に対しては青年会・処女会が官製組織として全国ネット化された。一九〇八年戊申《ぼしん》詔書が出され、地方改良運動が展開されるのも、日清・日露戦争での国民統合が安定的なものではなかったことを意味していた。もちろん、ナショナリズムの歴史にとって、一枚岩ではなく、多様な語り口を認めることによって、意図しない形で、国民意識の統合を可能にさせる基盤となったと言うことができるかもしれない。多義・多様な形で主張される明治後半期のナショナリズムの諸断面を、もう少し近接して検討してみよう。

1　帝国意識の形成——国体と一等国

幕末・維新期の日本に国民形成の中心に据えられたのは天皇を中軸とする伝統であった。それは、明治国家の形成とともに構築されていった。明治初期に福澤諭吉らによって使用された国家の体制や独立を意味する世界に普遍的な「国体」概念は、幕末水戸学の伝統と重ねられて、万世一系の天皇を中心とした日本の特殊性に特化された。一八九〇年に発表された教育勅語がその結晶であった。陸羯南《くがかつなん》や志賀重昂《しげたか》らによって各国のナショナリティを意味するものとして使われた「国粋」も、天皇の存在を前提にした日本文化の優秀性を示す言葉として定着する。

天皇崇拝の浸透

明治初年以降、天皇・明治政権は、天皇崇拝を国民意識に根づかせるために、教育や軍事の面だけではなく、国民が祭る神々を、天皇の祖とされた天照大神《あまてらすおおみかみ》を頂点とする聖なる構造（ヒエラルヒー）に包摂していった。国事に殉じた戦死者の霊を祀る招魂社・靖国神社の創設、伊勢内宮《ないくう》と各府県・町村の神社・社、無名の産土神《うぶすながみ》の格づけが行われた。一八七三年にはキリスト教の日本人への布教が公認され、大日本帝国憲法では「安寧《あんねい》秩序を妨」げず「臣民たる義務に背かざる限」りでの「信教の自由」が保障された。実際、「外部に向いて礼拝・儀式・布教・演説及結社・集合を為すに至ては固《もと》より法律又は警察上安寧秩序を維持する為の一般の制限を遭《あ》」うのが当然であっても「内部に於ける信教の自由は完全」と考えられた（伊藤博文『憲法義解』）。さらに教育勅語が予定する天皇崇拝は特定の宗派や道徳に依拠しないものとされた。天皇への崇拝＝国家神道が宗教ではないとされるようになる。多様な信仰や道徳を持つ国民も「一旦緩急あれば義勇公に奉じ、以て天壌無窮《てんじょうむきゅう》の皇運に扶翼《ふよく》」する姿勢が要請された。

天皇の存在を国民の前に示すために、あらゆる機会が使われた。幕藩時代には天皇の行動範囲が京都御所の紫宸《ししん》殿《でん》に限定されていたのが、ペリーの来航などを契機に諸寺社への祈願礼拝が政治的に利用されだした。維新以後も、天皇の東京への移住の際に伊勢神宮、熱田《あつた》神宮を訪問した。天皇の即位・大嘗祭《だいじょうさい》、皇族の出生・死去の際にも下賜金の付与や恩赦を実施した。洪水や災害に際しても侍従を派遣したりしている。教育の面では各小学校に御真影《ごしんえい》（天皇の肖像）を配布して、学校行事の際に礼拝させた。戦争の開始や終結に際しても、天皇の戦争指導が印象づけられた。開戦・終戦の詔勅だけではなく、神社への報告・祈願の儀式も無視できない。例えば、日露戦争の終結時には、一九〇五年十一月に総理大臣・桂太郎らを引率して明治天皇は東京駅を出発、伊勢神宮に「平和克服御奉告」のため「行幸《ぎょうこう》」した。天皇は内宮・外宮《げくう》で「拝礼」の上「御告文《おつげぶん》」を奉納し「神助を謝」した。平和克服の奉告は、全国の官幣《かんぺい》社・国幣社、賀茂両社、男山八幡、靖国など一三社に掌典《しょうてん》、神武・孝明天皇陵に掌典長を派遺して行われた。伊勢神宮への「行幸」に際しては、近隣の地方名望家、実業家、例えば、真珠養殖の御木本幸吉《みきもとこうきち》などを招いて、それぞれの事業について聞き取らせ、孝貞を賞して金品を与えることも行った（『明治天皇紀』）。

湖北の村落の日清・日露戦争

滋賀県湖北のマキノ町知内地区には一七四五年以来書き続けられた『記録』が残されている（古川彰編『村の日記』二〇〇八年、関西学院大学社会学部古川研究室）。庄屋や書役が書き始め、明治以後は戸長《こちょう》・書記が書き継いだという。詳細は書き手の判断で、必ずしも重要なことがすべて書かれているわけではない。一八九四―九五年の日清戦争については書かれていない。しかし、九四年十二月三日には「知内尋常小学校江《へ》御真影御迎候《そうろう》入費左に／御真影諸器械／諸雑費合金五十二円九十三銭七厘」などの記述がある。九五年七月中旬から「連日降雨」のため川筋の堤防が決壊した。「天皇御名代」として「片岡侍従」が「堤塘潰壊及《および》家屋の惨状視察」した。九八年には饗庭野《あえばの》で陸軍が演習のため宿泊する。しかし、日露戦時期には、戦時の経済負担の記事が多く記されている。一九〇四年二月「日露戦争軍資金」として「国庫債券応募」（三〇二五円）、三月「戦時国民貯蓄組合規則により貯蓄する」こと、一九〇五年三月「第二回国庫債券応募」（五〇円）、「第四回国庫債券応募」（五五円）、六月一日には「日露海戦日本海にて開戦日本大勝利露艦全滅の号外」、「各戸に国旗を掲げ祝意を表し」、地域の神社に参拝して「奉告祭」と「祝賀会」さらには「提灯《ちょうちん》行列」を行った。八月九日の「樺太《からふと》占領」に際しても「奉告祭」を行い、「祝意」を表して新撰酒を配った。その間前年四月に徴集され「戦闘の際生死不明」だった鳥居宗七の死亡は一月十三日に確認され公葬式が行われている。草の根のナショナリズムは、日露戦争を通して動員され、組織化されていった。

日露戦時期に区長代理・区長を務め、一九〇八年に退職した人物（中川太七）への「功徳《くどく》表」は次のように言う。

区長として「熱血を注《そそい》で公共的事業に尽し校舎の合一道路の開鑿《かいさく》を企図」するなど「民業の為めに発達し通学の

為めに進歩し其享《そのう》くる所の幸福実に、枚挙に遑《いとま》あらず尚《なお》愛国殉忠の志深く常に国事に尽瘁《じんちょう》し国家に貢献……」と地域住民への幸福の増進と愛国・国家への貢献が並行して語られている。

日露戦後には、対外的には新たな軍備拡張・植民地経営の拡大（韓国領有）に備え、国内的には、弛緩した国民統合の再結集を図るべく、戊申詔書の渙発《かんぱつ》と国内産業の発達を目指す地方改良運動が展開されだす。上記の湖北の地域でも一九〇九年十二月に「戊申詔書の記念として各戸に桐一本ずつを記念樹として植栽」し、農会の事業として、「第一回農産物品評会」を開催し、優秀な出品者を表彰した（米、雑穀、蔬《そ》菜など）。しかし、一等国にふさわしい軍事大国化は思うにまかせなかった。そのための行政改革は、貧困者への救護費を削減し、増税を常態とする国民の負担の増大であり、政府のすべきことを民間の自発的組織（例えば報徳社や青年会）に委ねることであった。財政の安定のために、地域の村落・字《あざ》が共有している部落有財産統一が推進され、無格社とされた在地の産土神が統合された。一九〇七年に一二万社であった無格社は五年後には七万六〇〇〇社に半減した。地域の産土は淫祠《いんし》邪教として否認され、天皇・伊勢神宮の信仰に回収されようとした。

日露戦後の国民統合

天皇中心の公定ナショナリズムは様々なルートを通して国民に浸透させられた。削減された救貧関連では、天皇の慈恵が利用された。日露戦後の社会問題の深刻化と、社会主義や労働運動を展開させた。戦時期にも平民社の非戦論の主張を生み出し、一九一〇年には大逆《たいぎゃく》事件として弾圧されていく。こうした治安対策のために治安警察法の制定と並ぶ、飴《あめ》と鞭《むち》の政策として天皇の下賜金を基にした恩賜《おんし》財団済生会の設立があった。一九一一年二月の「施薬救療の勅語」と一五〇万円の下賜金を呼び水にして国民の寄付を募り、「無告《むこく》の窮民」に対して施薬救療することを求めた。経済状況の変化と「人心動《やや》もすればその帰向を謬《あやま》らむとする」状況をただすためであった。

こうした動きもスムーズに進展したわけではない。在地の産土を破壊する政策に対しても、自然を破壊するとする南方熊楠《みなかたくまぐす》や、産土信仰と結びついた家意識を解体させるとする柳田《やなぎた》国男らの反対は有名である。大阪近郊の地域でも「目前支障なき旧慣を打破し、且つ信仰心を害するの嫌」いがあるとして、地域の指導者にも反対や反感が多いと報告されている（『伊丹市史』）。公定ナショナリズムの中軸とされた国体をめぐっても、いくつかの論争が展開している。ここでは南北朝正閏《せいじゅん》論争と天皇機関説を取り上げる。両者ともに、国体に関わっている。

南北朝正閏問題は皇室が中世において後醍醐天皇系の南朝（大覚寺統《だいかくじ》）と足利尊氏に支持された北朝（持明院《じみょういん》統）のいずれの系統が現代まで継続しているかという万世一系の正統性に関わる問題であった。一三九二年の南北朝統合以来、男系の天皇は北朝の系譜を引いている。しかし、水戸学以来の国体イデオロギーは南朝の正統を暗黙の前提にしている。この「平地に波乱を起こした」のは国定教科書の編纂であった。小学校義務教育の再編に伴い、教科書代の公費負担は教科書の内容についても国家・文部省の監視の度合いを強めた。教科書出版についての汚職事件の発覚がその傾向を強めた。編纂された尋常小学校日本歴史の南北朝に関する記述が、教員や知識人・政治家に不満をもたらした。教科書の編者が「南北朝を全く対等視」するのは「国に同時に二天皇なかるべきことを信条とし、国体を重んじ、大義を明らかにせむと欲する者」には認められない歴史観であった。歴史の学問論争はこうして歴史観をめぐる政争となった。国会議員が帝国議会に質問案を提出した。批判の対象は、編纂の中心となった喜田貞吉《きたさだきち》に集中した。一九一〇年に、師範学校・中学校などの教員に対する文部省教員講習会での喜田の発言も問題とされた。『南北朝正閏論纂』（山崎藤吉他編、一九一一年）は議論の対立として、南北朝対等説に喜田、三上参次、久米邦武《くにたけ》らを挙げ、北朝正統説の吉田東伍、浮田和民《かずたみ》ら、南朝正統説として、穂積八束《ほづみやつか》、井上哲次郎、黒板《くろいた》勝美、姉崎正治らの多数派に分けて紹介している。事実として南北朝が存在したとしても、国体・国民道徳・国家教育の立場から南朝正統説を「最も正当と認むべき」とした。

明治末期の天皇機関説論争も、学問論争というより、国体についての政争の要素があった。正閏論争が文部教員の講習会が議論の出発点となったように、機関説論争も、文部省の教員講習会で美濃部達吉（一八七三―一九四八）の機関説が公然と語られることに天皇主権説を唱える上杉慎吉が批判したことを発端としている。それ以前の一九〇九年二月に開催された憲法公布二〇年記念祝典が興味深い。東京市長・尾崎行雄、東京商業会議所会頭・中野武営、資本家・渋沢栄一が発起人となり、桂首相、衆貴両議員が参加した。前年には憲政施行二〇年を祝う集会が、伊藤博文や山県有朋《やまがたありとも》が参加して行われた。憲法制定会議が開催された建物を下賜された伊藤が別邸として再建した「座敷開」を兼ねていた。伊藤が憲法制定時のエピソードを語り、政党内閣に反対する超然主義を唱え、この当時も「憲法中止論までなしたりと噂」された山県有朋が「憲政は欧米人の特有にあらず、我憲政の前途多望なりと演説し」て、政友会の実力者・原敬《たかし》を驚かせた（『原敬日記』）。

立憲政治の理解が一様であったわけではないにしても、日本が近代立憲国家として確立していることの共通の理解が、藩閥政権の中心人物である山県有朋と政党の領袖《りょうしゅう》の原敬には存在していた。大正期には憲政擁護をめぐって、藩閥、政党が対峙することになることの前提として、一九〇〇年代の最初の一〇年間に、立憲・法治国家＝日本とする漠然とした共通理解が存在していた。穂積八束・上杉慎吉らの天皇主権説は、この時期にはマイナーな主張に留まらざるをえなかった。マイナーであることを自覚した危機感が読み取れよう。一方、機関説の美濃部達吉の主張が憲法論の理論構築においては国体論を除外したものの、日本の文化や歴史の中での天皇尊重については学問的検討の外において自己の心情に組み込んでいたことは否定できない。政治家・知識人の中にも幕末・明治以来構築されてきた天皇への関心から免れることは難しかった。その点では機関説論者も日本の特殊性・優秀性を天皇の存在に認めることから自由であったわけではない。

一等国意識の成立

『吾輩は猫である』でデビューした夏目漱石は、この作品を含む小説や評論において、明治末期の日本人に拡がりだした一等国意識をやや批判的な口ぶりで語っている。日清・日露戦争に勝利して列強の仲間入りをしたとしても、自分たちでつくったのではない富士山を自慢の種にしていると、一等国意識の欺瞞を指摘した（例えば『三四郎』の広田先生の言葉）。日本の文明化が上滑りで外面的に留まり、日本人が独自に作為したものではないとする漱石自身のナショナリズムについては後に触れる。憲政の日本において、天皇は国家の重要だが一つの機関とするする主張は、天皇の伝統というエスニック・ナショナリズムから一定の距離を置いたシヴィック・ナショナリズムへの傾向を持つ。この時期は、日本人の起源を人類史の発展の中で考える学問も摂取され、日本人が多様な人種的起源を持つことも理解されだした。この背景にも、沖縄・北海道の日本への編入、台湾・朝鮮半島の日本の領有といった、帝国の拡大があった。一九〇三年、大阪で開催された内国勧業博覧会では、沖縄やアイヌの人々が台湾先住民などとともに見世物とされる人類館事件が発生した。

柳田国男（一八七五―一九六二）は一九〇〇年農政官僚として、農政・地方改良に携わる中で、地方の文化・民俗が多様な顔を持ち、農民や山民、漁民が形成する多元的な日本を語るとともに、家の保存という日本人全体に通ずる固有性を構想する日本民俗学の基礎をつくり始める。柳田の影響を受けながら、沖縄では伊波普猷《いはふゆう》（一八七六―一九四七）は一九一一年、『古琉球』（岩波文庫版）を著し、薩摩藩や明治政府による琉球支配・差別を批判しながらも、沖縄が日本に属し、さらに沖縄にこそ、本当の日本があることを訴えた。沖縄人の欠点が、支配者の転変により、以前の「恩を忘れやすい」「御都合主義」にあることを指摘し、「忠君愛国」を実行する前にこの欠点を改善することが急務とした。もちろん、一八七二―七九年の琉球処分は、狭い視野に閉ざされていた沖縄が、「旧制度の破壊と共に、永い間の圧迫が取去られたので、今まで縮んでいた沖縄人は延び始めた」と肯定的に評価されている。

こうして明治末年の日本において、様々な貌《かたち》を待ちながらも一等国としての日本という意識が、多くの日本人の心を捉えることになったのである。

2　ナショナリズムの自立——脱亜と連帯

文明化の使命

日本のナショナリズムにとって日本のアイデンティティに対抗するのは西欧列強よりも、同じ東アジアで日本と同様の西からの衝撃（Western Impact）を蒙り植民地化の危機に陥っている中国であった。幕末・維新期に西洋をモデルとした文明化の推進を日本の独立を確保する手段として主張した典型が福澤諭吉であった。福澤は明治中半の一八八五年に「脱亜論」を自ら経営する『時事新報』に掲載した。文明化を拒否する中国と文明化した日本との差異を明確にするために、アジアの野蛮・半開から脱し、アジアに対して欧米が行うと同じ行動（領土侵略）を取ることを支持した。福澤によれば「満清政府をあの儘《まま》にして置いて、支那人を文明開化に導く」ことは「真実無益」であった（『福翁自伝』）。日清戦争については「官民一致の勝利、愉快とも難有《ありがた》いとも云いようがない」と語っている。日清戦争を勝利に導いた要因として「新日本の文明富強」を挙げ、前提条件として「先人遺伝の功徳」「先祖の賜《たまもの》」というエスニックな基盤を確認していた。逆に敗北した中国には文明化の努力と民族的基盤が欠如することが示唆されている。停滞した砂のような中華であった。

すでに述べた内村鑑三も、日清戦争を文野の戦いとして正当化した。『国民新聞』の従軍記者として朝鮮半島に派遣された文筆家として、松原岩五郎や国木田独歩がいた。松原岩五郎は貧民窟の探訪記事で有名であり、日清戦争に従軍する前には『最暗黒の東京』（一八九三年）を著し、政治・経済の中心であり、文明化の進んだ東京のど真ん中に文明から隔離されたように、不潔で怠惰、犯罪の危険を秘めた貧民がつくる「異界」が存在することを自身の経験から証明した。朝鮮半島に日本軍とともに渡った松原が見たものは、国内の貧民窟と同様の「異界」としての朝鮮・中国であった。彼が伝えるのは「海岸に群集する怪人種の風俗」であり、「天性怠惰を以て有名なる朝鮮国人」であった（松原岩五郎『征塵余禄』民友社、一八九六年）。

国木田独歩の日清戦争経験

のちに文学者として有名となる国木田独歩（一八七一―一九〇八）が物書きとしての名声を勝ち得る契機となったのが、松原と同様『国民新聞』の従軍記者として書いた「愛弟通信」であった。同胞（日本人）に対して弟に宛てた体裁で書く独歩の意図がまず語られる。客観報道ではなく、現在のオリンピックなどの国際スポーツと同様の応援団報道であることは意識されてはいる。実際、中国軍と戦う日本軍と行動をともにし、旅順に赴き、敵地に上陸して見たものは、敗走した「魂のなき支那《しな》兵」と後に残された「豕《ぶた》小屋の如くに住」む中国民衆であった。彼らは「吾をおば殆ど盗賊視する也。余乃《すな》わち指先に地を書して曰く、吾等は奪う者に非《あら》ず、買わんと欲する也。家豕《かし》を売らずや。と彼只《ただ》エヘラ〳〵と笑うのみ、尚《な》お深く吾等を疑うものの如し」。敵対する戦場での出会いであるが、中国民衆と国木田との交流が描かれている。周囲の人々の中に小児がいるのを見つけた国木田が「ビスケットを与うれば、喜びて食す。老人に煙草を与うれば、直ちに口にクワえ、火を貸せと云う。彼等に底深き猜疑《さいぎ》の念だになくば、実に可憐の民と云わざる可《べ》からず」（「愛弟通信」〈国木田独歩全集〉第五巻、学習研究社、一九九二年）。

国木田の従軍記事は国民の愛国心を刺激するものであり、それに対する批判的な構えは示していない。しかし、敗戦した民衆の哀れさや敵（日本人）に対する猜疑心は正確に映し出している。日本国民は国木田が記した中国民衆の悲哀を半世紀後に実体験することになる。引用した記事では、中国民衆の国木田への猜疑心を不条理のものとしてやや否定的に言及されているが、彼が残した私的な日記には違ったニュアンスを持つ記述が見られて興味深い。敵地に上陸した際の自分の不可解な行動を反省した記述である。「上陸して民家にいたりぬ。土民悉《ことごと》く逃亡して有らず。戯《たわむ》れに豚一頭、家鴨《あひる》二羽及び婦人用のくつ二足を掠《かす》めて帰艦する。……吾今にして婦人用のくつ一個を特に吾が手をもて携え帰りたるを悔んで止まず、吾何の権ありて此《こ》の民の家庭悦楽の一品を掠めたるか。／余人は兎《と》も角、余の如き天の民を一視《いっし》同愛すべき信仰を懐き乍《なが》ら出来心のたわむれとは言え、反省もせずして此の害悪を行う。／余実に後悔して止む能《あた》わず也」（『欺かざるの記』〈全集〉第七巻）。私的に語られた事実からすれば、読者に同胞として公に語られた中国民衆が、日本軍人や日本人に猜疑心を持って接し「奪掠する者と思い定め居る」のも当然であることが、国木田には了解されたことであろう。国木田の公定ナショナリズムの言説の背後に、その否定的側面を感知した私的ナショナリズムの感情がある。

泉鏡花の日清戦争批判

内村鑑三は、日本の戦争の実際の目的と戦争の残虐性を認識して非戦論者に転じた。国木田の無意識ながらの厭戦気分も、内村の意識をいく分かは共有するものであろう。反戦ではなくとも戦争に疑問を抱いた発言は、フィクションの分野でも見出すことができる。演劇の分野では、壮士演劇で自由民権を主張した川上音二郎が、日清開戦と同じ月末『壮絶快絶日清戦争』を開演して、好戦気分を盛り上げた。この芝居には赤十字の女性社員や従軍記者が登場する。こうした動きに反応するようにして、泉鏡花《きょうか》（一八七三―一九三九）も日清戦争終結後であるが、軍人や戦争を背景にした短編小説を発表している。鏡花は、現在では非政治的な幻想小説『高野聖《ひじり》』や花街の女性を主人公にした『湯島詣《もうで》』などの作者として著名である。しかし、デビューした初期には社会小説の作家としても期待されており、貧しい警察官の悲喜劇を描いた『夜行巡査』、東京の中心にある貧民窟、鮫が橋の貧民たちが華族階級の慈善=偽善を暴露する『貧民倶楽部《くらぶ》』を発表した。『貧民倶楽部』は松原岩五郎の『最暗黒の東京』が下敷きにされている。

鏡花は、日清戦争前後には、軍隊の壮行会で若い軍人が熱病死してしまう悲喜劇を描いた『予備兵』、愛人に会うため兵舎から軍人が逃亡し処刑される『琵琶伝』などを発表している。日清戦争の最終局面での戦闘地である海城での出来事を描く『海城発電』では、赤十字の看護員を登場させて、戦争に翻弄される民衆の運命や、従軍記者として報道するジャーナリストの冷徹な行動に焦点を当てている。主要な登場人物である看護員は赤十字の任務が敵味方を区別しない博愛的な活動にあると固く信じて、その任務に尽力していた。彼は日本の敵である清国の捕虜となる。そこでも敵味方を区別せずに清国の負傷兵を治療したことが評価され、清国に褒賞され、日本に引き渡される。小説は、看護員を受け取った日本軍夫たちが、看護員の博愛的態度には愛国心が欠如していると指弾する場面から叙述される。看護員は軍夫からリンチを受けても、さらに、看護員に思いを寄せる中国人女性が強姦される現場を見せられても、彼の原則的態度を変更しない。看護員がいずれかに連れ去られた後に、最後に現れるのが、一部始終を見ていた「黒衣の人」であった。彼は「眼光一閃鉛筆の尖を透し見つ。電信用紙にさらさらと、／月日　海城発電／余は目撃せり／日本軍の中に赤十字の義務を全《まっと》うして、敵より感謝状を送られたる国賊あり。然《しか》れどもまた敵愾心のために清国の病婦を捉えて、犯し辱めたる愛国の軍夫あり。委細はあとより」〈鏡花全集〉別巻一、岩波書店、一九五六年）。

鏡花は軍人や従軍記者として日清戦争を体験したわけではない。敵味方を区別しない赤十字の博愛主義を全面的には肯定していない。少女に対する凌辱《りょうじょく》を見逃す看護員の非情さも俎上に置かれている。一部始終を観察する「黒衣の人」には、事実の報道のために、目の前の人間の死を黙殺する非情な覚悟があった。戦時のメディアは、国木田がそうであったように、事実報道、小説、演劇などで、日本に有利な言説を繰り返していた。こうした状況に対する鏡花の違和感が表明されている。「敵より感謝状を送られたる国賊」の存在を指摘し、敵愾心にあふれる愛国の軍夫が清国の少女を犯し辱めたり、国賊に暴力を加えたことを描くことで、鏡花は「国賊」や「清国の病婦」に対して精一杯のシンパシーを表明し、国賊を非難し愛国を標榜する世論・マスメディアへの抗議を示したのであった。

国木田が日記に密かに記した公定ナショナリズムへの疑問を鏡花は小説家として虚構の世界でオープンに提示した。日露戦時期においても、戦争を正面から描写したわけではないが、『風流線』では、鏡花の出生地である金沢を舞台にして貧民救済を実践する慈善家の地域の政治ボスと結託した悪行を取り扱った。「活如来《いきにょらい》」「活仏」と呼ばれる慈善家は「救小屋」に多数収容した貧民に「草染の筒袖《つつそで》、同じ色の半股引、襟に黒く博愛と染め」させた記しを付けさせ、課せられる仕事場には「見廻り」が送られ「懲役同様」の監視を受ける。さらにそこから逃れても、県政と結びついて「巡査に引き立て」られ「小屋」に連れ戻される。日露戦争になだれ込んでいく日本社会が、金沢において地域政治家・博愛的慈善家によって張り巡らされた救済のネットワークと同様にいささか全体主義的性格を持つことを示唆したのであった。鏡花が対置するのは、地域ボスと慈善家の悪行に立ち向かう「義侠心」で結ばれた自立した個人からなるアウトローの集団であった（〈鏡花全集〉第五巻）。

アジアとの連帯と対抗

日清・日露戦争を通して、中国や朝鮮をアジアの停滞性の代表であり、中国人や朝鮮人を怠惰・不潔の権化《ごんげ》とする言説が定着していった。もちろん、これまで見てきたように、こうした言説に違和感を持つ者が国内にも現れていた。また、日清・日露戦争で、東アジアでの日本優位の秩序が安定しだすと、支配層だけではない、様々な民衆レベルでの交流が広がっていった。日本人による朝鮮半島での植民地伝道（仏教、キリスト教）、社会事業家、例えば岡山孤児院の活動も朝鮮半島を視野に入れだす。孤児院の経営者・石井十次は東アジアで孤児救済の拠点をつくる手始めに大阪事務所を創設し、朝鮮に関係者を派遣する。孤児の一人だった前原定一は職を求め朝鮮に渡り客死する。逆に、中国、朝鮮からも日本への流入が増加してくる。これらの人々によって、日本で定着しつつあるアジア観に対して批判が繰り広げられることもあった。例えば、日本留学中の中国の革命派の青年、陳天華《チャンテンファ》は、一九〇五年、日本政府が制定した清国留学生取締規則に対して中国人青年が抗議したことを「日本の新聞は、烏合の衆とそしり、嘲笑したり皮肉ったりし」たことに憤慨し、大森海岸で自死した。特に『東京朝日新聞』（十二月七日）が中国留学生による日本政府批判運動を「清国人の特有性なる放縦《ほうしょう》卑劣」としたことに対して「『放縦卑劣』の人種はこの世に存在することができない」とし、「放縦卑劣」という外からの烙印を甘受するかに見える中国人自身の抗議として自裁するとの「絶命書」を残した（西順蔵編『原典中国近代思想史』第三冊、岩波書店、一九七七年）。同時期に、仙台に留学中の魯迅《ルーシュン》は、捕虜として見せしめ（「示衆的材料」）となった自国民を見せられて、「愚弱的《の》国民」たる中国人には、肉体の治療以前に精神的《の》改変が優先すると感じて、医学から文学へ進路を変更した（魯迅「吶喊」序）。日本人によるアジア蔑視以上に、他からの非難の事実を、中国人の本当の姿であるかのように中国人が思い始めていることへの危機感であった。

中国人と日本人の連携がなかったわけではない。日本に見習った中国社会の変革の主張もあった。陳天華や魯迅などが日本を留学先に選んだのも、日本が西欧化・文明化に成功したモデルであったからであった。留学生や亡命革命家の一部は、日本の反政府派・社会主義者の支援を受けて中国同盟会を結成した。穏健派に属する変法派の康《カン》有為《ヨウウェイ》は、日本を模範にした中国改造案を皇帝に提出していた。欧米とは異なる言語、公武の対立、財政上の困難を抱えた日本が「軍隊を養い……軍艦を作りあげて、わが大国に勝利しました。ちっぽけな三つの島によりつつ、政治が安定し成果があがるや、急速に勃興して強大国に一変したのです」（康有為「日本明治変改・序」西順蔵編、前掲書)。革命派の孫文《スンウェン》も言う。西洋化に成功した日本の文明は日本に「固有のもではなく、はじめは中国から取り、後に西洋から学んだのである。もし中国が中国固有の文明を転用するなら、日本を追い越すことは疑いない」(孫文「東京留学生歓迎会における演説」西順蔵編、前掲書)。孫は康と同様、日本より中国が大国であることを前提に、中国と日本の協力を模索した。

3　帰朝者のナショナリズム――漱石と荷風

草の根の国際主義

明治後期は、草の根の国際主義とも言える、国民レベルでの交流が拡大した時期でもある。戦争もそのきっかけであった。都市へ労働の場を求めるのと同様に、海外移民も拡大した。合衆国に併合されたハワイを通したアメリカ本土への移民の増加は、カリフォルニア州などで黄禍《こうか》論や排日論を引き起こした。日本人児童が公立学校からは排除され、日本からアメリカに渡る移民が制限され、新しい移民先として南米が浮上する(一九〇八年)。日本から植民地支配を広げる台湾、朝鮮半島への移住も多くなるし、逆にアジアから日本にやってくる人々が増えたことはすでに述べた。こうした中で、幕末以降の指導層の移動、欧米への旅行、修学・研究、貿易のための知識人、官僚、企業家の移動が相変わらず続けられていた。周知のように外国体験(他を知る)によって、自国へのアイデンティティ(ナショナリズム)が惹起される機会を拡げたのである。

国際主義的知識人として著名な新渡戸《にとべ》稲造《いなぞう》(一八六二―一九三三)は明治中期の一八八四年、太平洋の架け橋たるべく渡米するが、橋が結びつけるのは東洋と西洋というより、日本と欧米であった。二度目の在米中に『武士道――日本の魂』(一八九九年)を英文で発表したのも、東洋に埋もれない日本の立場を強調するためであった。アメリカでの最初の体験の一つとして、中国人と間違われ「豚尾はどうした」「日本とは何処《どこ》か。支那の一部か」とのからかいに「(日本は)独立国で、支那の東にある島国だ」と答えたという懐古談にも、新渡戸の「日本」へのこだわりがある(「帰雁の蘆」〈新渡戸稲造全集〉第六巻、教文館、一九六九年)。同じキリスト者の内村鑑三の二つのJ(イエスと日本)と通底している。ただし、新渡戸が武士道を説明する際には、神道という日本古来の特殊性だけに依拠できず、インドを発祥とする仏教、中国から伝来した儒教の影響を無視することができなかった。日本のナショナルな意識の自立のためには西洋からだけではなく、アジア・中国からの独立が求められた。太平洋の懸け橋としての日本はアジアの文化の混淆(ハイブリディティ)に留まるのではなく、独自の魂を持つ必要があった。日本の指導性はアジアに対する植民政策を実施する際に、中国には負けない成果を挙げることによって示さなければならない。新渡戸によれば、政治的な統一の能力を持たない中国に対して日本は優越していると考えられた。

文学者としての出発点を欧米での異国体験を持った例として、夏目漱石と永井荷風を検討してみよう。両者が承認したのは、自己のアイデンティティの確立や文学の意義の自覚が日本人としての自己の自覚、あるいは日本の文化的伝統の発見すなわちナショナリズムと深くつながっていることであった。

夏目漱石のイギリス経験

文科大学の英文学担当者としてラフカディオ・ハーン(小泉八雲)の職を継ぐことになった夏目漱石(一八六七—一九一六)が、官費留学のためイギリスに渡るのは、世紀末から二十世紀の初頭にかけてであった。よく知られているように、英文学者としての学問の確立を目指したロンドン留学によって、漱石が獲得したのは「自己本位」であり、そこには「日本人」としての自己本位が色濃く表れていた。漱石は、一九一四年、学習院において講演した「私の個人主義」の中で、留学時を振り返り、文学や英文学とは何かについて煩悶し、「倫敦《ロンドン》中探し歩い」たり

「下宿の一間《ひとま》で考えた」経験を語った後、次のように言う。「この時私は始めて文学とはどんなものであるか、その概念を根本的に自力で作り上げるより外に、私を救う途はないのだと悟った」。英文学であっても、「西洋人がこれは立派な詩」と言っても「それは西洋人の見る所」にすぎない。「私が独立した一個の日本人であって、決して英国人の奴婢で無い以上はこれくらいの見識は具えていなければならない」とするのである。英文学の神髄を見極めるために留学しながら、イギリスでの漱石の日常は、ひたすら、日本人としての自己を確立することに費やされた。そのために、漱石は「神経衰弱」に罹ったというが、漱石の見立てでは、日本人もまた神経衰弱に陥っており、そこから回復するためにも自己本位が確立されねばならない。しかし、個人の場合と異なって、日本の自立にはディレンマが立ちはだかっている。

一九一一年、和歌山での講演「現代日本の開化」で、日本の開化を西洋との対比で論じている。「開化は人間活力の発現の経路である」と一般的に定義し、人間は「消極的に活力を節約」したり「積極的に活力を任意随所に消耗」して開化を進めていく。西洋の開化に代表される一般的な開化が「内から自然に出て発展するという意味」で「内発的」であるのに対して、「日本の現代開化は外発的である」という。日本は「鎖港排外の空気で二百年も麻酔した揚句《あげく》突然西洋文化の刺激に跳ね上」がり西洋文明の摂取を余儀なくされ、「自然の順序段階」を踏むこともできなかった。この経験は個人の意識だけではなく「日本人総体の集合意識」にも時代の意識をまとわりつかせる。「西洋で百年かかって漸《ようや》く今日に発展した開化を日本人が十年につづめて」行うのは「由々しき結果」は免れない。「神経衰弱」に陥るのもやむをえないのである。しかし、開化の方法において、「日本本位」を貫くことができない以上、「出来るだけ神経衰弱に罹《かか》らない程度において、内発的に変化して行くのが好いことを言うより外に仕方がない」。

永井荷風のアメリカ経験

小説家でもあり、慶應義塾の教師に就任することになる永井荷風（一八七九―一九五九）は、漱石に遅れてアメリカ合衆国に、さらに憧れのフランスに渡った。放蕩《ほうとう》生活からの脱却を願う親の経済的支援に支えられたある意味では贅沢な留学であった。父親の期待に押されて、アメリカで実業を身につけるために太平洋を渡ったのは一九〇三年九月のことであり、在米四年の〇七年にフランスに赴き、ロンドンに立ち寄った後、〇八年七月、五年ぶりに帰国した。在外中に書きためた『アメリカ物語』（一九〇八年）、『フランス物語』を刊行して文学者としての道を歩み始めるが、海外生活は満足できるものではなかった。フランス留学に備え、語学の勉強をしようとしたが父親は渡仏を認めなかった。生活費を稼ぐためにワシントンの日本大使館の臨時職員となり日露戦講和締結の雑用を行った。交渉が一段落すると解雇されてしまう。その間下町で知り合った娼婦エディスとの愛に熱中する。結局、父のコネで横浜正金銀行ニューヨーク支店に勤務し、ヴァグナーの楽劇の数々、ヴェルディの『アイーダ』、プッチーニの『トスカ』などのオペラを楽しんだ。さらに父の計らいでフランスのリヨン正銀支店に転勤となり、エディスと別れフランスに渡った。

父親への依存と父親からの自立という矛盾する課題の解決が荷風が抱え込んだ困難であった。個人としての自覚は、漱石と同様に、日本の発見と日本からの自立とつながっていた。荷風が、欧米に憧れたのは芸術の道を究めるためだと一応は言えよう。外国に赴く以前に荷風は歌舞伎の世界に役者として関わろうとしていた。ただ彼の文筆の方向が定まっていたわけではない。荷風が公刊した『西遊日記抄』によれば、アメリカで新年を迎えたばかりの一九〇四年一月五日、「亜米利加《アメリカ》に来りてより余が胸裏には芸術上の革命漸《ようや》く起こらんとしつゝある」と記した。しかし、それは「言文一致」に対する不満であり、「新形式の伝奇小説を書きたし」とか「何となく雅致に富める古文の味忘れがたく」という感情であった。慌ただしい異国の暮らしの中で「あゝ江戸狭斜《きょうしゃ》（花街のこと）の情趣を喜び味いあるものは遂《つい》に二十世紀社会の生存競争に堪《た》え得《え》ざるものなる歟《か》」（六月二十七日、斉藤緑雨の訃報に接して）。文筆が進まない中、荷風は以前から思索中の「自叙伝の稿を起さん」とも考えている（九月二十三日）。荷風の文学に特徴的だとされる、近代への批判、江戸趣味への志向は、こうした引用にも窺うことができる。

日露戦争についての記述は少ない。一九〇五年一月二日に「旅順口陥落の報あり」とだけ記されている。ロシアについての悪意は記されず、文豪ゴーリキーの訪米について、同伴した女性が正妻ではなかったために、旅館を追い出され「ゴルキーは全く米国社会より排斥せられ、今や全く其の所在を知らざるに至れり」という（一九〇六年四月二十一―十六日）。アメリカ社会の異質な要素への排斥傾向に気を留めている。アメリカを批判しているわけではない。しかし、荷風の底辺で差別されながら生きている少数者への眼差しは細やかである。娼婦エディスへの愛もこれに関わっていよう。荷風はオペラやコンサートに赴くとともに、貧民の多い中国人街（支那街）を訪問している。一九〇五年、ニューヨークに移住した荷風はクリスマスの日暮れにイーストサイドの「移民街を散歩」し、イタリア町や「支那町の酒場」で「夜を深かし」た。三十一日には「支那街の一隅に佇」んでいた。「除夜の一夜を騒ぎ明したる群衆は尚引きも切らず各手にせる笛を吹き鳴し」ている中で過ごした。荷風は次のように中国人街の貧民たちとのつながりを述べている。

「銀行の事務」に不平があるわけではない。しかし仕事の後の同僚との付き合いや日曜日の頭取への「御機嫌伺」は耐え難いという。「余はかゝる苦痛を忍びし後は必ず支那町の魔窟に赴き無頼漢と卓子を共にして酒杯を傾け、酔えば屡《しばしば》賤業婦の腕に枕して眠る。余は支那街の裏屋に巣を喰える此れ等《こら》米国賤業婦が、醜悪惨憺たる生活を見て戦慄すると共にまた一種冷酷なる慰藉を感ずるなり。彼等は元は人なりき。人の子なりき。母もありけん。恋人もありけん。而《しか》も彼等は遂に極点まで堕落して終れり。凡《すべ》ての希望を失える余は此等堕落の人々に接する時同病相憐む底《てい》の親密を感ず。余は彼等が泥酔して罵り狂えるさまを見る時は人生を通じて深い涙を催すなり。嗚呼《ああ》彼等不潔の婦女、余はこれを呼んで姉妹となすを憚《はばか》らず。余は光明の救いの手を要求せず。余は彼等と共に一掬《きく》の鴉片《アヘン》を服すべき機会を待つのみ」(一九〇六年六月二十日)、と。

『アメリカ物語』に収められた「支那街の記」は荷風による探訪記といった体裁で書かれている。そこは「紐育《ニューヨーク》中の貧民窟という貧民窟」を歩き回った荷風から見て「その裏面の長屋。ここは乃《すなわ》ち、人間がもうあれ以上には、堕落し得られぬ極点を見せた、悪徳、汚辱《おじょく》、疾病、死の展覧場である」という。日中、キセルをくわえて、富くじ・博打《ばくち》に興じる男女、共同便所から流れ出す汚水や腐敗する臭気。狭い部屋の窓から「半ば裸体になった女共」が身を乗り出し何か叫んでいる。後の方からは「胡琴《こきん》の響きが、キイ、キイ……と単調な東洋的な律を休まず繰り返していた」。中国人ばかりではなく、女性に盗品や贋物を売るユダヤの老人、万引きしたものを安く売る黒人の女。「人間社会は、如何なる処にも成敗、上下の差別を免れぬ」のであり、貧しく汚らしくも「社会の慈善という束縛、養老院という牢獄に収められてしまうよりも、結局安楽で自由である」と考えられた。

こうした貧民や貧民窟の描き方は、文明から隔絶した野蛮な異界として貧民窟を描いた松原岩五郎らの探訪記事と類似している。先述したように、松原も国内の貧民窟が韓国の貧民窟と同種だとして、浄化の対象、征服の対象とした。その異国性、ハイブリディティは文明化した良民のモラルからは許しがたい存在であった。しかし、荷風にとっては、雑然さこそが、同種に狎《な》れあっている日本人同士の付き合いからは与えられないエスニックな心情を超えた親密感を与えるものと考えられた。その心情は、泉鏡花の貧民や義侠に生きるアウトローへの共感と類似していた。「私は支那街を愛する。支那街は、『悪の華』の詩財の宝庫である。私はいわゆる、人道、慈善なるものが、遂には社会の一隅からこの別天地を一掃しはせぬかという事ばかりを案じている」。その一員として生きようとしながらも、同じ境遇のエディスを裏切ってフランスに渡り、日本に帰国した荷風は、日本の外にではなく、日本の内側に自らが親密さを感じる野蛮な異界を求め続けた。アメリカの中国人街の廃墟に類するものを、洗練された吉原ではなく、場末《ばすえ》の色街に見つけ出そうとすることになった。

おわりに――多様なナショナリズム

明治後期に、ペリーの来航に対抗する近代日本の形成という点で、その課題が一応果たされた。明治国家による国民統合が、日清・日露戦後経営を通して、不十分ながらも、その支配のネットワークを形成した。ネーション・ワイドのナショナリズムが沖縄を含めた日本、さらに台湾、朝鮮半島にまで定着したとも言える。しかし、本章で概観した、この時期のナショナリズムは一枚岩的なものではなかった。

支配層が国民や植民地の新しい「国民」に浸透させようとした万世一系の天皇を基盤とする公定ナショナリズムの強さを無視することはできない。しかし、それだけがこの時期のナショナリズムではない。特に日露戦争を挟む時期は、漱石に典型に現れている個の自覚を伴った日本人の自立が幅広く主張された。天皇機関説のように国体を法理論から切り離す努力もあった。しかも、彼らもナショナリズムの思考からは自由ではなかった。ナショナリズムの強さは、その偏狭さにあるのではなく、様々な多様性を持ちながら、人々の関心と忠誠をネーションに集中させてしまうことにあるのだとすれば、柔らかなナショナリズムとも呼ぶべきものが多様に主張された明治後期は、大正期のさらにルースなナショナリズムの主張を予想させるとともに、より強い不寛容なナショナリズムの勃興を準備させる岐路としての可能性を潜在させていたとも言えよう。

参考文献
池本美和子編『近代日本の慈善事業』社会福祉形成史研究会、二〇〇六年

菅孝行編『叢論日本天皇制』柘植書房、一九八八年
菊池正治・清水教恵・田中和男・永岡正己・室田保夫『日本社会福祉の歴史』ミネルヴァ書房、二〇〇三年
澤野義一・井端正幸・出原政雄・元山健編『総批判改憲論』法律文化社、二〇〇五年
田中和男『近代日本の福祉実践と国民統合』法律文化社、二〇〇〇年
西田毅編『概説日本政治思想史』ミネルヴァ書房、二〇〇九年
西田毅・山田博光・和田守・北野昭彦編『民友社とその時代』ミネルヴァ書房、二〇〇三年
坂野潤治『明治憲法体制の確立』東京大学出版会、一九七一年
兵藤裕己『演じられた近代』岩波書店、二〇〇五年
宮地正人『日露戦後政治史の研究』東京大学出版会、一九七三年
米原謙『日本政治思想』ミネルヴァ書房、二〇〇七年

第3章　国家「改造」と国際的使命感のはざま

明治・大正期のナショナリズム

はじめに

本章では、日露戦争後から満州事変直前に至るまでの時期を扱う。この時期の日本は、第一次世界大戦によるヨーロッパ諸国の疲弊ともあいまって「一等国」としての地位を確立する。そして西洋列強との「協調」のもと、自国の植民地や権益を確保したのである。他方で、日本の植民地となった朝鮮半島、および第一次大戦時の「二十一か条の要求」（一九一五（大正四）年）によって日本が権益を拡張した中国では、日本への抵抗運動が展開された。また、他のアジア諸地域においても、日本と提携する列強の植民地支配に対する独立運動が盛り上がっていった。

国内政治においては、明治初期以来の藩閥政治、および軍部の政治関与に対する批判が様々な形で繰り広げられた。一九一三（大正二）年の第一次護憲運動で第三次桂太郎（一八四七―一九一三）内閣が崩壊し、国民世論が政治に与える影響の大きさが如実に示された。そして吉野作造（一八七八―一九三三）、大山郁夫（一八八〇―一九五五）

らのいわゆる「大正デモクラシー」の動きが現れる。彼らは普通選挙や政党内閣などの実現を説くとともに、対外的にも第一次世界大戦後の「平和主義」「民族自決」の流れに対応した政策の実行を訴えた。このような流れの中で、一九一八（大正七）年には初の本格的な政党内閣である原敬（一八五六―一九二一）内閣が成立する。そして一九二四（大正十三）年の護憲三派内閣の成立以降は、衆議院の多数派を占める政党党首が元老・西園寺公望《きんもち》（一八四九―一九四〇）の推薦のもとに政権を担当する慣習が確立した。また、一九一七（大正六）年のロシア革命の成功によって、社会主義思想もその影響力を拡大する。一九二〇年代には非合法に日本共産党が創設され、複数の合法的無産政党の設立も進んだ。

これに対し、国家主義勢力の中にも新しい動きが現れる。北一輝《いっき》（一八八三―一九三七）・大川周明《しゅうめい》（一八八六―一九五七）らを中心とする猶存社《ゆうぞんしゃ》は、天皇を中核とする「国家改造」の推進を唱え、併せて列強と対峙《たいじ》するための対外膨張を主張した。彼らは軍の有力者や青年将校などと結びつき、軍事クーデタの機会を窺《うかが》うことになる。この時期の日本は、国内の変革の必要性があらゆる角度から強く意識されるとともに、世界における日本の位置づけをめぐって多様な議論が展開された。

1 「時代閉塞」の中のナショナリズム

「国家」をめぐる苦悩

国家！　国家！　国家という問題は、今の一部の人達が考えているように、そんなに軽い問題であろうか？（中略）すべての人はもっと突っ込んで考えなければならぬ。今日国家に服従している人は、その服従している理由についてもっと突っ込まなければならぬ。また、従来の国家思想に不満足な人も、その不満足な理由について、もっと突っ込まなければならぬ〈石川啄木「きれぎれに心に浮んだ感じと回想」一九〇九年十二月、〈石川啄木全集〉第四巻、筑摩書房、一九六七年、二二六頁。引用文中のカッコ内は引用者注、以下注記なきかぎり同じ〉。

これは、明治末期に石川啄木《たくぼく》（一八八五―一九一二）が書いた評論の一節である。なぜ啄木は「国家」という問題について、これほど深刻な悩みを抱いたのであろうか。

日露戦争の勝利によって、日本は幕末以来の懸案であった独立の維持を確固たるものとした。併せて、台湾・朝鮮半島などの海外領土を獲得し、植民地「帝国」としての道を歩み始めていた。これはまさに西洋「文明」国との対等な関係を目指して「脱亜入欧《だつあにゅうおう》」を推進した明治日本の一定の「成功」を意味するものだった。この「成功」に至るまでの明治日本の状況は、一言にして言えば、「国家」の目標と「国民」の目標の合致である。すなわち国家の独立の維持と発展のために行動することが、そのまま国民にとって大きな価値を有すると考えられたのである。しかし日露戦争によって独立の確保という国家目標が取りあえず達成されると、国家という価値は一般の国民にとって絶対性を失っていく。その中で現れたのが、「自我」の意識に覚醒した青年層である。内面的価値を重視しつつ自らの人生の意味について苦悩する「煩悶《はんもん》青年」や、国家的価値とは無関係に私的利益に拘泥《こうでい》する「成功青年」などの出現はその象徴であった。啄木は、国家が正義や人道を無視して強大になったのと同様に、われわれも同様に正義や人道と無関係に金儲けをしなければならない、というのが「成功青年」の本音であるとする。そこから導かれる彼らの結論は、「国のためなんて考える暇があるものか！」となる、と啄木は喝破した〈「時代閉塞の現状」一九一〇年八月、同、二五八―二五九頁〉。

これほど露骨に国家の価値を否定し、私的利益の追求を正当化する主張がどの程度一般的であったかは分からない。しかし教育勅語などで示されたような「忠君愛国」の観念で国民を統合することが、もはや困難になったのは確かであった。啄木は「自我」の落ち着き先を求めて彷徨《ほうこう》する人々の姿を、以下のように描写した。

「何か面白い事は無いかねえ。」「無いねえ。」「無いねえ。」そう言ってしまって口をつぐむと、何がなしにいらいらした不愉快な気持が滓《かす》のように残る……そしてその後では、もうどんな話もいつものように興を引かない（「硝子窓」一九一〇年六月、同、二四四頁。改行は省略）。

「理想国家」を目指して

しかし、冒頭に掲げた啄木の言葉が示すように、それまで教育を通じて刷り込まれてきた「国家」という価値は、決して「軽い」ものではなかった。逆にその呪縛が強かったがゆえに、国家の論理が「自我」を抑圧すると感じたとき、はたしていかなる「生」が可能なのかを悩む青年が現れたのである。その「煩悶」の行き着く先には何があるのか。「煩悶のために自殺すというものの続々たるを見て、あるいは暗殺出現の前兆たらざるなきやを恐怖す」と予言したのは、のちに「超国家主義」の代表的な思想家として知られることになる北一輝であった（「自殺と暗殺」一九〇六年十一月、〈北一輝著作集〉第三巻、第三版、みすず書房、一九八四年、一三七頁）。彼の言葉を裏づけるかのように、この四年後には明治天皇（一八五二―一九一二）の暗殺を企てたとされる「大逆事件」が世間の耳目を集めることになる。啄木の言う「時代閉塞」の状況は、その極限に達していったのである。

しかし、それでもなお「国家」という価値を完全に振り捨てることができないとするならば、さまよえる「自我」を救済しうる理想的な国家を新たに樹立するほかはない。このような発想が、いわゆる「超国家主義」思想を生み出す土壌となったと指摘したのは、日本政治思想史研究者の橋川文三（一九二二―八三）であった。橋川によれば、「自我」の問題が現れた時期に形成された「超国家主義」思想は、「なんらかの形で、現実の国家を超越した価値を追及《ママ》するという形態が含まれている」（「昭和超国家主義の諸相」橋川編『超国家主義』〈現代日本思想大系〉31、筑摩書房、一九六四年、五八頁）ものであった。すなわち橋川は、単なる「国家主義の極端形態」に留まらない可能性を、「超国家主義」の中に見出せると考えたのである。

もちろん、「理想国家」を求めるという動きは「超国家主義」に限定されるものではない。閉塞した時代状況を打破すべく、様々な変革の理論や運動が活発化したのも、この時代の特徴であった。「大正デモクラシー」と総称される潮流もその一例であり、普遍的な価値と信じた「デモクラシー」に基づく「理想国家」の建設を目指すものであった。ともあれ、旧来の国家主義とは一線を画する、国家体制の変革を志向する新しいナショナリズムがこの時代に生まれたということを、まずは指摘しておく必要があるだろう。

「アジア」のナショナリズムとの邂逅《かいこう》

このような日本国内の動きとほぼ同時期、アジアの諸地域では、列強の侵略に対するナショナリズムが高まりを見せ始めていた。インドの独立運動家ネルー（一八八九―一九六四）は日露戦争後のアジアの状況について、「ナショナリズムはいっそう急速に東方諸国にひろがり、『アジア人のアジア』の叫びが起こった」（『父が子に語る世界歴史』第四巻、新版、みすず書房、二〇〇二年、一八一頁）と表現している。西洋から与えられた「アジア」の名のもとに一くくりに「野蛮」と見なされ、植民地支配や不平等条約のもとに呻吟《しんぎん》していた人々にとって、日露戦争における日本の勝利は大きな自信を呼び覚ますものであった。そして日本の「成功」を学ぶため、アジアから亡命政客や留学生が数多く来日した。かくして日本はアジアの独立運動・革命運動の一拠点という趣を呈するに至ったのである。彼らは、日本の軍事力や経済力の発展のみならず、「国民」意識の浸透にも注目した。その一例として、一九〇五（明治三十八）年五月三日、靖国神社で行われた日露戦争の戦没者慰霊祭に対する中国人留学生の宋教仁《そうきょうじん》（一八八二―一九一三）の感想を見てみよう。宋は明治天皇をはじめ、多くの人々がこの慰霊祭に参加している様子を見て、次のように日記に書き留めている。「ああ、生命を捨てて国を守った者に報いるにはこのようにすべきではなかろうか？」（「我之歴史」『宋教仁集』下冊、中華書局、一九八一年、五二八頁。邦訳に際しては、松本英紀訳注『宋教仁の日記』同朋舎、一九八九年、六四頁参照）。

このような見方は、明治維新以来、上からの指導のもとに形成されてきた日本のナショナリズムが、「国民国家」の創設を目指す当時のアジア諸地域の人々にとって格好の模範だったことを示している。しかし、他方で宋が明治末期の「桂園《けいえん》時代」における日本の「立憲政治」の現状を批判していたことにも、併せて注目する必要があるだろう。宋は明治維新の功労者である藩閥や軍人が大きな権限を有するという状況が続き、国会が無力である日本の政治の実情について、「世の政治体制を論じる者が、往々にして日本を半立憲国と呼ぶのも、そのためである」（「日本内閣更迭感言」一九一一年九月：『宋教仁集』上冊、中華書局、一九八一年、三〇七頁）と厳しい言葉を投げかけている。アジアにおける唯一の「立憲国」という日本人の自負心も、客観的に見ればこの通りであった。

当時、宋の母国はいまだに憲法もない専制国家であった。しかしそれゆえに、より完璧な「立憲国」を求める衝動は強かった。日本を模範としつつ、それを上回る「理想国家」を築くのだという意欲は、宋に限らずアジアの運動家に少なからず見られたはずである。その背景には、言うまでもなく西洋列強に追随し、自らもアジアの支配に乗り出すという現実の日本の姿があった。日本政府は西洋列強や清朝の要請を受け、国内での独立運動家・革命家の活動を抑圧した。すなわち日本は西洋諸国を中心とした「世界」に認められることを望んだのである。日本による朝鮮の植民地化という状況を受け、ネルーは「日露戦争のすぐ後の結果は、ひとにぎりの侵略的帝国主義国のグループにもう一国をつけくわえたというにすぎなかった。その苦い結果をまず最初になめたのは朝鮮であった」（前掲書、一八一頁）と日本に対する失望を露わに示している。列強の侵略に苦しんできたアジアの運動家たちは、日本の近代化の道をそのまま受容すべきなのかを問い返すことになるのである。

日本の体制変革を説き、「理想国家」の実現を唱えた人々は、アジアにおけるナショナリズムの動きを無視することはできなかった。彼らはアジアのナショナリズムとの関わりを通じて、西洋以外の地域も含めた「世界」における日本の役割を模索していくのである。この点を踏まえながら、日露戦争後に現れた新しいナショナリズムの流れについて分析を加えていくことにしたい。

2　中国革命への視線

中国に対する優越意識

日清・日露戦争後、アジアからの亡命政客や留学生が多数来日したことは先述した。自国の近代化の「成功」を信じて疑わない大半の日本人にとって、彼らは「野蛮」ないし「劣等」な存在として、好奇の対象でもあった。一九〇三（明治三十六）年に中国から日本へと官費留学した景梅九《けいばいきゅう》（一八八二―一九五九）は、その途中で下船した山口県下関での経験を次のように回顧している。

ちょうど町を歩いているとき、ふいにいく人かが指さして笑ったり、また、たくさんの子供がついてきて、「チャンチャン坊主」とさわぎたてた。そのときはちっともわからなかったが、みなに通訳してくれる人があって、かくさずに豚のシッポ野郎といっているのだと教えてくれた。これを聞いて癪《しゃく》にもさわり、また恥ずかしくもあった（大高巌・波多野太郎訳『留日回顧』平凡社、一九六六年、三二一―三二三頁）。

このような中国人に対する侮蔑的な言動は、残念ながら決して少数のものではなかった。また民衆レベルに留まらず、言論界においても同様であった。その一例が、一九〇五（明治三十八）年の「留学生取締り規則」をめぐる新聞報道である。留学生の間に革命思想が拡大していくのを恐れた清朝政府が日本政府に働きかけ、十一月に「清国人ヲ入学セシムル公私立学校ニ関スル規程」が制定された。これに対して留学生の多くは同盟休校などの形で反対運動を展開した。ところが十二月七日付の『東京朝日新聞』は「清国人の特有性なる放縦卑劣の意志」の現れであると反対運動を批判したため、これに憤激した革命派留学生の陳天華《ちんてんか》（一八七五―一九〇五）が大森海岸に投身自殺するという事件が起こった。陳はその遺書の中で、中国人の「愛国」精神を理解しない日本人に対する抗議の意味を込めて、次のように書き残した。

わが同胞が時々刻々この言葉を忘れず、努力してこの四字（「放縦卑劣」を指す）を除き、この四字の反対、すなわち「堅忍奉公、力学愛国」を実行するように願う（近藤邦康訳「絶命書」西順蔵編『原典中国近代思想史』第三冊、岩波書店、一九七七年、三六七―三六八頁）。

辛亥革命への期待

他方で、自国の興隆を求めて奮闘するアジアの人々と接するうち、「閉塞」した日本の状況を打破する手がかりとして、アジアのナショナリズムに期待をかける日本人も現れたことも事実であった。一九一一（明治四十四）年十月、中国の辛亥革命が勃発すると、日本の国内からも革命を支持する主張が現れた。その一人が、『東京朝日新聞』の記者であり、のちに「超国家主義」運動にも関わっていく中野正剛《せいごう》（一八八六―一九四三）だった。中野は、徳富蘇峰《そほう》（一八六三―一九五七）らが中国の共和制の実現を日本の「国体」の危機であると論じ、革命への武力干渉を説いたことを批判する。そして、隣国の革命は日本の「国体」を脅かすのではなく、「政界の現状を打破するの革新運動」として日本に影響を及ぼすものであると断言する。つまり中野に言わせれば、腐敗した旧体制の打倒を目指す中国革命は、同じく腐敗した状況にある日本政治を打開する大きな起爆剤となりうるのである。それゆえに彼は「藩閥の打破」「腐敗政党の改造」につながるのであれば、「これむしろ吾人の快として歓迎する所なり」と、積極的に革命を支持する論陣を張ったのであった（以上、「対岸の火災」『東京朝日新聞』一九一一年十二月二十二日）。腐敗した旧体制の打倒を目指す中国革命が、同じく腐敗した状況にある日本政治を打開する大きな起爆剤となりうると見た中野は、積極的に革命を支持する論陣を張ったのである。

さらに日清戦争後の段階では「内に立憲、外に帝国主義」という「倫理的帝国主義」を唱えていた浮田和民《かずたみ》（一八五九―一九四五）も、中国革命を高く評価した。浮田は「現今支那（中国を指す）にみなぎりつつある革新の気運は、まさに四十五年前、日本人が勤王倒幕を唱えて新政府を建設した時と径路も論理も同一である」として、日本人は中国革命を支持すべきであると訴えた（「東洋最初の共和国」『太陽』第一八巻第二号、一九一二年二月、一〇頁）。

ここで浮田が述べる「径路」「論理」とは、いかに自国の独立を維持するか、そしてその目的を果たしえない旧政府を打倒して新政府を樹立するかという点に収斂《しゅうれん》される。その点において中国革命と明治維新は共通の土壌を持つと考えたのである。さらに、明治維新を理想化することで、現実の日本政府がそこから逸脱したものであることを強調する効果もある。浮田や中野はあるべき「理想国家」を求める行動として中国革命を捉え、日本にもその動きを反映させていこうとしたのであった。

日本人の精神的変革の必要性

しかしその後の中国は、共和制は維持されたものの、軍閥が跋扈《ばっこ》して統一国家としての態を成していないという状況が続く。それが中国に対する日本人の軽侮感をさらに高めていったことは否定できない。国益を露骨に追求した「二十一か条の要求」も、吉野作造がこれを「最少限度の要求」として認識したように（『日支交渉論』一九一五年：〈吉野作造選集〉第八巻、岩波書店、一九九六年、一五二頁）、日本人の大半は肯定的に捉えていた。『東洋経済新報』で活躍したジャーナリストの石橋湛山《たんざん》（一八八四―一九七三）は、日本の世論が自国の国益に固執し、中国の立場を一切無視していることを批判した（「禍根をのこす外交政策」一九一五年五月：『石橋湛山評論集』岩波文庫、一九八四年、六二頁）が、これはわずかな例外的な存在にすぎなかった。

そして中国にかぎらず、朝鮮や台湾などの植民地に対する日本人の態度も、また優越感に満ち溢れたものであった。一九一三（大正二）年に京城（現在のソウル）に赴任した中野正剛は、現地の日本人が朝鮮人に接する態度を次のように糾弾している。

内地人（＝日本人）の鮮人（＝朝鮮人）に対する言語の如きは、不都合千万のものにて、彼らはいかなる朝鮮人に対するも、一律に「ヨボ」と呼び捨つるを常とす。（中略）必ずその声調に一種侮蔑的脅迫的意味を含まざるはなし（『我が観たる満鮮』一九一五年：小島晋治監修『大正中国見聞集成』第一巻、ゆまに書房、一九九九年、一二五頁）。

「一等国」の美名に酔い、支配者として傍若無人に振る舞う日本人の姿は、まさに「正義」や「人道」を無視して自己の利益に奔走するものであった。そしてそれは日本国家の現実とも重なり合っていた。ほぼ同時期、インドの独立運動に関心を寄せ始めた大川周明は、イギリスのインド支配に追随する日本政府を批判するとともに、日本人全体が「堕落、沈滞、腐敗」に陥っていることを慨嘆した。これを打開するため、大川は「皇国をして亜細亜の指導者たらしめんとする理想」を掲げ、日本人の精神的変革を図らねばならないと論じる（以上、『印度に於ける国民的運動の現状及び其の由来』橋川文三編『大川周明集』〈近代日本思想大系〉21、筑摩書房、一九七五年、一二頁)。「亜細亜の指導者」という位置づけには、自国の優越性を疑わない姿勢が現れていることは事実である。しかし単なる日本の国益の伸張ではなく、アジア諸地域の独立を支援するという道義的な目標こそ、日本人の精神を建て直す上で不可欠であるというのが大川の信念だったのである。

3　「大正デモクラシー」と日本の国際的地位

「世界の大勢」への順応

多大な惨禍を生み出した第一次大戦は、従来の国際秩序に大きな変革をもたらすものでもあった。アメリカのウィルソン(一八五六―一九二四)大統領による、民族自決・軍縮・国際連盟の創設などの「新外交」の提唱もまた、世界に大きな影響を与えるものであった。第一次大戦まで、帝国主義の情勢に棹差《さお》して自国の対外政策を進めていた日本政府にとって、この「新外交」の動きにどのように対応するかは大きな問題であった。政府内では、「新外交」の枠組みを受容しつつ日本の既得権益の護持を図るべきだと考える者が大勢であった。しかし例えば近衛文麿《このえふみまろ》(一八九一―一九四五)のように、英米両国が「平和主義」の美名のもとに自国に有利な現状維持をもくろんでいると「新外交」を批判する者も存在した。このように、大戦後の日本では、英米両国に続く「三大国」の一つとなったという自負心のもと、「世界」を意識した対外政策の樹立が課題となったのである。

すでに第一次世界大戦中の時期から、「民本主義」の主唱者としてその名を知られていた吉野作造は、大戦後の日本の果たすべき役割について次のように論じる。第一次大戦において、「世界もまた戦争の遂行上の自然の必要から、西欧の問題に日本の力を籍《か》りたのを手初めとして、段々世界の問題に日本の発言を認めるという端緒を開いた」。これは吉野から見れば「日本は最近ようやく完全に世界の一国となったといって差しつかえない」という状況に立ち至ったことを意味する。このように国際的地位が向上した日本は、「世界の大勢に孤立して進むことは到底許されない」存在となった。「少なくとも我々は将来の帝国経営において、世界の大勢と没交渉に国運を指導すべからざるの明白なる覚悟を要する」のである（以上、「世界の大主潮と其順応策及び対応策」一九一九年一月：〈吉野作造選集〉第六巻、岩波書店、一九九六年、一四頁）。「世界の大勢」、これこそが第一次大戦後の日本の進路におけるキーワードである、というのが吉野の主張であった。

では、「世界の大勢」とははたして具体的には何を指すのか。吉野はそれを、国内の「民本主義」の徹底とともに、対外的な「国際的平等主義」の確立であると解する。これこそが吉野にとって「正義公平」と呼ぶべきものであり、また「人類共通の大理想」だと考えられたのである（同、一五―一六頁）。こうして吉野はそれまでの「帝国主義」容認の姿勢を放棄し、一九一九（大正八）年の朝鮮の「三・一独立運動」、中国の「五・四運動」という一連の「反日」運動に対しても、理解を示したのであった。

「英米協調」と「正義公平」の隘路

だが、日本が「世界の一国」として認められた遠因を「西欧の問題」への関与という点に置いたことからも分かるように、吉野の説く「国際的正義」の実践は、あくまで西洋諸国との関係を意識した上で成り立つものであった。例えば朝鮮に対する「同化」政策の停止・差別的待遇の撤廃などを訴えた文章の末尾で、吉野は「朝鮮問題は人道問題でありまず」と述べると同時に、次のように語っている。

ある意味においては、日本国民が大陸発展の能力有りや否やという事の、試験問題でもあると思う。吾々はこの問題にどうか落第したくない（「朝鮮統治の改革に関する最少限度の要求」一九一九年八月、〈吉野作造選集〉第九巻、岩波書店、一九九五年、一〇四頁）。

ここで吉野が恐れる「落第」という評価を下すのは誰か。吉野は明確に語っていないが、それは「世界」、言い換えれば「新外交」の時代における中心的存在のアメリカやイギリスなどであることは推察できる。もちろん、「世界の大勢」として「国際的正義」を信奉する吉野は、日本の「大陸発展の能力」をさらなる軍事的な侵略という点に求めるわけではない。しかし、日本が突出して「国際的正義」を実践することはできない、というのが吉野のスタンスであり、その観点からいけば、植民地への「独立」の付与は吉野の視野には入ってはこない。あくまで朝鮮に対する「よき統治」が日本の国際的な地位の向上につながる、ということになる。

このような視点は、一九二一年から翌年にかけてのワシントン会議において典型的に現れる。吉野は全面的にその意義を肯定するわけではないとしつつも、会議の「成績」そのものは大体において「世界」にも「日本」にも有利な効果をもたらすものであると信じた（「華府会議成績批判の標準」一九二二年二月：前掲〈吉野作造選集〉第六巻、二四三頁）。つまり吉野はこの会議を「国際協調」の成功として捉えたのである。しかし、この会議で締結された中国に関する「九か国条約」は、中国の主権尊重・領土保全などを取り決めると同時に、中国に存在する帝国主義列強の権益を基本的に維持するものであった。また、大国間の協調には、植民地などの既得権益を相互承認するという意味も含まれており、独立を求めるアジアの人々の思いとは背馳《はいち》していた。すなわち吉野の言う「世界全体」とは、あくまで日本を含めた大国を中心とするものであった。吉野は「英米協調」と「正義公平」の間で自国の立ち位置を模索し続けたが、結果的にその矛盾を解決することはできなかったのである。

石橋湛山の「小日本主義」

他方、「二一か条の要求」に批判を示し、それ以後も『東洋経済新報』において「大正デモクラシー」期の論陣を支えた石橋湛山は、日本の果たすべき役割として、植民地および海外の権益の放棄を呼びかけた。湛山によれば、従来の「大日本主義」とも言うべき領土の拡張政策を放棄することは、日本の利益となる。わずかな海外領土を放棄することで、その経営の負担を取り除くことができるだけでない。「広大なる支那の全土を我が友とし、進んで東洋の全体、否、世界の弱小国全体を我が道徳的支持者とすること」(「大日本主義の幻想」一九二一年七―八月：前掲『石橋湛山評論集』一二二頁)が可能だ、というのが湛山の計算であった。

よって湛山は、ワシントン体制において基本的にその埒外《らちがい》に置かれた中国、および社会主義ロシアなど、弱小国と見なした国家との提携によって、日本の国際的地位の向上を図ることを説く。そして湛山は英米両国が弱小国民を虐げ続けるのであれば、日本は虐《しいた》げられている国々の盟主となって、英米両国を懲らしめるべきだという主張をも掲げる(同、一二二頁)。すなわち、自国の植民地解放という「道義」を掲げることにより、西洋列強中心の国際秩序を変革する旗手としての役割を日本に求めたのであった。

もっとも、湛山の「小日本主義」は、単純に「道義」に基づくだけではなく、日本の植民地支配は経済的な負担に見合う利益をもたらさないという、自国の「国益」を計算しつつ唱えられた議論であった。また、「小日本主義」のもと、「初めてわが国の経済は東洋の原料と市場とを十二分に利用し得べく、かくて初めてわが国の国防は泰山《たいざん》の安きを得るであろう」(同)と、原料供給地や市場としての意味を「東洋」に付与していることも目を引く。これは湛山の「小日本主義」に見られる日本の優位性の強調という側面を窺わせるものであろう。とはいえ大戦後の東アジアにおける国際秩序の問題性を指摘し、それを打開するために日本の権益の放棄を打ち出したという意味で、湛山の主張は同時代において異彩を放つものと言えよう。

4　「超国家主義」の胎動

「革新右翼」の登場

このような「大正デモクラシー」を担った人々、および社会主義者とは異なる形で日本の変革を目指したのが、いわゆる「超国家主義」者であった。彼らは従来の国家主義者と異なり、「デモクラシー」や社会主義の影響も受けながら、日本独自の変革を目指すという特徴を有していた。「超国家主義」の代表的な思想家の満川亀太郎《みつかわかめたろう》（一八八八―一九三六）もまたその一人であった。満川は、米騒動による社会不安と、「デモクラシー」思想の拡張に危機感を覚えていた。しかし、同時に「一つ誤てば国家を台無しにしてしまうかも知れないが、またこれを巧みに応用していけば、国家改造の基調となり得るかも測り難い」（満川亀太郎『三国干渉以後』一九三五年：長谷川雄一編・解説『三国干渉以後』論創社、二〇〇四年、一六八頁）という思いも抱いていた。よって彼は「デモクラシー」や社会主義を単純に全否定する旧来の国家主義者に対する違和感を有していた。

このような意識のもと、満川はそれ以前からともに活動していた大川周明らと「老壮会」を設立した。老壮会には堺利彦（一八七〇―一九三三）など当時の社会主義勢力の代表的人物も顔を見せ、婦人運動家、農本主義者、無政府主義者などが集まり、談論風発といった雰囲気を漂わせていた。だが、結果的には老壮会のサロン的な様相に飽き足らず、直接的な「国家改造」を目指した満川や大川を中心に、一九一九（大正八）年九月に結成されたのが「猶存社」であった。そして同年に中国で『国家改造案原理大綱』を執筆し、翌一九二〇（大正九）年に帰国した北一輝が理論的指導者として加わったことで、猶存社は「超国家主義」運動の一大勢力となった。北は「天皇は全日本国民と共に国家改造の根基《こんき》を定めんがために天皇大権の発動によりて三年間憲法を停止し全国に戒厳令を布《し》く」

（『国家改造案原理大綱』〈北一輝著作集〉第二巻、みすず書房、一九五九年、二二一頁）と、天皇を擁したクーデタによる「国家改造」の実現を唱えた。この主張は、天皇の権威が国民に浸透していた日本における理想的な革命理論として受け止められた。天皇という伝統的なシンボルを背景としつつ体制変革を志向するという『革新右翼』がここに誕生したのである。

日本の「国家改造」とアジア

「民族自決」に呼応するアジア諸地域のナショナリズムにどのように対応するかという問題は、「超国家主義」者にとっても大きな課題であった。北が「五・四運動」の只中《ただなか》で執筆した『国家改造案原理大綱』には、改造後の日本によるアジア救済という「義戦」の論理が明示されている。

国家は自己防衛のほかに、不義の強力に抑圧さるる他の国家または民族のために戦争を開始するの権利を有す。（則ち当面の問題として印度の独立及び支那の保全のために開戦するは国家の権利なり）（同、一七二頁。カッコ内は原文）。

さらに、北はこの「正義」をさらに世界大にまで押し広げて、次のように高唱する。

英国を破りトルコを復活せしめ、インドを独立せしめ、支那を自立せしめたる後は日本の旭日旗が全人類に日の光を与ふべし。世界各地に預言されつつあるキリストの再現とは、実にマホメットの形を以てする日本民族の経典と剣なり（同、二八一頁）。

また大川は、一九二二（大正十一）年に執筆した著書で、アジアに存在する不正義、すなわち西洋諸国の植民地支配を覆すとともに、日本に存在する「邪悪」を厳しく排除しなければならないと主張する。大川はこれを「一貫徹底の正義」であるとし、「亜細亜復興の戦士は否応なく日本改造の戦士でなければならぬ」（『復興亜細亜の諸問題』明治書房、一九三九年、「序」、八頁）と呼びかけたのであった。日本の旧勢力を一掃する「国家改造」がアジアの復興を導くという論理は、北の『国家改造案原理大綱』の内容と完全に一致する。彼らは日本という「国家」の枠組みに留まらず、それを超越する価値としてアジアの興隆を唱えたのであった。猶存社は北と大川の対立もあって一九二三（大正十二）年に解散するが、「国家改造」と「道義的対外策の実行」を説いた猶存社の綱領は、こののちの「超国家主義」運動に貫徹する方針として大きな影響を与えることになった。

アジア提携論の限界

しかし、彼らの対外策には重大なディレンマが存在していた。インドや東南アジアの独立運動が西洋列強の支配に対する抵抗であったのに対し、中国の革命運動あるいは朝鮮の独立運動が「排日」という形で現れたということである。日本に巣食う「邪悪」を斬ると息巻いた「超国家主義」者は、はたして日本に対するアジアからの反発をどのように受け止めたのであろうか。

一例として、中野正剛の朝鮮論を取り上げてみよう。朝鮮における日本人の横暴を非難した中野の態度は、「三・一独立運動」以後も変化はない。一九二〇（大正九）年、衆議院議員となった直後に朝鮮半島を再訪した中野は、朝鮮総督府による支配が朝鮮の人々の幸福を何ら考慮するものではないと厳しく攻撃した（『満鮮の鏡に映して』東方時論社、一九二一年、九二頁）。だが中野は、他方で「日本人は朝鮮を手離し得ない」として、その理由を述べる。

朝鮮を独立さすることは、外来の野心国をして、東亜の横腹に鉄拳をつき込ますることである。単に日本に対する脅威たるのみでなく、支那、朝鮮、即ち亜細亜人の自由生活に対する脅威である（同、一二六頁）。

さらに中野は西洋列強の脅威に対して「亜細亜共同の不安を感ずる、この不安を除かんとする熱情において、日本の国境を超越する」（同、七五頁）とも述べている。しかし、国境を超越しているはずの「亜細亜」を強調することによって、朝鮮のナショナリズムを否定したということに、中野は無頓着であった。

満州の権益についても、同様に自国中心の論理が強調された。日露戦争において「十万の生霊、二十億の国帑《こくど》（国庫金）」を消費して得た地に固執する言説は、一般人にも浸透していた。ゆえに、「超国家主義」者はその回収を目指す中国ナショナリズムの動きを否定的に捉え、自国の権益を擁護するのが通例であった。例えば満川は、日本の有する満州の権益はもともとロシアから継承したものであって、中国が口を出すべき筋合いではないと論じる。むろん、日中間の提携を不可欠とする満川は、日本の満州権益が「東洋平和」を害するのであれば、これを中国に還付することを拒まないと述べる。また、満川は西原借款やシベリア出兵が隣国の「無用の怨」を買い、結果「排日」を生んだことは認めている。だが、それも日本が隣国の革命派を支援すれば解決しうる問題だと考えていた。よって、結局のところは「大局より観て何ら日本が東洋平和を撹乱せし覚えなどはないのである」（満川亀太郎「東洋大に革らむとす」一九二六年一月：拓殖大学創立百年史編纂室編『満川亀太郎――地域・地球事情の啓蒙者』上、拓殖大学、二〇〇一年、一六二頁）というところへと帰着していく。結論は初めから決まっているのである。満州の権益を不問に付しながら日中間の友好が成り立つという見方は、満川のみならず多くの「超国家主義」者に共通していた。

「全亜細亜民族会議」――ナショナリズムの相克

国家間の利益が真っ向から衝突するとき、国家を超える連帯は虚構と化する。それが露わになったのが、一九二六（大正十五）年八月に長崎、翌年十一月に上海で開かれた「全亜細亜民族会議」であった。これは日本や中国、インドなどの運動家が協力して開催したものであり、「全亜細亜連盟」を結成してアジアの大同団結を内外に示すことが目的であった。この会議には、大川や満川、さらには「猶存社」解散後も二人と行動をともにした綾川武治《たけじ》（一八九一―一九六六）や中谷武世《たけよ》（一八九八―一九九〇）などの「超国家主義」者も関わりを持っていた。

このような会議が開かれた背景として、一九二四（大正十三）年五月のアメリカにおける「排日移民法」の制定、および一九二五（大正十四）年の中国における排英運動の昂進などがあった。孫文が神戸で行った「大アジア主義」講演は排日移民法制定の半年後に行われたが、孫に対する神戸市民の歓迎は熱狂的であった。西洋諸国に対する反発という形で現れたナショナリズムの高まりは、「アジア」と「西洋」の対決図式を描いていた人々にとって、まさに願ってもないものと感じられたのである。

しかしこの会議の開催に際しては、中国・朝鮮などでは日本の対外侵略を容認する場となる危険が高いという批判の声が上がった。また第一回の会議直前には、中国代表が「二十一か条の要求」の廃棄を要求し、日本代表と対立するという一幕もあった。これはインド代表の仲介もあって、日中間その他における不平等条約の撤廃を明言することで妥結したが、会議に参加した日本人の中にはこれにあからさまな不平を洩らす者も見られた。また、朝鮮代表には会議において十分な発言の機会が与えられなかった。これらの事実は、「アジアの連帯」の美名のもとに様々な矛盾がはらまれていることを露呈する結果となったのである。こののち、「全亜細亜連盟」の活動は有名無実化し、満州事変後の一九三四年に大連で第三回の会議が開かれたものの、具体的な決定がなされたわけではない。そして、それ以降の会議が開かれたという記録も残っていない。

そもそも「民族自決」とは、「民族の政治的運命を自ら決定するのは民族固有の権利であって、外部勢力の干渉は許されないとする政治的主張」（濱嶋朗ほか編『社会学小辞典〔新版増補版〕』有斐閣、二〇〇五年、「民族自決権」の項目）である。それは植民地支配からの独立のみならず、国家としての完全かつ対等な「主権」を要求するものにほかならない。よって、無邪気に「アジアの連帯」や「西洋列強の駆逐」を語る日本人に対して、その前提として不平等条約の廃棄を中国人が迫るのは、また当然のことであった。だが、「アジアの連帯」を高唱した日本人の多くは、日本の国益を損なうと考えられた中国や朝鮮からの要求に対しては、自国の実力を考慮しない空論であると切り捨てた。そして「亜細亜共同の不安」あるいは「東洋平和」など、一見すると一国の国益に限定されない理念を提起することによって、それぞれのナショナリズムを否定するのが常であった。彼らの理念は、結果的に日本の国益を保持するものに堕していったのである。

5　新たな閉塞の時代へ

「正義」を模索するナショナリズム

以上、日清・日露戦争後に現れた日本の新たなナショナリズムについて論じてきた。既存の国家体制にも満足できず、さりとて国家そのものを相対化することもできなかった人々は、「自我」を実現しうる理想国家を思い描いた。それはまた同時に、第一次世界大戦前後の激動する世界状況の中で、自国が体現すべき「理想」を「外」に向かっていかに拡張していくかという意識の現れでもあった。

そこでしばしば強調されたのが、「道義」ないし「正義」という言葉であった。大戦以前の日本は、自国の独立ないし対外膨張を目指すことがすなわち「正義」であると信じられていた。それは日本が模範とした西洋諸国がまさにそのような形で発展を遂げたからであり、西洋と同じ道を進むことによって、日本は彼らにその存在を認めてもらおうと考えたのである。だが、日本が吉野の言うように「世界の一国」として認められたとき、その「世界」のあり方は大きく変化したように見えた。ロシアにおける社会主義革命の実現、ウィルソンによる「新外交」の推進、国際連盟の設立などは、明らかにその変化を物語る。しかし他方で、アジア・アフリカにおける列強の植民地・権益の維持など、従来の大国中心の国際秩序も継続していたのが実情であった。日本はその状況の中で、何らかの「道義」や「正義」のもと、「世界」に対して自らの役割を果たさなければならない、というのが「理想国家」を目指す思想家たちに共通する問題意識だったのである。

併せて、彼らは明確な目標を失って煩悶・彷徨していた同時代の日本人を、再び「道義」や「正義」のもとに結集させることに力を注いだ。吉野作造は普通選挙権を付与することによって国民に「責任」の観念を促し、刺激することが可能になると論じた（「民本主義の意義を説いて再び憲政有終の美を済すの途を論ず」一九一八年一月）。大川周明は「亜細亜」の復興を掲げることにより、日本の「堕落、沈滞、腐敗」を一掃しうると信じた。「理想国家」を担うのは、当然道義的にも優れた「理想的な」国民であるとして、人々に自らの主張を訴え続けたのであった。

「面白い事」の先にあるもの

だが、彼らの努力にもかかわらず、結局のところ、国家の変革を説く各種の思想が当時の大多数の日本国民の心を捉えたとは言えなかった。この時代に活躍したジャーナリストの一人であった長谷川如是閑《にょぜかん》は、第二次大戦後、次のように当時の状況を回顧している。

ひとはそれを日本のデモクラシー時代とは言うが、日本の政治なり、生活の実態なりがデモクラシーへの動向をとっていたわけではなく、国民の極めて少数の知識人や学生やジャーナリストなどの、頭の中だけの、デモクラシーが、うちわ太鼓の声となって、今の宣伝カーのメガホンの声のように、市中に氾濫して、時代の空気をかきまわしたにすぎなかった（「明治・大正・昭和三代の性格」一九五九年四月：〈長谷川如是閑選集〉第五巻、栗田出版会、一九七〇年、三七八頁）。

これは民衆の教化に無力であった知識人への批判――如是閑自身の自己批判も含む――と取れるかもしれないが、当時の日本社会に対する批判として受け止めることも可能であろう。「何か面白い事は無いか」とあてもなくさまよっていた人々は、そのときどきに「面白い」と思うことに飛びつき、そしてまた新しく『面白い」ことを探した。結果的に、いかなる思想も真に国民の間に浸透することはできなかったのである。

そして一九二九（昭和四）年の世界恐慌などによる不景気の深刻化は、「道義」ではなくデスパレートな感情のもとに対外戦争を熱狂的に支持する基盤を形成した。「超国家主義」者の一人で農本主義を唱えた橘孝三郎《こうざぶろう》（一八九三―一九七四）は、満州事変直後、列車の中で次のような「純朴そのものな村の年寄りの一団」の会話を耳にする。

「どうせなついでに早く日米戦争でもおっぱじまればいいのに」「ほんとにそうだ。そうすりゃ一景気するかもしらんからな、ところでどうだいこんなありさまで勝てると思うかよ、なにしろアメリカは大きいぞ」（中略）「うむ、そりゃそうだ、だが、どうせ負けたって構ったものじゃねえ、一戦争のるかそるかやっつけることだ。勝てばもちろんこっちのものだ。思う存分金をひったくる。負けたってアメリカならそんなにひどいこともやるまい。かえってアメリカの属国になりゃ楽になるかもしれんぞ」（『日本愛国革新本義』一九三二年：前掲、橋川編『超国家主義』所収、二一七―二一八頁）。

明治期から培われ、アジアの革命家が学ぶべきだと考えた日本の「上からのナショナリズム」の行き着く先が、「理想国家」の構築どころか、国家そのものの存亡すら顧慮せず、自身の利益をひたすら願う心情であったことは、余りにも皮肉な話であった。このような庶民の「純朴」な願望を内包したまま、昭和の日本は「国家主義の極端形態」としての意味が前面に押し出された「超国家主義」へと傾斜していくのである。

参考文献（本文中に直接引用したものは除外）

有馬学『「国際化」の中の帝国日本』〈日本の近代〉4、中央公論新社、一九九九年
臼井勝美『日本と中国―大正時代』原書房、一九七二年
大塚健洋『大川周明』中公新書、一九九五年
岡義武「日露戦後における新しい世代の成長」上・下、『思想』五一二号（一九六七年二月）・五一三号（同年三月）
金原左門『大正デモクラシー』〈近代日本の軌跡〉4、吉川弘文館、一九九四年
中島岳志『中村屋のボース』白水社、二〇〇五年
中野泰雄『政治家　中野正剛』新光閣書店、一九七一年
成田龍一『大正デモクラシー〈シリーズ日本近現代史〉④』、岩波新書、二〇〇七年
廣部泉「日本の汎アジア主義に対する米英の反応―一九〇四～一九三七年」伊藤之雄・川田稔編『二〇世紀日本と東アジアの形成』ミネルヴァ書房、二〇〇七年
増田弘『石橋湛山』中公新書、一九九五年
松尾尊兊『大正デモクラシー』岩波書店、一九七四年
松本三之介『明治思想史』新曜社、一九九五年
――『吉野作造』東京大学出版会、二〇〇八年
水野直樹「一九二〇年代日本・朝鮮・中国におけるアジア認識の一断面―アジア民族会議をめぐる三国の論調―」古屋哲夫編『近代日本のアジア認識』京都大学人文科学研究所、一九九四年
三谷太一郎『新版　大正デモクラシー論』東京大学出版会、一九九五年

米谷匡史『アジア／日本』岩波書店、二〇〇六年
米原謙『徳富蘇峰』中公新書、二〇〇三年

第4章 「極端なナショナリズム」の時代

戦時体制期

はじめに

本章では、一九三〇年代から一九四五年に至る戦時体制期のナショナリズムについて概観する。

この時代は、「戦争」と「テロ」の時代であった。一九三一年の満州事変、一九三七年以降の日中戦争、一九四一年の日本の真珠湾攻撃によって始まったアジア・太平洋地域を舞台とした日米戦争が、この時代のナショナリズムを規定する一方で、五・一五事件や二・二六事件に関与したウルトラ・ナショナリスト＝「超国家主義者」たちの役割も大きい。さらに一般国民の間には戦争が深まるにつれて排外主義が浸透し、言わば「極端」で「過剰」なナショナリズムが跋扈したのがこの時代であった。他方そのナショナリズムのあり方は一様ではなく、政治化したナショナリズム同士の抗争も激しくなった。

一般的にナショナリズムには、対象を「国民」に限定するような特殊性の契機と同胞の水平化のような普遍的な主張の契機が交錯するところに成り立っている（大澤真幸『ナショナリズムの由来』講談社、二〇〇七年、三九五頁参照）。戦時期のナショナリズムにおける特殊性の主張は伝統主義的「国体論」である。他方、普遍性の契機は、天皇制を通じた水平化であり、アジアの解放の主張である。これらの契機は、相互に重複・結合しながら、同時に矛盾をはらみ軋轢を生じさせることになった。

以下この「極端なナショナリズム」の時代における特殊性の契機と普遍性の契機に着目しつつ、本章の記述を行う。

1　戦時体制期ナショナリズムにおける特殊性と普遍性の契機

戦時体制期ナショナリズムにおいて特殊性の契機が特に顕著なのは、天皇制の伝統の意義を強調する日本主義、精神主義的国体論である。天皇への忠誠と服従を万古不易の日本の「国体」の当然の姿として、伝統的な天皇制秩序への「復古」を最重視する。「国体の精華を顕揚する」ことを目的とする「国本社」の会長平沼騏一郎や陸軍皇道派の上層部、「観念右翼」と呼ばれた政治勢力や言論界では雑誌『原理日本』により多くの知識人を攻撃した蓑田胸喜《むねき》（一八八四—一九四六）がこの類型に属する。

伝統主義的国体論は「国体の本義」のような政府公定のナショナリズムの地位を占めた。その特徴は、丸山眞男（一九一四—一九六）が「超国家主義の論理と心理」（一九四六年）（『増補版　現代政治の思想と行動』未來社、一九六四年所収）において、いわゆる「超」国家主義ないし「極端な」国家主義の性格として指摘した点とほぼ一致する。丸山はそれらがヨーロッパの普通のナショナリズムから区別される点を、「国体」の名において「国家主権が精神的権威と政治的権力を一元的に占有する」点に求めた。そこでは国家的秩序は「絶対的価値たる天皇を中心として、連鎖的に構成」され、「上から下への支配の根拠」は「天皇からの距離に比例する」。このように「中心からの価値の無限の流出」が見られるところでは、支配者は（天皇自身ですら）政治主体としての責任意識を持たず、「独裁観念」も薄い。その秩序は「抑圧移譲」すなわち「上からの圧迫感を下への発揮によって移譲して行くこと」によって維持されている、と分析した。丸山の「超国家主義」論は、ある意味で伝統主義的国体論の理念を戦後批判的に再構成し概念化したものであった。

他方、「国体論」をベースとはするが、より普遍的・超越的契機、例えば平等（一君万民）や、アジアの解放を唱えるアジア主義もこの時代のナショナリズムの重要な要素である。特に天皇制をテコに社会改造を目指す急進的なナショナリズムが果たした役割は重要である。かつて橋川文三（一九二二―八三）は、丸山の超国家主義論を、それが明治以来の日本の国家主義一般から区別する視点を持たないと批判した（「超国家主義の諸相」『近代日本政治思想の諸相』未来社、一九六八年所収）。橋川は、二・二六事件を起こした人物たちの「発想の根底」に「ラジカルな個人主義」を見ることができ、石原莞爾《かんじ》・北一輝《いっき》・権藤成卿《せいきょう》などの超国家主義思想に「現実の国家を超越した価値を追求する」形態が含まれていると論じた。橋川の議論は、急進的なナショナリストと焦点が合うものである。急進的なナショナリストは、「国体」を強調しつつも、同時に西欧列強を中心とする世界秩序と国内の資本主義や自由主義、政党政治への挑戦を自己の使命とする。これにより農本主義的なユートピア社会や国家社会主義を実現することを目標としたのである。大川周明《しゅうめい》、北一輝の思想がその典型で、そのためには軍隊を利用して暴力的非合法的にその目的を果たすことを辞さなかった。

急進的なナショナリストの多くは対外政策と国内改革を連動させていた。例えば、大川は『復興亜細亜の諸問題』（一九二二年）において、西洋列強に植民地化されたアジアの「復興」を「指導」することが日本の使命であると述べる一方で、ただ日本の現状では「到底アジア救拯《きゅうじょう》の重任に堪え」ないとして「アジア復興の戦士は否応なく日本改造の戦士でなければならぬ」と論じた（『復興亜細亜の諸問題』中央公論新社版、一九九二年、二二一─二二二頁参照）。大川は国家主義団体「猶存社《ゆうぞんしゃ》」を結成し、その後橋本欣五郎ら陸軍急進派に接近して三月事件、十月事件などのクーデタ未遂事件、さらには五・一五事件に関与する。

他方で軍幕僚・官僚には、戦時体制の中で「合法的」に社会の「革新」を行おうとする者がいた。「国防国家」構想を抱く陸軍中堅層や革新官僚も、精神的物質的に国の資源を総動員して総力戦体制構築のために内外の政治経済秩序の「革新」を図るナショナリストであった。彼らは、国民内部の水平化によりナショナルな結合をさらに強化しようとした。また日本が軍事的に膨張し国際政治上、軍事的に英米列強勢力と緊張が高まり戦争になると、さらに西欧帝国主義からのアジアの解放を高唱した。確かに、「帝国」膨張の背後には権益の追求が本音としてはあったが、言説の世界では、むしろその普遍的意義が論じられた。

ナショナリズムの普遍化への衝動は、例えば哲学者グループである「京都学派」の中心人物であった西田幾多郎《きたろう》（一八七〇─一九四五）の次のような発言に端的に表現されている。「今日日本精神を説く人は日本文化の特殊性を誇張する傾きがある。文化は民族の歴史が背景になっているものであるから特殊性を持ち又この特殊性は重んじなければならない」。しかし「これを誇張して主張するのは、日本だけやって行くなら兎《と》も角、世界がリアルになった今日、この特殊性だけで世界に対して行くことはできない。その特殊性は万国史的なものにならなければならない」（「日本文化の問題（昭和十三年京都大学月曜講義）」竹田篤司他編〈西田幾多郎全集〉第一三巻、岩波書店、二〇〇五年、一七頁）。このような「世界がリアルになった今日」、言わばグローバル化しつつある時代状況において、「特殊性だけで世界に対して行くことはできない」という意識は、次第に強くなっていた。特に戦争が拡大しヨーロッパ情勢との関連が意識され始めると、日本の「世界史的使命」が唱えられる機会が増大するのである。

これらの要素は、それぞれ内部にあるいは相互に矛盾を抱え、しばしば政治的対立となって現れた。伝統的な

「国体論」は、建前としては否定するのは難しかったが、一方で産業化、大衆社会化が一定程度進んだ社会に住む多くの日本人にとって時代錯誤に見えた。さらに総力戦が必要とする、動員のための変革、自発的な協力の面において欠けるところがあった。他方で、急進的ナショナリズムは大衆的基盤を持つことができず、その主張者はテロやクーデタに走ることになった。総力戦体制構築のための社会変革や水平化は、伝統的な国体を至上命題とする政治勢力・思想グループの攻撃にあった。精神主義的国体論者は、総力戦体制構築のための権力の集中・強化への指向や「国家社会主義」を日本の「国体」に反するものとして攻撃したのである。アジア主義も大きな矛盾を抱えていた。アジア解放の思想は、原理的には、アジア諸国の平等な立場を承認しなければならないが、これはアジアにおける日本自身を優位に置くナショナリズムと矛盾する。さらに実際の世界では、アジア解放の主張は中国などの抵抗をもたらしている現実と矛盾していた。

これらの日本ナショナリズムの矛盾は、満州事変期、日中戦争期、太平洋戦争期と激しくなっていった。以下「国体の本義」「臣民の道」によって戦時体制期日本の公定ナショナリズムを確認しながら、関連する言説の展開を見てゆくことにする。

2 「大正デモクラシー」体制の崩壊とナショナリズム

満州事変、政党政治の崩壊と急進的ナショナリズム

一九二〇年代は、欧米列強との協調外交と政党政治を軸とする「大正デモクラシー」が優勢になった時代であり、一九二九年に成立した民政党内閣は、ロンドン海軍軍縮条約を締結し国際協調主義の潮流の頂点であった。だが一九三一年九月石原莞爾関東軍参謀ら陸軍中堅層によって引き起こされた柳条湖《りゅうじょうこ》事件によって一変した。柳条湖事

件の翌年には日本は、「満州国」を承認した。一九三三年国際連盟において満州国を認めないリットン報告書が採択されると、日本は連盟から脱退した。国内政治の面では、井上準之助前蔵相や団琢磨三井合名理事長を射殺した血盟団事件、犬養毅首相を殺害した五・一五事件などのテロにより、政党内閣は崩壊する。

これらの事件の背後には、政党内閣の米英との国際協調外交に対する強烈な反発があった。石原は、日米間の「最終戦争」を想定し、その第一歩として満州事変を引き起こした。五・一五事件に加わった海軍青年将校は、政党の腐敗とともにロンドン海軍軍縮条約に対して憤激していた。主要新聞をはじめとする国内のメディアの多くも満州事変を擁護し、世論は排外主義的傾向を帯びるに至った。

同時に、大不況下の社会不安、特に農村の荒廃は政党や財閥の腐敗と強欲に憤る心情を強め、テロの引き金となった。権藤成卿や愛郷塾を主宰する橘孝三郎《こうざぶろう》（一八九三―一九七四）らの影響を受けた農本主義者がテロに加わり、「昭和維新」を唱える国家主義者が一躍脚光を浴びるようになった。

挙国一致内閣下における「日本精神」復興

急進的なナショナリストたちのテロによって、政党内閣は崩壊させられ、外交政策は転換させられた。しかし協調外交と政党政治を軸とする「大正デモクラシー体制」（酒井哲哉）は後退したものの、ラディカルなナショナリストたちが政治の主導権を握ったわけではない。元老西園寺公望《きんもち》を中心とする穏健派の天皇側近は、斎藤実、岡田啓介ら海軍穏健派の軍人に「挙国一致内閣」を組織させ、外交内政面での事態の沈静化を図った。特に外交政策（外務大臣広田弘毅の名をとって広田外交と呼ばれる）では、アジア主義的スタンスを強めながら、他方で英米との関係をこれ以上悪化させないように配慮がなされた（井上寿一『アジア主義を問いなおす』筑摩書房、二〇〇六年、第三章など参照）。

他方で連盟脱退後の国際的孤立感、農村不況による資本主義の行き詰まり感が、西洋＝近代、個人主義の没落の主張と表裏の関係にある「国体」「日本精神」再興の気分を瀰漫《びまん》させてゆくことになった。同時代の批評家である戸坂潤（一九〇〇―四五）が「ニッポン・イデオロギー」（一九三五年）において「日本主義・東洋主義乃至アジア主義・其他々々と呼ばれる取り止めのない一つの感情のようなものが、現在の日本の生活を支配しているように見える」（「ニッポン・イデオロギー」〈戸坂潤全集〉第二巻、勁草書房、一九六六年、二八七頁）と述べたように、急速にナショナリスティックな風潮が強まっていった。このナショナリズムの台頭は、ファシズムが台頭する世界的な潮流にも棹《さお》差していた。戸坂は、「ニッポン」イデオロギーが「言論界や文学や科学の世界にまで浸み渡り始めた」のはここ二、三年のことであり、「ドイツに於けるヒトラー独裁の確立、オーストリアに於ける国粋運動、ムッソリーニのオーストリアに対する働きかけ、アメリカ独自のローズヴェルト産業国家統制、それから満州国建国と皇帝の登極、そしてわが愛する大日本帝国に於ける陸続として断えない国粋強力諸運動。こうした国際的一般情勢の下に立つことによって初めて、日本は最近特に国粋的に扇情的になったわけであった」と皮肉を込めて指摘している。

このような満州事変後の時代背景の中で、思想界において復古的な日本主義が影響力を持つようになった。紀平《きひら》正美《ただよし》、安岡正篤《まさひろ》（一八九八―一九八三）らの日本精神論が注目を浴び、政府も文部省に「国民文化精神研究所」を設置して国民教化に乗り出した。

他方「国体」に反すると目された言論活動は、治安維持法など弾圧法規や内務省・文部省による思想統制の対象となった。これにより共産主義者の「転向」が多数起こるが、それは弾圧だけによってもたらされたわけではない。ナショナリズムが「転向」の動機づけの鍵となっていた。実際「転向」した共産党員は、その理由づけを「階級」よりも「日本民族」にアイデンティファイするべきであることに置くことがしばしばあった。佐野学（一八九二―一九五三）・鍋山貞親《さだちか》（一九〇一―七九）の転向声明書「共同被告同志に告ぐる書」（一九三三年）が、「日本民族の強固な統一性が日本における社会主義を優秀づける最大条件の一つであるのを把握できないものは革命家でない。民族とは多数者即ち勤労者に外ならない」と述べているのはその典型である。

思想統制の対象は、次第にマルクス主義、共産主義から自由主義的思想へとその対象が広がる。この過程で重要な役割を果たしたのが、蓑田胸喜ら日本主義の活動家であった。彼らは、右翼、貴族院議員、在郷軍人を巻き込んで運動を展開して当局の介入を呼ぶことにより、一九三三年には京都帝国大学の滝川幸辰を辞任に追い込み（滝川事件）、一九三五年には美濃部達吉を貴族院議員から辞職させた（天皇機関説事件）。アカデミシャンを標的とする蓑田の活動は恐れられ、そのために彼は蓑田「狂気」とも呼ばれた。

政界でも「国体」を軸に権威主義的な教化を行うことによって統治を図ることを唱える平沼枢密院副議長に代表される復古的右翼や荒木陸軍大臣らの精神主義的な陸軍「皇道派」が存在感を増すようになっていた。しかし彼らは、リベラルな元老・西園寺ら天皇側近（「重臣」）から忌避された。皇道派は、その反共主義から対ソ戦を主張すると同時に、同じく国体論者である北一輝の影響を受けた過激な青年将校を抱え込んでいた。これに対して永田鉄山軍務局長を中心とする幕僚（「統制派」）は、合法的組織的に総力戦体制の構築を目指し、次第に陸軍内では皇道派、統制派の派閥抗争が激化するようになる。

派閥抗争の過程で陸軍皇道派の青年将校は、一九三六年二・二六事件を引き起こしたが失敗し、非合法路線を取る急進的なナショナリズムは押さえ込まれることになった。他方で、軍の幕僚や革新官僚を推進力とする戦時体制化が進行することになった。

国体明徴声明から「国体の本義」へ

一方国体明徴声明を契機として、伝統主義的、復古的な「国体」思想が政府公認の地位を確認された。一九三五年、貴族院で菊池武夫らが美濃部達吉の憲法学説を取り上げ、統治権の主体を国家とし天皇をその国家の最高機関とする天皇機関説は天皇の絶対性を否定する反国体的なものであるとして、攻撃を開始した。陸軍内の派閥抗争や政争が絡んだために事態は重大化し、岡田内閣は美濃部の著書を発売禁止処分とし、さらに国体明徴声明を発して天皇機関説の排除を決定するまでに追い込まれた。政府はその後教学刷新評議会を設置し、その答申に基づいて、一九三七年、文部省は国民教化のための「国体の本義」を刊行した（「国体の本義」の作成過程については、久保義三『昭和教育史　天皇制と教育の史的展開〔新版〕』東信堂、二〇〇六年、荻野富士夫『戦前文部省の治安機能　「思想統制」から「教学錬成」へ』校倉書房、二〇〇七年、五〇三—五二五頁参照）。「国体の本義」により日中戦争前における政府公認の「国体」思想をあり方を見てみよう。

「国体の本義」は、わが国が「今や国運頗《すこぶ》る盛ん」で「産業は隆盛に、国防は威力を加へ、生活は豊富となり、文化の発展は諸方面に著しい」という現状認識を示すことから始める。その原因として「夙《つと》に支那・印度に由来する東洋文化は、我が国に輸入せられて、惟神《かむながら》の国体に醇化せられ」、さらに明治・大正以来、「欧米近代文化の輸入によって諸種の文物は顕著な発達を遂げた」ことを挙げている。しかしながら、余りにも急激に多種多様な欧米の文物・制度・学術を輸入したために、文化的社会的混乱を招いた。特に西洋の個人主義思想は、「社会主義・無政府主義・共産主義等の詭激なる思想」の根底をなすもので、これが行き詰まりの原因であると宣言している。日本では国体の本義を体得するとによってのみ混乱した状況は打開され、それは「今や個人主義の行詰りに於てその打開に苦しむ世界人類のためであり」、「我等《ら》の重大なる世界史的使命がある」と宣言する。

さらに「国体の本義」は日本書紀、古事記などを引用しながら、「国体」がいかに日本史を貫いているかについて叙述する。例えば「大日本帝国は、万世一系の天皇皇祖の神勅を奉じて永遠にこれを統治し給ふ。これ、我が万古不易の国体である。而《しこう》してこの大義に基づき、一大家族国家として億兆一心聖旨を奉体して、克《よ》く忠孝の美徳を発揮する。これ、我が国体の精華とするところである。この国体は、我が国永遠不変の大本であり、国史を貫いて炳《へい》として輝いている」と、万世一系の天皇の系統による統治、家族国家観、忠孝の美徳の伝統などがいく度も言及されている。また、日本の君民の関係は両者を対立的に見る西洋とは異なるとして、この君臣の関係を見誤るのは「我が国体の本義に関し透徹した見解を欠き、外国の国家学説を曖昧な理解の下に混同して来るがためである」と、天皇機関説が日本において妥当しないことを説く。

　他方で「国体の本義」は、単に外来思想の排斥を訴える文言だけで埋め尽くされているわけではなかった。むしろ「国体」による外来思想の「醇化」がいかに重要かを説いているのである。同文書は「結語」において、「今や我が国民の使命は、国体を基として西洋文化を摂取醇化し、以て新しき日本文化を創造し、進んで世界文化の進展に貢献するにある」、「現下国体明徴の声は極めて高いのであるが、それは必ず西洋の思想・文化の醇化を契機としてなさるべきであ」ると述べている。結論部において「国体明徴」も「西洋の思想・文化の醇化を契機としてなさるべき」と説いていることは、印象的である。

　なぜ「国体の本義」が忠君愛国の国体思想と皇国史観だけを説かなかったのか。これには「国体の本義」の編纂委員の一人でもあった和辻哲郎（一八八九―一九六〇）や教学刷新評議会に名を連ねたこともある西田の考えの影響が作用しているものと思われる。和辻は、「国体の本義」編纂の過程で直接的に「国体概念の根本規定等に於て現代日本インテリゲンチャを納得せしめる様論述し得るか否かは相当重大なる問題」（久保、前掲書、五一七頁）と意見を述べていた。和辻は「日本精神」（一九三四年）において、日本の文化の特徴は、様々な外国文化を受容した結果としての「重層性」にあり、日本精神とは「一面的な『魂』のごときものではな」いと述べていた。和辻はこの点を踏まえて、日本精神史と風土学をつくる必要があり、「このような自己認識は日本民族がその世界史的な使命を遂行するために欠くべからざるもの」と結論づけている（『和辻哲郎集』〈近代日本思想大系〉25、筑摩書房、一九七四年所収。ただし和辻は戦時化が進行するにつれて、西洋文化に対する日本文化の優位性を強く主張するようになる。酒井直樹『日本思想という問題』岩波書店、一九九七年、参照)。様々な外国文化の受容とその結果としての「重層性」こそ「日本精神」の特徴であるという見方は、力点の置き方は異なるが「国体の本義」の認識と共通している。また西田は、一九三五年、弟子の一人三木清(一八九七―一九四五)との対談(「日本文化の特質について」)において「国家がイデーを持つことは普遍性を持つことで、そのために個性がなくなるのではない。歴史において在るものはすべて他との関係を持っている。文化も相互作用において作られるのだ。そのような普遍性を離れては、国家は全く生物的なものになってしまう」(三木清『西田先生との対話』角川文庫、一九五〇年、一九頁)と述べていた。文化の相互作用への認識は、和辻の日本文化論と同様の観点に立っていると言えよう。

伝統主義的な国体思想は、「国体の本義」において、公定のナショナリズムとしての地位を再確認された。しかしながら、単なる伝統的特殊主義では、十分な説得力を持たなくなっていたことが、「国体の本義」が忠君愛国思想のみで終始できなかった理由であった。

さらに、日中戦争以前の国際状況も影響しているであろう。日本政府は国際連盟脱退後も一方で英米との関係を維持する政策を取り、他方で日中関係も華北分離工作後緊迫の度を加えていたものの、本格的な軍事衝突には至ってはいなかった。このような国際状況が、「西洋の思想・文化の醇化を契機」として「国体明徴」がなされるべきと述べる余裕を与えていたはずである。

3　日中戦争の展開と「新秩序」

日中戦争と「東亜新秩序」

一九三七年七月、盧溝橋《ろこうきょう》での日中の軍事的衝突を契機として、「日華事変」は中国全土に広がった。占領地には日本軍の指導で旧軍閥時代の政治家を中心とする傀儡《かいらい》政権がつくられたが、国民党を率いる蔣介石《しょうかいせき》政権は首都を重慶《じゅうけい》に移して抗戦を続けた。日本軍は点と線、つまり都市と鉄道とを掌握しただけで、その後方では中国共産党の指導で解放区が拡大した。中国では第二次国共合作が成立するなどナショナリズムが高まっており、それが抗日戦争の持続力を高める一つの要因であった。

事変勃発当初、日本では「対支膺懲《ようちょう》」の声が高かったが、戦争が行き詰まるにつれて、政府は中国側に協力を求める姿勢を打ち出すようになった。近衛文麿《このえふみまろ》内閣は一九三八年十一月には戦争目的が〈日満支三国〉の提携による東亜新秩序建設にあると声明（第二次近衛声明）し、国民党副総理汪兆銘がこれに呼応して重慶を脱出すると、日本と〈更生新支那〉との提携の原則は〈善隣友好、共同防共、経済提携〉にあるという近衛三原則を発表した（第三次近衛声明）。

これ以後、東アジアの地域秩序論が論じられるようになる。近衛に近い知識人のグループ「昭和研究会」をもとに活躍した蝋山《ろうやま》政道、三木清、尾崎秀実《ほつみ》（一九〇一―四四）らの「東亜協同体」論、石原らの「東亜連盟」運動がその代表である。「東亜協同体」論は、「日本文化」の新しい「世界史的」意義を説き、ナショナリズムの観点からも興味深い。ここでは三木の「新日本の原理」（一九三九年一月）（酒井三郎『昭和研究会――ある知識人集団の軌跡――』TBSブリタニカ、一九七九年、三〇三―三一五頁所収）によって地域秩序形成とナショナリズムの関係を見てみよう

（ナショナリズムと地域秩序論の系譜に関する最近の文献としては、酒井哲哉『近代日本の国際秩序論』岩波書店、二〇〇七年がある）。

三木によれば、日本文化にとって「大陸への進出」は、「東亜における文化の全面的な交流」が可能になることに意義がある。他方、これによる「東亜の統一」には、「世界史に於ける意義」があるという。現代においては世界は、ヨーロッパだけから構成されるものではないからである。この「東亜の統一」により、「東亜に於ける諸民族の協同の上にヘレニズム文化の如き世界史的意義」を有する新しい「東亜文化」を創造することが東亜協同体の使命でなければならぬ。さらに新しい東亜文化は、伝統的な「ゲマインシャフト」（協同社会）的特質と「ゲゼルシャフト」（利益社会）的特質を持つ西洋社会の再認識の上に創造されなければならない。さもなければ単なる封建社会に逆戻りすることになる。またその思想は、単なる民族主義を超えるものであるが、「それぞれの民族に独自性が認められなければならない」。他方で、東亜協同体は「日本民族のイニシアティブのもとに形成される」。思想的には、民族主義、全体主義、（東洋的）家族主義、共産主義、自由主義、国際主義、三民主義、（復古的）日本主義を克服するものである。結論的には、「日本の民族的エゴイズムに依るのではなく」、「道義的使命」によって日本が指導して東亜協同体を形成するとき、日本文化は「現実に世界を光破する」ことになると説く。

「東亜協同体」論は、「日本文化」の新しい「世界史的」意義を説く、ナショナリズムの一つのタイプである。「日本文化」は東亜の統一に指導的役割を担う特権的な地位を与えられている。他方で、「東亜」の民族間の相互主体性、自己革新への認識は、国体の変革を不要とする伝統主義的な国体論とは異なるものであった。したがって「東亜協同体」論は、蓑田ら原理主義的な日本主義者の攻撃を招くことになる。この時期蓑田ら日本主義勢力は、河合栄治郎（一八九一―一九四四）、津田左右吉《そうきち》（一八七三―一九六一）らの学説を反国体的であると批判し、さらに猛威を振るっていた。

世界新秩序と「臣民の道」

一九四〇年、ナチス・ドイツがヨーロッパを席巻すると、時局の打開を求めて近衛を中心に新党、新体制をつくる運動が展開する。彼らは強力な政権、国民再組織化により行き詰まった日中戦争を打開しようとしたのである。「東亜協同体」論を展開した「昭和研究会」の知識人たちは、「近衛新体制」運動にコミットしてゆくことになる。また「近衛新体制」の推進力には、革新官僚、軍中堅層などもコミットしていた。「新秩序」は国際面だけでなく、国内の自由主義的、資本主義的秩序の変革にも及ぶもので、彼らを惹きつけた。さらに総力戦指向のナショナリズムは水平化の契機を内包していたためにマルクス主義からの転向者も新体制運動に加わることになった。

しかし新体制運動は伝統主義的国体論者の反撃にあうことになる。ナチスに倣った一党独裁による強力な権力は、天皇大権を侵すものであるし、資本主義への統制は、共産主義的であると見なされた。結局近衛は譲歩し、新体制運動に参加した知識人たちを失望させることになった。

他方この過程で日本は、日中戦争の行き詰まりを打開するため東南アジアへの進出を図る「南進」政策を国策とした。同時に「日独伊三国同盟」を締結し（一九四〇年九月）、日米関係は悪化した。危機感を抱いた日本政府は日米交渉を始めたが、南部仏印の進駐が一九四一年八月米政府の対日石油輸出禁止を招き、軍部内に開戦論が高まってゆく。日本の占領地域が東南アジアに広がるにつれて、新たな地域圏構想として「大東亜共栄圏」が唱えられるようになる。同時に英米との対立が深まったことにより、「世界新秩序」の形成を前提とした言説状況が生まれた。

このような状況の中で四一年、文部省は「国体の本義」の姉妹版「臣民の道」を編纂する（『臣民の道』一九四一年八月、朝日新聞社）。日米開戦前の公定ナショナリズムをこれにより見てみよう。「臣民の道」は、序言、第一章「世界新秩序の建設」、第二章「国体と臣民の道」、第三章「臣民の道の実践」、結語という構成になっている。「国体の本義」が現実の対外的問題に触れるところがほとんどなかったのに対し、本文書は「世界新秩序」「大東亜共栄圏」建設下の「皇国臣民の自覚」の徹底を説くものであった。

「臣民の道」は「大東亜共栄圏」の政治経済文化上の意義と日本の使命を高唱し、政治的には「欧米の東洋侵略によって植民地化せられた大東亜共栄圏内の諸地方を助けて、彼等《ら》の支配より脱却せしめ」、経済的には「欧米の搾取を根絶して、共存共栄の円滑なる自給自足経済体制を確立し」、文化的には「欧米文化への追随を改めて東洋文化を興隆し、正しき世界文化の創造に貢献しなければならぬ」と説く。

この「世界史的使命」を遂行するために、総力戦体制を強化しなければならないが、その目的は、「偏《ひとえ》に皇運を扶翼《ふよく》し奉るところにあり、それは全国民がその分に応じ各々臣民の道を実践することによって達せられる」と述べる。独伊の全体主義と比べても、「政治・経済・文化・軍事その他百般の機構は如何に分化しても、すべては天皇に帰一し、御稜威によって生かされ来った」とその独自性を強調する。さらにわが国の理想は「八紘を掩《おお》いて宇となす肇国の精神の世界的顕現」にあり、「我が国の如く崇高なる世界史的使命を担っている国はない」と述べる。

他方で、総力戦に対して一層の協力と訓練を国民に要求するために、「我等は新時代の皇国臣民として、修練に修練を重ねることを必要とする」というように「修練」という言葉が頻繁に登場する。単に天皇制秩序への自然な服従ではなく、より自発的で実践的な国策への協力を求めるようになったのである。国家総動員に応じて隣組・部落会・町内会などを通じた地域での協力も求められる。それゆえいかなる職にあろうとも「夫々《それぞれ》の分を竭《つ》く」さねばならず、その実践のためには、「先づ皇国臣民としての修練の徹底が肝要である」と説くのである。ここでは私生活の場である「家」でさえ「皇国臣民の修練の道場」である。伝統的な国体論も総力戦下の戦時協力の必要に対応して修正されることになった。当時戦時体制が深化するにつれて伝統的国体論の中からも総力戦への自発的協力への意識を強調する新しい国体論の潮流が台頭していた（昆野伸幸『近代日本の国体論――「皇国史観」再考――』ぺりかん社、長谷川亮一『「皇国史観」という問題』白澤社、二〇〇八年参照）。

「臣民の道」における大東亜共栄圏＝世界新秩序論は、地域圏構想としては「東亜協同体」の系譜を引いている（巻末の「参考文献要目」には、尾崎や蝋山の著書も挙げられている）。その「世界史的意義」に言及するところも同じである。しかし「東亜協同体」には含まれていた民族間の相互主体性を認めた上で新秩序形成を論じるという面は失われている。また英米との対立が深まったことも反映して、「西洋文明」はもはや単なる排撃の対象にすぎないものとなっている。ほぼ同時期に出版された企画院『国防国家の綱領』（新紀元社、初版の刊行は一九四一年六月）も西洋（アングロサクソン）文明を自由主義、個人主義（利己主義）、帝国主義の名において攻撃し、国体の伝統に輝く日本がアジアを解放して大東亜共栄圏を形成することによって世界の指導者となる、それが日本の「世界史的使命」であるという主張を展開している。『綱領』には革新官僚的なレトリックが見られるものの、やはり他のナショナリズムや文化との相互性、自己相対化の契機はない。普遍化の契機がより形骸化していると言えよう。「新秩序形成」と総力戦のために修正された伝統主義的国体論をつなぎ合わせて「世界史的使命」を語るというのがこの時期の公定ナショナリズムのあり方であった。

「近代の超克」と「世界史的立場」

一方「大東亜新秩序」の意味づけをめぐって、論壇等でも議論がなされた。この時期言論統制はさらに深化する一方で、出版界は活況を呈していた（佐藤卓己『「キング」の時代――国民大衆雑誌の公共性――』岩波書店、二〇〇二年、三三七―三三八頁参照）。このような状況の中で文学者や「京都学派」の学者による「近代の超克」（『文学界』に一九四二年十月から連載、書籍としては一九四三年刊行）と「世界史の立場と日本」（『中央公論』に一九四一年から四三年にかけて掲載、書籍としては四三年刊行）の二つの座談会が行われた。これらは戦後に「知識人の戦争協力を弾劾するとき、『近代の超克』と『世界史的立場』とは並び称せられるのが普通である」（竹内好『近代の超克』筑摩書房、一九八三年）と言われるほど知られているが、意外に複雑な文脈を持っていた（廣松渉『「近代の超克」論――昭和思想史への一視角――』講談社、一九八九年参照）。「近代の超克」論は、「新秩序」の形成に対応して文化の面から西欧＝近代の「超克」を論じるものであったが、日本人は本当に「近代」を理解しているのかなどの疑義も出され、全体としてまとまった結論を出せなかった。官僚の作文とは異なって矛盾混乱をある程度反映していることがかえってこの座談会を魅力的にしたのである。

このことは両座談会において重要な役割を果たしている京都学派の「世界史的立場」に関する議論についてもある程度言える。例えば西谷啓治は（一九〇〇―九〇）、「モラリッシュ・エネルギー」を持った民族すなわち日本が世界新秩序を形成する必然性を唱える。しかしその「モラル」は伝統的な道徳のままではない。西谷は「新秩序の建設に主導的な国家は、一方で世界倫理というものに結びついてゆくと同時に、そのために国民一人一人が新しいモラルへ育成されることが必要となってくる。モラリッシュ・エネルギーというものは、一方では国民各自の主体の中へ徹底させられ、他方では世界新秩序という世界性へ拡大され、そしてその両方向を結びつけながら、指導国家のエネルギーとならなければならぬ」（藤田親昌編『世界史的立場と日本』中央公論社、一九四三年、一九二頁）という発言に見られるように、文化やモラルの世界的規模での革新を論じるところは三木の東亜協同体論と共通する論理を持つ。書籍版の「序」において、「我々は日本の真理性がまざまざと大東亜戦争を通じて現に展開しつつあるのを信ずると共に、かかる真理性を実践することによって実現の歪みが正されることを確信するものである」と弁じているように、新秩序形成過程における「現実の歪み」の可能性にも言及される（同前、五―七頁参照）。もっとも実際には「現実の歪み」に具体的に言及されることはなく現実と理念との緊張関係は非常に希薄であったが、言論の幅が狭い範囲に制限されていた当時、京都学派はある種の魅力を持つことになったであろう。戦時期に青春時代を送った哲学者山田宗睦《むねむつ》は、「青年学徒」の「いつ来るかもしれない応召・死と内心の肯定の節業という要求」に京都学派の哲学は応えることになったと回想している（山田宗睦『昭和の精神史——京都学派の哲学——』人文書院、一九七五年）。

他方で戦時ナショナリズムに普遍的契機を付加しようとする京都学派の指向は、彼らを政治的に微妙な立場に置くことになった。彼らは「日本精神」の無謬性を前提とする蓑田ら日本主義者の批判を受け、陸軍との関係でも危うい立場に立たされたが、独善的な議論では国民を説得することができないと考える海軍系の庇護を受けることになるのである（大橋良介『京都学派と日本海軍』ＰＨＰ研究所、二〇〇一年など参照）。

4　日米戦争

開戦から大東亜会議へ

一九四一年十二月の真珠湾攻撃によって日本とアメリカを中心とする連合国は、アジア・太平洋を舞台に戦いを繰り広げることになった。真珠湾攻撃の成功と緒戦における軍事的優位によって、東南アジアの各地を占領して太平洋の制海権と制空権を掌握したことは、多くの日本人にナショナリズムの高揚感をもたらした。また西欧帝国主義からのアジアの解放を唱えながら、英米との関係にも配慮するという矛盾からの解放感をもたらした。高村光太郎（一八八三—一九五六）の「十二月八日」という戦争詩は、「記憶せよ、十二月八日。／この日世界の歴史あたまる。／アングロ・サクソンの主権、／この日東亜の陸と海とに否定さる。／否定するものは彼等のジャパン、／眇《びょう》たる東海の国にして／また神の国たる日本なり。／そを治しめしたまふ明津御神《あきつみかみ》なり。／世界の富を壟断《ろうだん》するもの、／強豪米英一族の力、／われらの国に於て否定さる。／われらの否定は義による。／東亜を東亜にかへせといふのみ（後略）」と歌っている（〈高村光太郎全集〉第三巻、筑摩書房、一九五八年、四—五頁）。大アジア主義と反米英の大義、神国日本、「老若男女みな兵なり」と戦争協力の覚悟を詠った光太郎の詩は、開戦当時の日本人の興奮を物語っている。

一方政府が掲げた戦争目的は「自存自衛」と「大東亜共栄圏」の建設であった。「自存自衛」すなわち戦争遂行のための資源を求めることは政府、特に現地軍の本音であった。「大東亜共栄圏」建設はその建前であり、その内部秩序を水平的な協力関係にするのか、垂直的で指導国日本に従属的な性格の強いものにするのかは問題であった。日本政府は、「大東亜共栄圏」内部の関係について、「各民族をして各々其《そ》の所を得しむ」という表現を使って、各々の民族や国家が「分」に応じて役割を果たすとする立場を取った。これは天皇と国民との関係を日本と共栄圏内民族の秩序関係に類比したものである。アジアの各民族は、「自治」を指導国である日本によって与えられ、指導国家日本に奉仕することになる（波多野澄雄『太平洋戦争とアジア外交』東京大学出版会、一九九六年、五八頁参照）。

他方で、旧植民地国への戦争協力を求める必要もあり、連合国が領土の不拡大などの理念を打ち出すのに対して、日本政府も、対応を迫られた。特に東条英機内閣の外相重光葵《まもる》は、単なる搾取主義では協力を得ることはできないとして対華政策の見直しを推進する一方、連合国に対抗できる普遍的な理念を盛り込んだ政策を打ち出そうとした。その結果、一九四三年十一月「大東亜共栄圏」の協力政権であるタイ、フィリピン、ビルマ、満州国、南京政府、自由インド仮政府の代表者を東京に集めて、大東亜会議を開き「大東亜共同宣言」を発した。大東亜共同宣言は、「大東亜各国ハ協同シテ大東亜ノ安定ヲ確保シ道義ニ基ク共存共栄ノ秩序ヲ建設ス」「大東亜各国ハ相互ニ自主独立ヲ尊重シ互助敦睦ノ実ヲ挙ケ大東亜ノ親和ヲ確立ス」などの諸国の自主独立を尊重するなどの理想主義的な文言を含んでいた（同前、一〇九頁参照）。

だが、実際にはこのような普遍的理念を現実化する努力は行われなかった。日本の「大東亜共栄圏」建設は、確かに西洋列強中心の帝国主義的秩序を崩壊させるのに一役買ったが、共栄圏内部における建前と現実の落差は大きかった。

一方言論界では自己満足的な言論で溢れていた。一例を挙げるとマルクス主義から転向した平野義太郎は、南方の「原住民」は太陽を信仰しているので、「日の丸」は日本が文化指導をなす場合、「その文化政策の指導的象徴」となるなどときわめて独善的な議論を展開していた（平野義太郎『民族政治学の理論』日本評論社、一九四三年）。ナショナリズムには、普遍的契機を含む一方で、他者に対して目を閉ざすことで独善的な論理を自己消費する作用が伴う。

批判的な言論は、単に権力によってのみならず、「愛国者」の相互監視によって抑圧された。偏狭な愛国心が生み出す不自由な状況について、リベラルな評論家清沢洌《きよし》は「考え方が違っても愛国者であり得、また意見が相違しても団結することができる。そう我が国の『愛国者』は考うることができぬ」と日記中で批判していた（清沢洌『暗黒日記』I、評論社、一九七〇年、「一九四三年十二月三十日の条」、二一八―二一九頁）。

敗戦への道と国体護持

一九四二年八月のミッドウェー海戦で太平洋正面での制海権と制空権を喪失してからは、戦局は悪化の一途を辿っていた。一九四三年九月、大本営は〈絶対国防圏〉を指定したが、翌年六、七月にかけてのマリアナ沖海戦での惨敗、サイパン島失陥によって〈絶対国防圏〉は破綻した。この過程で「生きて虜囚の辱を受けず」（戦陣訓）に代表される投降を許さない考えから、多くの日本兵が玉砕した。サイパン島陥落をきっかけに岡田啓介・近衛らの重臣グループが倒閣へと動き、一九四四（昭十九）年七月東条英機内閣は総辞職した。

その後敗色濃厚になると鬼畜米英、徹底抗戦のスローガンが叫ばれる一方、重臣の中から「国体護持」を最優先にして　終戦工作を行うべきであるという動きが出てくる。一九四五年二月近衛は、天皇への上奏文の中で「國體護持ノ建前ヨリ最モ憂フルヘキハ敗戦ヨリモ敗戦ニ伴フテ起ルコトアルヘキ共産革命ニ御座候」と述べて、英米と和睦を結んでも皇室は安泰であり、むしろ民間の左翼と結んだ軍人の動向を警戒すべきであると述べるようになった。敗戦が濃厚になるにつれて、ナショナリズムの平等化の契機へ疑いの目が向けられ、「国体護持」という特殊的契機の強調によって終戦工作が導かれることになるのである。

結局日本政府は、「国体護持」が可能かどうかの判断をめぐって動揺し続け、原爆投下後に天皇の「聖断」によって、ポツダム宣言受諾を決め、一九四五年八月十五日の敗戦を迎えることになる。

おわりに

「極端なナショナリズム」における特殊的契機と普遍的契機は、矛盾、対抗しながら敗戦に至るまで一貫して存在し、戦時日本のあり方を規定した。しかしこれらは、日本の敗戦とともに、戦犯や追放の対象となり、指弾される。

他方、戦時日本にも、特に知識人層に極端なナショナリズムからは疎まれたリベラルなナショナリズムが存在した。例えば終戦工作を行った南原繁（東京帝国大学法学部教授、一八八九―一九七四）はエスタブリッシュメントのリベラルなナショナリストの代表例である。南原は開戦時「人間の常識を超え学識を超えておこれり　日本世界と戦ふ」、「民族は運命共同体といふ学説　身にしみてわれら諾《むべな》はむか」と歌を詠んだ「祖国の罪、祖国の過ちを自分の身に引き受けて耐える」という態度の自由主義的なナショナリストであった（丸山眞男「南原先生を師として」『聞き書南原繁回顧録』南原繁［述］、丸山眞男・福田歓一編、東京大学出版会、一九八九年、四五八頁）。南原は、戦後東大総長となり、国民精神の復興を訴えて占領下の言論に大きな影響を与えることになる。

一方総力戦がもたらしたナショナリズムの圧力はきわめて大きく、批判的知識人さえ巻き込まれていた。「戦中の少なからぬ人々は、現体制の崩壊を期待する『反逆』の心情と、総力戦の遂行のために建設的批判を行う『忠誠』の心情を、表裏一体の状態で抱いていた」（小熊英二『〈民主〉と〈愛国〉――戦後日本のナショナリズムと公共性――』新曜社、二〇〇二年、八二頁）のである。丸山をはじめとする比較的若い知識人たちの多くは、この戦争とその精神的基盤である天皇制の意味を自ら問い直すことで、「戦後思想」を形成してゆくことになる。

参考文献

伊藤隆『昭和初期政治史研究――ロンドン海軍軍縮問題をめぐる諸政治集団の対抗と提携――』東京大学出版会、一九六九年
井上寿一『アジア主義を問いなおす』筑摩書房、二〇〇六年
栄沢幸二『「大東亜共栄圏」の思想』講談社、一九九五年
大澤真幸『ナショナリズムの由来』講談社、二〇〇七年
大橋良介『京都学派と日本海軍』PHP研究所、二〇〇一年
荻野富士夫『戦前文部省の治安機能「思想統制」から「教学錬成」へ』校倉書房、二〇〇七年
小熊英二『〈民主〉と〈愛国〉――戦後日本のナショナリズムと公共性――』新曜社、二〇〇二年
柄谷行人『戦前の思考』講談社学術文庫、二〇〇一年
久保義三『昭和教育史〔新版〕天皇制と教育の史的展開』東信堂、二〇〇六年
昆野伸幸『近代日本の国体論―「皇国史観」再考―』ぺりかん社、二〇〇八年
酒井哲哉『近代日本の国際秩序論』岩波書店、二〇〇七年
酒井直樹『日本思想という問題』岩波書店、一九九七年
ジョン・W・ダワー／斎藤元一訳『容赦なき戦争―太平洋戦争における人種差別―』平凡社ライブラリー、二〇〇一年
筒井清忠『昭和期日本の構造――二・二六事件とその時代――』講談社学術文庫、一九九六年
橋川文三『近代日本政治思想の諸相』未来社、一九六八年
長谷川亮一『「皇国史観」という問題』白澤社、二〇〇八年

波多野澄雄『太平洋戦争とアジア外交』東京大学出版会、一九九六年
松浦正孝編著『昭和・アジア主義の実像——帝国日本と台湾・「南洋」・「南支那」——』ミネルヴァ書房、二〇〇七年
丸山眞男『〔増補版〕現代政治の思想と行動』未来社、一九六四年

第5章　連続と断絶の相克

占領とナショナリズム

はじめに

敗戦後、アメリカから帰国した大山郁夫は「再び故国の大衆と共に」という講演を日比谷公園で行い、高らかに「民主日本の建設」・「平和日本および文化日本の建設」・「経済的復興」が日本の課題であることを謳っている。大山にとって、ポツダム宣言は「再生日本のためのマグナ・カータ」であり、なかでも民主主義の強化や基本的人権の尊重が盛り込まれた第七項は戦後改革の指針であった。大山は「連合国の政治家たちの洞察の深さ」を称賛して、「民主日本」・「平和日本」を構築しようと意気揚々と訴えかけたが、その道程には複雑で矛盾に満ちた問題が待ち構えていた（「再び故国の大衆と共に」『中央公論』一九四七年十二月）。

本章の課題は戦後日本のナショナリズムを概観することであるが、そこにはいくつかの問題が交錯している。敗戦後、アメリカによる単独占領のもとで、一九二〇年代に活躍した幣原喜重郎《しではらきじゅうろう》や吉田茂といった親英米派の政治家が表舞台に再登場する。だが、占領下での民主的な改革の実行は複雑な問題をはらむことになる。占領という独立が失われた状況下で、民主主義の精神的な基盤である自発性や主体性は育つのであろうか。また、敗戦を体験した日本が、国民を統合するための精神的な紐《ちゅう》帯をどこに求め、いかにして自らのアイデンティティを再構築するのか。さらに、デモクラシーとナショナリズムは戦後日本においてどのような関係にあり、はたして民主主義は日本に深く浸透することができるのか。これらの問題は、サンフランシスコ講和条約をめぐって、「全面講和」と「多数講和」の対立として顕在化する。さらに、講和条約締結後も平和運動や安保改定問題に深い影を落とすことになる。本章では、デモクラシーとナショナリズムの双方にとって重要な自発性と主体性の問題に焦点を当て、戦後日本のナショナリズムについて検討していきたい。

1　例外としての「戦争」

「敗けに乗じる」

一九四五年、近代日本を代表する文明批評家である長谷川如是閑《にょぜかん》（一八七五―一九六九）は「敗けに乗じる」という文章を『文藝春秋』に発表している。戦時中は「鼻もひっかけられなかった」知識人が敗戦とともににわかに注目を浴びているが、如是閑は手のひらを返したようなジャーナリズムの対応とそれに乗せられている人々の姿を「敗けに乗じる」態度として冷ややかに描き出す。戦後の自由主義や民主主義は「天下り式に与えられたもの」であり、自らの努力で獲得していないものを「濫用浪費」すべきではなく、慎重に取り扱う必要がある。「敗けに乗じる」ような態度で表層的に自由主義・民主主義を喧伝したところで、それらが「常識」として深く一般人の生活感情に根をおろさないかぎり、「日本が、自身に生んだ自由主義、民主主義の国となることはできない」。過去において、日本人は自由主義や民主主義を観念的に理解していても、「実証的に、科学的に、また体験的に把握する機会」を持たなかったのである。したがって、如是閑は自由主義や民主主義を身体化するために、「日本自体について、相当の認識、識見、知識を、また精神をもった壮年の人々」を各界から選抜して大量に英米に派遣することを提案する。単に英米の民主主義を理論的に研究するだけではなく、日本のことを熟知した上で導入しなければ身体化して実践することはできない。そのためにも、如是閑の見るところ、「浮薄の『便乗』の習癖を一掃」することが重要であり、日本の実情を理解している「壮年の人々」が自由主義・民主主義を根本から学び直すことが日本の課題であった（「敗けに乗じる」『文藝春秋』一九四五年十二月）。

このように、如是閑は、敗戦を契機として政治制度も改めていくだけではなく、根本的に日本社会を変革する必要性を訴える。アメリカによる変革をやむをえないものとして捉えるのではなく、日本人が自らの手で民主的な社会を建設する好機として敗戦を受け止めようとしたのである。確かに日本に民主主義を定着させるためには、政治制度のみならず「制度における精神、制度をつくる精神」（丸山眞男『日本の思想』岩波書店、一九六一年、三六頁）を考慮する必要があるだろう。人々の精神態度を変革するためには、政治だけではなく、文化的な要因にも目を向け、日本人の伝統的な意識を俎上にのせる必要がある。伝統文化を重視する保守的な立場と日本の民主化とは相容れない場合もあるだろう。とりわけ、第二次大戦で敗北した日本にとって、自らの伝統や過去の歴史とどのように向き合うかが深刻な課題となる。

坂本多加雄が指摘するように、戦後日本の出発は決して戦前の営みと断絶しているわけではないが、多くの知識人の心情として、新しく国家を形成するため、過去との断絶を強調しようとする傾向が見られた（『知識人　大正・昭和精神史断章』読売新聞社、一九九六年）。だが、戦前までの日本の歩みを全面的に否定した場合、何をもって国民を統合する精神的紐帯にするのかが課題となる。それは日本のナショナル・アイデンティティをめぐる問いでもある。

津田左右吉《そうきち》は天皇制という概念が十分な検討なしに氾濫していることに疑念を呈し、権力機構としての天皇制と「天皇が存在している」ことを意味する天皇制とに区別している。そして、前者は明治以降につくられた特殊な「天皇制」であり、後者の意味であれば、近代以前の日本にも見られる伝統的な天皇制であると指摘している。津田によれば、この後者の天皇制は戦後も国民を統合する日本の伝統文化として重要な役割を担っていたのである（〈津田左右吉全集〉第二三巻、岩波書店、一九六五年、「日本の皇室」参照、同全集第三巻、一九六三年、四七〇—四七三頁）。佐々木惣一との論争の中で、和辻哲郎が「国体」の連続性を主張したのも、「国民の文化的な統一の具現」（米原謙『日本政治思想』ミネルヴァ書房、二〇〇七年）として天皇を捉えたからであった。また、天皇制の存続はマッカーサーの望むところでもあり、日本国憲法にも「日本国民統合の象徴」であると明記されるようになる。

伝統とナショナル・アイデンティティ

天皇制の問題に加えて、宗教や歴史、言語をはじめとする幅広い伝統的な文化が、国民の一体性を担保するナショナル・アイデンティティを再構築するときに問題となる。如是閑は戦時中から「日本的性格」論を展開して、元来、日本人は生活を重視する傾向があり、また決して排外的ではなく、率先して諸外国の成果を取り入れる開かれた国民であることを指摘していた（『日本的性格』岩波新書、一九三八年）。戦後も同じように、日本人は「生活的の、即ち平和的の、民族的生活」を重視してきたと主張し、戦時中に自国のことだけを考えたナショナリズムやショーヴィニズムに陥った原因として、「封建的意識の残存」を指摘する。すなわち「封建的意識の残存」が日本人を「超合理的に、強力的支配に追従又は盲従する」ように本来の「日本的性格」を「強力的に歪曲せしめ」たのである。「わが国家的動向を、ついに今日の破滅にまで導いた」のは、「封建的意識の残存」であり、それを改革していくことが戦後日本の課題であると、如是閑は考えていたのである（「封建制度と封建精神」『評論』一九四六年二月）。

だが、如是閑は完全に日本の伝統を否定することはなく、むしろ日本が元来の「日本文明の性格」を失ったことが問題であると考えていた。大正期に日本人が日本の「伝統的性格」を失ったのであり、その原因として、「ドイツ文明」の影響が強くなり、日本人の生活と乖離した観念的な思想が巷間に広がったことを挙げている（『日常の中なる日本』中央大学出版部、一九六九年、五一七頁）。さらに、如是閑は急激な近代化を伝統喪失の主要因として位置づけていた。むろん、伝統文化の中にも問題点はあり、変革しなければならない部分があるのは確かである。だが、伝統的要素の中で優秀な部分を伸ばすことが重要であり、それは新しい日本の出発と何ら矛盾するものではなかった。「封建的残存」を克服することは重要だと考えていたが、如是閑は日本の伝統そのものを否定することには与《くみ》しなかった。一例を挙げるならば、如是閑は、日本は古くから階級の文化的な格差が少ない「文化的デモクラシー」の国であると主張する（前掲『日常性の中なる日本』一五八頁）。したがって、戦後改革の目標である民主主義を受け入れる素地はすでに用意されており、デモクラシーと日本文化は決して衝突することなく、うまく適合するのであった。また、以前から、イギリス贔屓《びいき》のドイツ嫌いとしても如是閑は有名であり、観念的なドイツ哲学よりも生活に密着したプラグマティックな思想を重視する点でアングロサクソンと日本人は共通すると考えていた。アメリカの影の色濃い民主主義改革は日本文化と対立するものではなく、むしろ、戦時中の日本こそが「例外」だったのである。戦後改革は日本の伝統文化の尊重と矛盾することなく、敗戦とウルトラ・ナショナリズムの時代を経験したにもかかわらず、ナショナリズムとデモクラシーは融合する形で保持されていたのである。

戦後、幣原喜重郎や吉田茂らの親英米派の政治家が第一世代として活躍したが、如是閑のような「イギリス贔屓」の知識人も数多くの媒体で言論活動を展開する。アメリカの知日派の間でも、「近代日本はもともと親英米的」であるという認識があった。彼らは「『鬼畜英米』を叫ぶ軍国主義日本の姿は一時の逸脱にすぎない」（五百旗《いおき》頭真《べ》『日米戦争と戦後日本』大阪書籍、一九八九年：講談社、二〇〇五年、一六四頁）と考えており、それは如是閑の日本論とも相通ずるものであった。

戦争を日本の伝統からの「例外」として位置づける発想は多く、竹山道雄（一九〇三―八四）も戦争に突入した一因を「むかしの日本人を支えていた精神体系」の崩壊に見る。「近代化すなわちあらゆる意味における道徳的向上、という前提は安易すぎる」のであり、封建的な精神を振り返り、それが「屈従的」であるという見解に疑義を呈す。竹山の見解では、「封建的残存」が問題なのではなく、封建時代にあった伝統的な美徳が近代化の中で失われてしまったことこそが、敗戦という今回の「破局」につながったのであった（『昭和の精神史』新潮社、一九五六年：講談社、一九八五年）。

竹山が「封建制」という概念で何を表しているのかは定かではない。それに伝統的な精神態度といっても、実体的に捉えられるものでも、容易に対象化できるものでもないだろう。竹山のように、「封建制」あるいは過去の日本人の精神態度を実体化して称賛するのは、ある特定の伝統的な要素の固定化に陥る危険性がある。また、如是閑のように、伝統を「良き伝統」と「悪しき伝統」に区別することの根底には、伝統を実体化して、人間が意識的に操作できる対象として捉えようとする発想がある。伝統は常に生成するものであり、ある特定の伝統を対象化して取り出すことは、固定的な「伝統財」の保存であって伝統を尊重することではない。能や歌舞伎などの伝統文化や特定の精神態度を抽出して、「伝統」として実体化することは「伝統主義」である。伝統と「伝統主義」を区別し、容易に相対化することのできないものとして伝統を捉えること、これは如是閑自身の伝統観ではなかっただろうか。

このような問題点を念頭に置きながら、本章では如是閑のようなオールド・リベラリストが、戦争を日本の伝統からの逸脱として位置づけていたことに注目したい。そうすることで、日本の伝統を擁護して、本来の日本的な伝統に回帰することを力説したのである。戦後においても日本のナショナル・アイデンティティとして伝統は重要な役割を果たし、それはアメリカの影響下での改革と何ら矛盾するものではなかった。

2　連続と断絶の相克

津田左右吉は「愛国心」の中に二つの側面を見出している。すなわち、共通の伝統的な文化を尊重する国民としての「愛国心」と、主体的に自分たちが国家を形成していこうとする「愛国心」である（「独立後の初めての新年」〈津田左右吉全集〉第二三巻、岩波書店、一九六五年、三八八―三八九頁）。戦時中の「愛国心」は後者の主体的な要素が希薄であり、そのために誤った政策を行っても国民は止めることができなかったのである。戦後も「愛国心」が重要であると津田は考えており、なかでも国民が日本を自分たちで形成するという意識を育成していくことが肝要であった。これは、換言すれば、「ネーションの同質性」と「政治的シティズンシップ」の問題であると言えよう。「何らかの意味での同質性をもつと想定される人々の群れ」としてのネーションに注目すると、言語・歴史・伝統文化――それがつくられたものであれ、継承されてきたものであれ――といった共有しうるナショナル・アイデンティティが重要になってくるだろう。「政治的シティズンシップ」に注目するならば、必ずしも同質的なアイデンティティを成員に求める必要はない（杉田敦「憲法とナショナリズム」『岩波講座　憲法3』岩波書店、二〇〇七年）。アイデンティティも多種多様であり、重層的な帰属意識を有する人々が、国家を形成して共生しうる可能性も存在していた。だが、戦後のナショナリズムについての議論には、いかにして同質的なナショナル・アイデンティティを構築していくのかという問題と、多種多様な人々が自らの手で日本を構成するという政治的な主体性の問題とが錯綜していた。両者のズレは必ずしも明確には認識されていなかったのである。このナショナル・アイデンティティと国民の主体性の問題を考える上で、「新かなづかい」論争は注目に値しよう。

かなづかい論争

抜本的に日本を変革してしようと考える人々は、戦前と戦後の断絶を強調して、過去を相対化し、その問題点を抉《えぐ》り出し、意識的に切断しなければならないと考える。逆に、戦争を例外として考える人は、伝統そのものを否定的に捉える必要はない。むしろ、戦後日本のナショナリズムを立ち上げる上で伝統的な文化は重要な役割を果たすと見ていた。言語の問題がナショナリズムを論ずる上で非常に大きな意味を持つことはたびたび指摘されてきた。国民を統合する紐帯として共通の言語を有するということは、ナショナル・アイデンティティの核心に位置する問題であると言えよう。政治の領域とは、一見すると無関係に見える「新かなづかい」論争は、戦前と戦後の連続と断絶の問題を鮮やかに照らし出す。

よく知られているように、一九四六年十一月に政府は「当用漢字と現代かなづかい」を告示する。その数日後、『朝日新聞』がいわゆる「新かなづかい」を紙面に採用する。

雪の研究で知られ、寺田寅彦門下の優れた随筆家でもある中谷宇吉郎（一九〇〇―六二）は、旧かなづかいを継承することを主張する。中谷は「日本のバックボーン」（『文藝春秋』一九五一年三月）という座談会で次のように述べている。「私どもが今まで一つの民族として生きて来たのは、満州に百万の関東軍があるとか、聯合《れんごう》艦隊が堂々と波を蹴って進んでいるとか、そういうイメージが日本人全体の心の中に灯をともしていたわけです」。戦争という危機が国民の一体性を担保し、戦地で戦っている軍人に対する想いが国民を結びつけていた。ところが、戦後は日本人を「一つの民族」として結びつける紐帯がなくなってしまったので、「代りに何をもって来るか」が重要になる。虚構か否かは別にして、国民を結びつけるだけのリアリティのある「神話」が必要になる。そこで、中谷は

「日本の芸術とか文学とかがもっている美しさというもの」を軸に日本人を統合することを主張する。だが、漢字の制限と「へんな仮名づかい」が強制されるならば、古典を読むことができないようになり、「一つの民族」としての精神的紐帯を失う危険性がある（座談会「日本のバックボーン」『文藝春秋』一九五一年三月）。したがって、中谷は「新かなづかい」の採用に否定的だったのである。もっとも、その後、中谷は「新かなづかい」に理解を示すようになることも付記しておく。

このような主張に対して、吉川幸次郎が「新かなづかい」を擁護したことはよく知られている。吉川は戦後の日本人が「過去の日本の文学なり芸術なり」を「唯一の心のよりどころ」とすべきだろうかと問い、それに対して「私はそうは考えない」ときっぱりと否定する。さらに、「日本への貢献」よりも「人類全体への貢献」を優先すべきであり、「日本的な美しさばかりになずむ」というのは、もはや不可能であると力説する。だが、吉川も「過去の日本の文学なり芸術なり」が「手近な心のよりどころとして振りかえられるべきものの一つ」であることは認めている。その上で、「変なかなづかい」・「新かなづかい」は「過去の日本の文学」と現代のわれわれを遮断するものではないと指摘する。また、「旧かなづかい」を守っていれば、過去の文学との文化的な連続性を保持できるわけでもない。言葉は時代とともに変化していくものであり、「旧かなづかい」も、すでに平安時代や鎌倉時代の日本語とは異なっている（『吉川幸次郎全集』第一八巻、筑摩書房、一九七五年、四〇六―四二四頁）。

だが、吉川は「日本語表記法の問題」でアメリカの「教育使節団」が「新かなづかいの使用、漢字の制限、ローマ字の使用」を勧告したことに注目する。そして、「かなづかい」の問題は「われわれ自身で解決すべき問題」であり、それをアメリカの勧告によって見直すようになったことを「はずかしく思う」と語っている。吉川は戦後改革の中で「新かなづかい」を採用することの必要性を強調していた。しかし、あくまでも日本人が主体的に変更することを望んでいたのである。言葉という文化の根幹に関わる問題に関して、アメリカの指導のもとで改革することには疑念を呈したのである（前掲〈吉川幸次郎全集〉第一八巻、四〇二―四〇三頁）。

民主主義を支える精神態度の問題にまで踏み込んで「かなづかい」について論じたのが憲法学者・美濃部達吉である。美濃部は「国語仮名づかひに付いて」を『文藝春秋』に発表する。美濃部は「旧かなづかい」を擁護しているが、それは伝統的な精神を継承するという保守的な理由からだけではなかった。むしろ戦後日本を改革していくための「立憲国の国民」の精神に関わる問題だったのである。美濃部の論点は以下の三点である。第一に、国語の書き方という「純然たる文化に関する事項」に、「一般文化人に依る社会的な自然の発達に放任せらるべきもの」であり、国家が干渉すべきものではないということである。政治は基本的には文化の問題に介入すべきではなく、国家の役割は文化に対する保護・奨励にかぎるべきであるというのが、美濃部の意見であった。第二点は、「内閣の訓示」が法律上の強制力がないにもかかわらず、大多数のメディアが「異議なくこれに服従して居ること」に対する批判である。美濃部にとって、この二つ目の問題が最も危惧すべきであった。人々が自分たちの自主的な判断によって行動するのではなく、内閣の訓示に盲従する風潮を厳しく批判する。内閣の訓示が適切な内容であるかどうかを問うこともなく隷従するのは、「我が国民の習性を為して居る封建的服従心の一の現れ」ではないか。第三に、「新かなづかい」自体の不合理さを挙げる。美濃部は「新かなづかい」が「不合理」であり、「我が国語を紊《ぶん》乱して無秩序ならしむるもの」だと主張する。具体例として、文字と発音の一致から見て矛盾している「てにをは」の保存を挙げる。また、「神戸」という地名に関しても、「かうべ」という「旧かなづかい」の読み方を用いると、神が音便により変化したことが一目瞭然である。しかし、「新かなづかい」の「こうべ」にすると、その歴史的な経緯が捨象されてしまう（「国語仮名づかひに付いて」『文藝春秋』一九四八年六月）。

以上のような「新かなづかい」をめぐる論争からナショナリズムを考える上で重要な論点が見えてくる。一つ目は、戦後日本における精神的紐帯の問題である。何に自国のアイデンティティを求めるのか、いかにして国民の一体性を担保するのか、という問題である。「旧かなづかい」を擁護する知識人は、伝統的な文学や芸術をはじめとする文化的な連続性の中に「民族の一体性」を求めたのである。二つ目は、主体性の問題である。吉川が言及しているように、アメリカの提言によって自国の文化の根幹をなす言語を見直すことは主体性の欠如につながる。また、美濃部が危惧したように、法的な根拠のない不合理な要請であっても、政府が決定指導したことには多くのメディアが大勢順応的に従う、これは日本人の主体性のなさを象徴する出来事であった。吉川と美濃部は、「かなづかい」の問題についてはまったく反対の意見だが、「新かなづかい」の採用が主体的に決定されなければならないという点では一致している。いくら新しい制度を導入して、改革路線を歩んでいたとしても、それがブームのように受け入れられているだけでは民主的な改革はおぼつかない。そこには、戦後民主主義の根本である主体性の問題が存在しており、同時にそれは、国民が国家を構成するだけの主体性と自発性を有しているかどうかという問題であった。

戦前に天皇機関説を主張して弾圧を受けた美濃部が、戦後、明治憲法を擁護したことはよく知られている。美濃部と同じく、「新かなづかい」に対して否定的であった津田左右吉も天皇制を擁護する論説を発表している。明治憲法や天皇制を擁護して戦前と戦後の断絶に対して疑義を呈し、戦後民主主義の風潮に対して違和を投げかけたのであった。

中谷宇吉郎の日本観

中谷も戦後改革を受け入れ、基本的には親英米的な立場を表明しながらも、生活様式におけるアメリカ化に対する漠然とした違和感を表明している。戦争中、「今日やかましくいわれている『日本精神』のようなもの」は、幼少期に体験した「北陸の農村の生活」とは大きくかけ離れたものであると中谷は語っている〈『中谷宇吉郎集』第二巻、岩波書店、二〇〇〇年、二三六頁)。人々の生活に根づいていない観念的につくり上げられた「日本精神」、それは鶴見俊輔の言葉を借りるならば「無根のナショナリズム」であったと言えるだろう(鶴見俊輔・加々美光行編『無根のナショナリズムを超えて――竹内好を再考する――』日本評論社、二〇〇七年)。また、科学者である中谷は、日本精神の名のもとに、西洋科学が軽んじられ、精神主義が横行している現状を厳しく批判する。昭和十三年、日本の発展は諸外国の成果を学んできたからこそ実現したのであり、「日本意識に目覚めた科学」などは抽象的なスローガンにすぎず、内実は虚しいものであった(前掲〈中谷宇吉郎集〉第二巻、二〇二頁)。その中谷が、戦後、「日本人のこころ」と題したエッセイで、モースが『日本その日その日』で日本人店員の「真面目さと鄭重《ていちょう》さ」に「一種の美しさを認め、人間としての温かい感情を汲みとった」ことに注目している。戦後改革が推進される中で、「アメリカの能率」と「アメリカ人の勤労精神」が日本人に適合するか否かを問いかける。中谷は「能率生活は、人間を非常に疲労させる」と言う。「身体の奥深いところ」に蓄積する疲労を要求する「能率生活」を批判的に見つめ、「日本人には近代の西洋文明は、肌が合わないのではないか」と提起する(前掲〈中谷宇吉郎集〉第六巻、二〇〇一年、一二七―一三二頁)。

久野《くの》収は、中谷や津田が所属した『心』グループの知識人を「自由主義」ではなく「保守主義」であると判断する。久野は津田左右吉の「建国記念の日をまうけたい」や和辻哲郎の議論を検討しながら、個人の権利意識の脆弱さを指摘する。また、彼らの国家観に対しても鋭いメスを入れ、「本当の自由主義者」は国家を「法的制度」として捉える必要があると力説する。ところが、『心』グループの知識人は「歴史とか伝統に基く共同体として国家を規定していく」のである(久野収・鶴見俊輔・藤田省三『戦後日本の思想』勁草書房、一九六六年、七四頁)。したがって、『心』グループは権利意識として自由を尊重せず、また、国家の行動を批判的に検証する視座を有していない。政治状況に対して違和感を覚えていても、論理的に政治批判を行うことができずに、現状追随に陥る危険性があった。

このようなオールド・リベラリストの精神構造の問題点を最も鮮やかに分析したのが丸山眞男であろう。そして、主体的な精神態度の欠如と精神的な紐帯の喪失の問題は、デモクラシーとナショナリズムの問題として展開されることになる。

3　デモクラシーとナショナリズム

占領と民主主義

大澤真幸は、「戦争に徹底的に敗北したとき、その社会は、『それ』を想定したときに、自らの現在が肯定性を帯びて立ち現れてくるような、超越的な視線を喪失することになる」と指摘する。そして、柳田国男や折口信夫《しのぶ》が「そのような超越性を何とか再構築しようとした」軌跡を紹介している。だが、柳田や折口のような喪失感と苦悩を体験することなく、「超越的な他者」は、「死者」から「アメリカ」へと置き換えられたのであった（大澤真幸『不可能性の時代』岩波書店、二〇〇八年、二一頁）。

戦後、平和と民主主義が高らかに唱えられているとき、林達夫（一八九六―一九八四）は「平和の闘士」の歌声に「聞き惚れる知的ミーチャン、ハーチャン」がまったく当てにならないことを辛辣《しんらつ》に描き出す（「妄人妄語」『政治のフォークロア』〈林達夫著作集〉第五巻、平凡社、一九七一年、三二〇頁）。そして、デモクラシーについても、「戦後、人々が民主主義政治だといって大さわぎしていることに、私は少しも同調することができなかった」と述懐する（「新しき幕明き」前掲『政治のフォークロア』二六一頁）。デモクラシーがもてはやされていることに冷やかであり、逆にデモクラシーが流行現象のように脚光を浴びていることにデモクラシーの実現が困難であることを見て取る。「大衆に対して事態の実相を示し、冷静に理性的判断によって態度決定と行動化に自主的に赴かせるという点」にデモクラシーの真髄があり、戦後日本の風潮は「理性的判断」や「自主的」からは程遠い。イギリスのような政治的訓練を経た国以外の国民は政治的に未成熟であり、デモクラシーを根づかせるためには相応の努力がいると、林は言う（「共産主義的人間」前掲『政治のフォークロア』二七九―二八〇頁）。

アメリカの影響が無批判的に人々の精神生活に浸透してくる中で、林は「西洋に追いつき、追い越すということが、志ある我々『洋学派』の気概であった」と指摘する。さらに「政治にうとい、政治のことに深く思いを致したことのない人間ほど、軽はずみに政治にとびこみ、政治の犠牲になる」と、戦後民主主義のブームに翻弄される知識人の姿に警鐘を鳴らす。戦後の解放感に浮かれることなく、厳しく「新しき幕明き」を見つめた林は、「Occupied 抜きの Japan 論議ほど間の抜けた、ふざけたものはない」（「新しき幕明き」前掲『政治のフォークロア』二五九―二六五頁）と「アメリカの影」（加藤典洋『アメリカの影』河出書房新社、一九九一年）に言及する。はたして、アメリカの影響下で行われた民主主義的な政策が日本に根づくのであろうか。主体的な態度が失われるならば、かえって民主的な制度が抵抗なく行われる中で、民主主義を支える自主性や主体性は喪失してしまうのではないだろうか。このことを考える上で、矢内原忠雄の議論が非常に示唆的である。

一九四八年十月、矢内原忠雄（一八九三―一九六一）は『表現』に「管理下の日本」を発表して、「もろもろの制度の米国化」が粛々と進行している状況に、「占領下」にあるという峻厳な事実と「アメリカの影」を痛感する。「現在被管理国民である事実」が、まだ十分に民主的な諸改革を受け入れるだけの土台ができていないにもかかわらず、新しい改革を行わなければならないという事態に日本を直面させる。日本の民主的な改革が「法律制度の表面的な変化」に留まるならば、それは「日本人の心情」に根差していないため有効に機能することはない。また、矢内原は「表面的外形的の同化は却って卑屈な追従に外ならず、それだけ真の民主主義化を妨げるであろう」と述べ、自主性を喪失したままで、表面的な改革を進めていくことはかえって、「卑屈な追従」を生み、民主主義を阻害する要因になると指摘する。矢内原は「この滔々《とうとう》たる米国化の要請」に対し、「拒否は滅亡である。迎合も亦《また》滅亡である」と言う。ただ唯一日本が選択しうるのは、「理解ある摂取」のみであると力説する。自ら民主主義の意義を認識して、自発的に根底からデモクラシーを受け入れること、それしか日本が生き残る道はなく、しかも矜持《きょうじ》を失わない態度であった。「日本復興の気概と希望を喪失し、外形的なる生活の米国化を以て人間解放と誤解し、操を屈し媚を売るならば、日本は真に奴隷の国となり果てるであろう」と、矢内原は「気概」と「操」の大切さを説く（「管理下の日本」『表現』一九四八年十月）。

五百旗頭真はヘーゲル『精神現象学』の主人と奴隷のたとえを引きながら、当初は民主化が勝者によって強制されることに「屈辱」を感じると言う。だが、「やがて日本人はその仕事に没頭し、熱心に学習し、それをテコにめざましい自己革新を遂げて成長するのである」（前掲『日米戦争と戦後日本』一八一―一八二頁）。アメリカの要請する改革を行いながら、単に勝者に隷従するだけではなく、それを自らの意思で実行するようになる。この隷従を矜持に逆転させて、改革を行う狭き道は、矢内原の選択した道であった。矢内原は「拒否」と「迎合」の挟間にある隘《あい》路《ろ》を「気概」を失わずに進もうとしたのである。それは、決して「戦後民主主義」という枠組みで捉えることのできない、永続的な民主化運動であったと言えよう。

「民主革命」とナショナリズム

この矢内原の文章に林も共感を覚えており、アメリカの影響を看過できない中での日本の主体性とデモクラシーの確立を両立させることの難しさを表明している。デモクラシー自体が要求する主体的な態度と、そのデモクラシーの諸制度改革を受動的に摂取せざるをえないという状況、それにデモクラシーと「日本人の心情」の落差、その中で林や矢内原が感じていた苦悩は、戦後日本が背負うべき重要な課題を象徴していたと言えよう。

それは角度を変えて言うならば、デモクラシーとナショナリズムをどのように結合させるかという問題でもあった。一九五一年、丸山眞男（一九一四―九六）は「日本におけるナショナリズム」で日本のナショナリズムが「社会革命」と内面的に結合することはなかったと指摘する。近代日本において、ナショナリズムは「国家的統一」の側面に力点が置かれ、「国民的解放」という点では十分に機能しなかった。デモクラシーが定着するためには、ナショナリズムに「高度の自発性と主体性」が求められたのである（丸山眞男「日本におけるナショナリズム」『現代政治の思想と行動』未来社、一九六四年、一六〇―一六三頁）。

一九四九年、東京裁判の記録をもとに丸山は「軍国支配者の精神形態」を発表し、「日本ファシズムの矮小性」として「既成事実への屈服」と「権限への逃避」という「軍国支配者」の行動原理を摘出した。とりわけ、重臣リベラリストたちの行動に「既成事実への屈服」を見て、鋭く批判する。「既成事実への屈服」とは「既に現実が形成せられたということがそれを結局において是認する根拠となること」であり、木戸幸一や東郷茂徳が個人的にはリベラルであり、「三国同盟」に反対であったにもかかわらず、「現実の問題」や「なり行き」を理由に現状追随的に肯定していくのである。彼らの言説は一見するとリベラルであるが、しかし、丸山は「自己の信ずるオピニオン」を「『私情』として殺して周囲に従う方を選び又それをモラルとするような『精神』こそが問題なのである」と指摘する（「軍国支配者の精神形態」前掲『現代政治の思想と行動』一〇六―一〇八頁）。それは久野が『心』グループのオールド・リベラリストを批判したように、リベラルに見えながらも、権利としての自由の意識に乏しいために、時流に抗することができない。自由の権利に立脚したリベラリストであれば、滝川事件や天皇機関説事件のような出来事に直面すると、当然のことながら抵抗するであろう。だが、権利意識を欠く心情的なリベラリストは、個人的には反対しながらも消極的に容認していくのである。「高度の自発性と主体性」の欠如は、日本のナショナリズムの問題点であるとともに、デモクラシーを根づかせるために日本が直面していた課題であった。戦後デモクラシーも「現実の問題」や「なり行き」から「既成事実への屈服」として受容されるのであれば、戦前と同じく、民主主義を支える主体的な精神態度は欠如したままである。

しかし、丸山の見るところ、日本ナショナリズムの特徴である自我が環境に埋没した「同族団的な社会構成」は戦後も続いていた。基本的な構造は保持された状態で、「量的に分子化され、底辺にちりばめられて政治的表面から姿を没した」のであった。このようなナショナリズムは「社会革命」と結合することが難しく、デモクラシーを日本に根づかせるのを妨げる要因となる。「民主革命と結合した新しいナショナリズム」を実現するためには、「同族団的な社会構成とそのイデオロギー」を破壊することが重要であった（丸山、前掲「日本におけるナショナリズム」一六八頁）。また、デモクラシーが「舶来品」に留まるならば、それがいかに優れた理論であっても、日本社会で十全に機能するのかは疑問である。デモクラシーが日本に根づき、機能するためには、「日本人の心情」に支えられなければならない。非合理的な生活感情や心情を顧みない制度は脆弱であり、生活レベルでは機能しえない。換言すれば、デモクラシーをナショナリズムと結合させることがデモクラシーを日本人の生活感情に根づかせることであった。そのためには、「ナショナリズムの合理化」と同時に「デモクラシーの非合理化」が必要だったのである（丸山、前掲「日本におけるナショナリズム」一六八頁）。ナショナリズムを全面的に否定するのではなく、「強靭な同族団的な社会構成」を変革して、デモクラシーと結合させることが日本ナショナリズムの課題として提示されたと言えるであろう。

だが、そこには問題が山積しており、「自発性や主体性」だけではなく、「国民に対する牽引力」を持つ「使命感」が必要であった。ところが、戦後、国民の一体性を保持する求心力を持った価値意識は存在していない。「平和文化国家」という「使命観念」が注目されたのだが、国民全体を牽引する理念としては十分に機能しなかった（丸山、前掲「日本におけるナショナリズム」一六六頁）。

4　革新ナショナリズムの台頭

「新しい愛国心」の模索

オールド・リベラリストたちが精神的な紐《ちゅう》帯をめぐって逡巡し、また多くの政治家や知識人がアメリカの影響下での主体性というアポリアで苦吟しているとき、「新しい愛国心」としてナショナリズムを肯定することができたのは革新派であった。もちろん、戦前からの日本のナショナリズムをそのまま肯定することはできない。そのために、例えば、高島善哉（一九〇四—九〇）は「愛国心の物神崇拝性を取り除く」ことが重要であると考え、以下の三点に留意しなければならないとする（『新しい愛国心』弘文堂、一九五〇年）。第一に、家や郷土を愛すると見せかけて、実は特定の個人や階級の利益を擁護する虚偽の愛国心に対する批判である。高島は、個人こそが国や家の基本であり、「個々人の生命、身体、財産を保証すること」を基盤に愛国心を再構築しなければならないと主張する。第二に、軍神としての乃木《のぎ》崇拝に象徴されるような、「愛国心が単純な職業軍人や単純な職業政治家によって具象化されるような社会の特殊構造」を批判的に検討する必要がある。第三に、戦前の日本では、愛国心が内容のない単なるスローガンとして利用され、「ひからびた言葉であり内容のない形式であるに過ぎなかった」ことに対する検証である。しかし、このような形骸化した愛国心を非難するために、愛国心そのものを否定することは「亡国的行為」であると高島は強調する。民主化を推し進めていくためには、愛国心は重要であり、愛国心がなければ民主化は実現しえないのである（前掲『新しい愛国心』）。

だが、高島自身も国民の一体性を保持する精神的な紐帯が喪失したことを認識しており、フィヒテのような「力強い文化的自尊心」を日本人は持つことができないと指摘する。愛国心が「歴史的社会的に形づくられてゆく」ものであり、固定的で実体的なものではないことを強調する。さらに、精神的な紐帯を「力強い文化的自尊心」に求めるのではなく、「未来」に向けて形成されるべきものであると考えていたのである（前掲『新しい愛国心』）。多くのオールド・リベラリストのようにナショナル・アイデンティティを伝統や過去の歴史に求めるのではなく、高島が「未来」に期待をかけた点は注目に値しよう。

しかし、このような議論に対していくつかの問題点が指摘されよう。第一に、伝統や過去の歴史から自由に国民の精神的な紐帯が構築されるのであろうか、という問題である。確かに、多様な価値意識を有する人々を新しい理念のもとに統合することも論理的には可能であろう。だが、その新しい理念を形成するときには過去の歴史から学ばなければならない。また、その理念が統合原理として機能するためには、人々の生活感情に支えられる必要があるだろう。さらに言えば、革新派が形成しようとした「使命観念」は、どれだけのリアリティをもって国民の琴線に触れ、「牽引力」を持ちえたと言えるだろうか。第二に、鶴見俊輔が指摘するように、革新派のナショナリズムが「国家ナショナリズム」の枠にとらわれていたことである。鶴見はソヴィエト連邦という国家の論理を重視した「左翼」を批判して次のように言う――「左翼は別に国家を超えてないんですよ。で、『きれいな水爆』まで行く」（鶴見・加々美編、前掲『無根のナショナリズムを超えて――竹内好を再考する――』二七二―二七三頁）。鶴見が指摘するように、革新派のナショナリズムが具体的な人々の生活感情に根差したものではなく、結局は国家の論理を前提にしていたのではないだろうか。

平和と革新ナショナリズム

これらの問題を考えるとき、坂本義和（一九二七―）の「革新ナショナリズム試論」は示唆的である。坂本は講和問題に言及して、サンフランシスコ講和条約は占領体制の継承であり、「本来的にナショナリズムとは相容れないもの」であったと言う。むしろ、ナショナリズムを発現したのは、「全面講和論」の方であったと主張する（「革新ナショナリズム試論」『中央公論』一九六〇年十月：『戦後外交の原点』〈坂本義和集〉3、岩波書店、二〇〇四年、一三七―一五八頁）。だが、そこに芽生えかけた「新たなナショナリズム」の背後でナショナリズムを空洞化させる重要な問題が生じていた。

坂本は「日本のデモクラシーは日本のナショナリズムの崩壊なしには不可能であったし、デモクラシーが正教として確立される瞬間に、ナショナリズムは異教として葬り去られなければならなかった」と指摘する。デモクラシーを根づかせるためにはナショナリズムと結合させることが重要であるにもかかわらず、日本ではナショナリズムの「精神構造」そのものがデモクラシーを妨げている。デモクラシーとナショナリズムが結合するのではなく、日本ナショナリズムの「精神構造」を壊さないかぎりデモクラシーは根づかない。丸山と同じく、坂本も「デモクラシーとナショナリズムとのこの相反的な不安定さ」に戦後政治の問題点を見出している（前掲「革新ナショナリズム試論」）。

さらに、坂本によれば、デモクラシーがナショナリズムと衝突して、多くの民主主義者が「反ナショナリスト」としてインターナショナリストになるのではなく、「無ナショナリスト」になる傾向が強い。そして、「無ナショナリスト」は国家の問題に対して無関心になるだけではなく、直接自分とは関係のない政治問題には「まきこまれたくない」という意識と結びつく。特に、坂本は一九五三年の内灘から一九五五年の砂川にいたる一連の基地問題に対する国民の反応を検討して、「無ナショナリズム」の問題点を指摘する。坂本は国民意識の有無を判断するメルクマールとして、「特定の集団や地域を超えて『体験の分有』が成立するか否か」、「直接の当事者以外が心理的に『まきこまれる』か、さらには自発的に自分を『まきこむ』姿勢がとれているか」という点を挙げている。この基準からすると、局地の運動はラディカルであるが、あくまでも地域内の問題であり、地域を超えた国家レベルでの

「体験の分有」は見られない。一見すると、国の将来に関係する重要な市民活動でも、デモクラシーとナショナリズムが結びついた「国民的運動」ではなく、直接的な当事者だけの「圧力団体的行動」になる。また、坂本は、一九五〇年の朝鮮戦争に対する関心そのものの低さの根底にある「まきこまれたくない」という意識に注目する。国民の間に広く蔓延しているのは、「主体性や自発性」とは対極にある「まきこまれたくない」という感情であった。そして、この「まきこまれたくない」という感情から国民意識が生じるはずもなく、「ナショナリズムは徹底的に解体し、したがってまたインターナショナルな責任意識もまた一般に皆無に等しい状態であった」(前掲「革新ナショナリズム試論」)。

では、デモクラシーと結合しうる新しいナショナリズムは日本で育たないのであろうか。「まきこまれたくない」という感情に抗して、国民の精神的な紐帯として働きうる「使命観念」は見つからないのであろうか。坂本は、「平和」というインターナショナルなシンボルが日本のナショナル・アイデンティティとして機能しうると力説する。広島・長崎における被爆体験によって、「平和」が「高度にナショナリスティックなシンボル」となっている。唯一の被爆国民であるという「民族的特殊性」を徹底的にこだわることが、逆説的に「インターナショナルな平和への特殊な民族的使命感へと導くのである」。そして、「日本の革新的ナショナリズム」は「平和」というシンボルを抜きにしては成立しえない。「平和」こそが日本の国民的な「使命観念」であり、ナショナリズムの中心として国民を牽引するものであると考えたのである(前掲「革新ナショナリズム試論」、苅部直「ナショナリズムの来歴」苅部直・片岡龍編『日本思想史ハンドブック』新書館、二〇〇八年を参照)。

だが、「まきこまれたくない」という感情に抗して、どれだけ「平和」という理念は国民を統合していくだけのリアリティを有していたのだろうか。「平和」が重要な価値であり、今なお、多くの人々から支持されている理念であることは間違いない。だが、「平和」という価値は国民感情に根差した「使命観念」として牽引力を持ち、「まきこまれたくない」という一般的な生活感情を揺さぶることができたかどうかは疑問である。逆に、坂本が危惧した「まきこまれたくない」という感情が、「平和」を国民的な「使命観念」として定着することを阻んでいるのではないか。

おわりに

最後に、戦後のナショナリズム論が見落としていた論点を鋭く突く杉田敦の文章を紹介して筆を擱きたい。杉田はシティズンシップとネーションの問題に注目して、護憲派の人々をも含めた戦後日本のナショナリズムの陥穽《かんせい》を指摘している。護憲派をはじめ、多くの論者が憲法の普遍的な価値を尊重しながらも、憲法自体をネーションの枠組みで捉えていた。ネーションの枠組みには収まらないシティズンシップをネーションの範囲に限定してしまうことに疑念を抱かなかったのである。すなわち、護憲派も「それまで植民地化していた人々を、シティズンシップの範囲から排除したことの暴力性」をほとんど意識することはなかった（前掲「憲法とナショナリズム」）。戦争直後、デモクラシーとナショナリズムの問題を考えるときにも、この暴力性についての認識が進歩的な知識人の間で共有されることはなかった。精神的な紐帯を日本の伝統や歴史の中に求めたオールド・リベラリストだけでなく、自発性や主体性に注目した知識人もネーションの枠組みにシティズンシップの範囲を重ねていたのである。右であれ左であれ、アイデンティティをネーションの枠から解き放ち、ナショナルな枠組み自体に揺らぎを見る試みには、まだ時が必要であった。

参考文献（本文中に引用したものは除いた）

飯田泰三『戦後精神の光芒――丸山眞男と藤田省三を読むために』みすず書房、二〇〇六年
五百旗頭真編『戦後日本外交史』有斐閣、一九九九年
井上寿一『日本政治外交史』岩波書店、二〇〇三年
小熊英二『〈民主〉と〈愛国〉』新曜社、二〇〇二年
苅部直『丸山眞男』岩波書店、二〇〇六年
北河賢三『戦後の出発　文化運動・青年団・戦争未亡人』青木書店、二〇〇〇年
竹内洋『丸山眞男の時代――大学・ジャーナリズム・知識人』中央公論新社、二〇〇五年
都築勉『戦後日本の知識人　丸山眞男とその時代』世織書房、一九九五年
中村隆英『昭和史　Ⅱ』東洋経済新報社、一九九三年
A・バーシェイ／宮本盛太郎監訳『南原繁と長谷川如是閑――国家と知識人、丸山眞男の二人の師――』ミネルヴァ書房、一九九五年
升味準之輔『戦後政治』上・下、東京大学出版会、一九八三年
宮村治雄『丸山眞男「日本の思想」精読』岩波書店、二〇〇一年
米原謙『日本的「近代」への問い――思想史としての戦後政治』新評論、一九九五年

第6章 「国際化」とナショナル・アイデンティティ

冷戦後まで

はじめに

一九五〇年代後半から一九七三年のオイル・ショックまで、日本は目覚ましい経済成長を遂げた。それとともに社会の様相も急速に変貌する。産業化は農村から都市への大規模な人口移動を引き起こし、農村の過疎化と都市の過密化という事態を招いた。それは従来の社会的ネットワークを崩壊させ、政治的には無党派層が激増する。一九六〇―七〇年代を通じて、自民党と社会党は議席を減らし続け、大都市を中心に公明党と共産党が躍進した。自民・社会の二党で議席を分け合うという意味での五五年体制は確実に変容し、都市の中間層が政党政治の動向に大きな影響を与えるようになった。

ナショナリズムに焦点を絞ると、一九六〇年の安保改定反対闘争が「革新」側の反米ナショナリズムの頂点だった。第二次大戦後の統治エリートは、占領下に天皇制を存続させること（国体護持）を最優先し、そのために「昨日の敵」であるアメリカと妥協するという選択をした。サンフランシスコ講和と日米安保の二つの条約によって枠づけられた吉田路線はその端的な表明で、これによって「保守」の側はナショナリズムを政治的資源とする資格を喪失し、「革新」側がナショナリズムの担い手となった。「六〇年安保」はその総決算だったのである。

吉田路線とは一線を画そうとした岸信介も、日米協調を基調とした点では、戦後政治を方向転換したものではない。安保条約に日本の一定の自主性を付与しようとした岸は、むしろ日米同盟を機軸とするその後の自民党の外交防衛政策を確立したと言ってよい。これによって、安保をめぐる保守と革新の対立軸は鮮明になったが、高度成長以後、安保反対によって革新側がナショナリズムを動員することはなかった（米軍基地が集中し、長く米軍の統治下に置かれた沖縄だけは例外である）。六〇年代後半のべ平連（ベトナムに平和を！市民連合）や新左翼学生運動では、もはや反米やナショナリズムは大きな起爆剤ではなかった。

一九七〇年以後、ナショナリズムの傾向は、これまで目立たなかった右翼勢力の出現によって特徴づけられるようになる。三島由紀夫と楯の会メンバーが自衛隊に乱入して自決したのは一九七〇年十一月である。七〇年安保をめぐる急進左翼運動に対する危機感がバネになったものだった。その後、一九七二年に日中国交回復が実現して、空前の日中友好ムードが生じると、翌七三年七月に自民党内に「青嵐会」という若手政治家集団が結成された。政策目標は、①自由主義圏との連携、②物質万能の風潮を批判し、教育を正常化する、③富の偏在の是正、④自主独立の憲法制定である。彼らは血判によって決意を示したと伝えられている。中心にいたのは渡辺美智雄、中川一郎、石原慎太郎などで、福田派と中曽根派のメンバーだった。彼らの運動は保守政治の動向をすぐに左右するほどのものではなかったが、戦後派の保守政治家の中に、憲法・教育などの面での戦後の価値観を否定する勢力が厳存することを示した。それは保守の側の新たなナショナリズムの生成を画するもので、八〇年代以後に明確な姿を現すことになった。

1 「国際化」時代のナショナリズム

一九七〇年代後半以後の日本の姿を端的に特徴づけたのは、「経済大国」という語である。一九七一年のいわゆるドル・ショックによって、為替相場は変動制に移行した。それは商品だけでなく、資本取引が国際的な市場に支配されることを意味する。さらに七三年のオイル・ショックによって、先進国は一様に低成長(あるいはマイナス成長)に転じた。日本経済も例外ではなかったが、他の先進国に比べていち早くその打撃から立ち直ったので、日本の経済力は国際社会で急速に上昇することになった。こうして「国際化」と「経済大国」化の状況が複合して、日本の言論を根本的に変容させることになる。

「町人国家」

情報・カネ・モノ・ヒトが、かつて考えられなかったほどのスピードで自由に国境の垣根を越えて往来するようになった。「国際化」による環境の変化はどの国家にとっても同じはずだが、日本においてはとりわけ衝撃をもたらしたように見える。それは経済大国化による日本の国際的影響力の増大と上記の意味での「国際化」がほぼ同時に進行し、日本人が自覚する以上にその言動が注目されるようになったからである。一九八六年九月の中曽根康弘首相による黒人やヒスパニックに対する差別発言はその好例である。国際社会での日本の役割や政治家のリーダーシップをとりわけ重視していた中曽根でさえ、自身の発言の国際的影響に無自覚だった。今やどんな僻陬《へきすう》に住む日本人も為替レートの変動の影響を免れることはできない。逆の言い方をすれば、個々の日本人の経済活動は、他の国家や個人にそれだけの影響を否応なく及ぼすということでもある。

「町人国家」とは戦後の日本国家を否定的に特徴づけたものである。最初にこの語を使ったのは、おそらく天谷直弘「『町人国・日本』手代のくりごと」（『文藝春秋』一九八〇年三月）であろう。天谷はこのとき通産審議官だった。一九七九年十一月にイランのアメリカ大使館で人質事件が発生したとき、日本は石油確保の配慮からアメリカへの同調を渋り、さらにアメリカがイラン石油の禁輸措置を発表した直後に、日本企業がそれを高値で買い付けるなどの行動に出た。この論文はその善後措置に奔走した経験をもとにしたものである。

天谷によれば、国際社会は「半ばジャングル」で日本は「肥ったうさぎに近い存在」である。だから「武士社会」で「町人」が繁栄するためには、「卓越した情報収集能力、構想力、直感力、外交能力」そして時にはゴマスリ能力までが必要」なのに、日本人には国際社会に対する真剣な考慮が欠如している。もっと「町人道」に徹しなければならないというのが、天谷の主張である。この文章の末尾で天谷は、日本がいつまでも「町人国」ではいられないのではないかとの見通しを語っている。

「町人国」という卑下した表現の中に外交当局者の実感を読み取ってよいだろう。オイル・ショック以降の日本外交の綱渡り状態を、天谷とは少し違った角度から論じたのが松岡英夫「〝乗りおくれ〟外交のすすめ」（『中央公論』一九八〇年三月）である。松岡によれば、日本にとって現実的外交とは次のようなものである。日本は無資源国だから、まずどの国とも友好関係でなければならず、その原則を守るために紛争には近づかないことが肝要である。オイル・ショックによって、日本は三つの教訓を学んだ。第一に日本は世界のどの国、どの地域にも無知であってはならない。第二に紛争の当事者の一方に荷担しないこと、そして第三に国際紛争においてアメリカに引き回されないことである。特に第二の点について、紛争に対する対処は「臆病」であるべきで、「バスに乗り遅れる」か、どうしても乗らねばならぬときは「最終のバス」に乗るべきだと主張する。

日本外交が置かれた環境について、天谷と松岡は、評価のニュアンスは異なれ、ほぼ同じ認識を示した。この両者を批判したのが、佐瀬昌盛「『町人国家』論を排す」(『文藝春秋』一九八〇年四月)である。佐瀬はまず「町人国家」の比喩が適切でないと指摘する。今日の国際社会は徳川時代の身分制社会とは異なり、「刀狩り」は行われておらず、どの国も士と農工商の兼業である。第二に「町人専業」は「ひとり合点」にすぎず、世界が認知したわけではない。第三に日本は「丸腰」ではなく、自衛隊や日米安保条約がある。だからそれらが果たしている「権力的要素」を「正当に処遇」するべきだというのが、佐瀬の主張である。ここに後の「普通の国」論の萌芽を読み取ることができよう。

「普通の国」論

「町人国家」をめぐるやり取りの中に、これまでとは明確に異なった言論状況が感じ取られる。それは国際社会における日本の位置の変化に相応するものである。戦後日本は「豊かな社会」を実現することを目指し、国際紛争に巻き込まれないことに関心を払ってきた。しかしもはや国際問題にできるだけコミットしないとする消極的な姿勢は、許されない時代が来たことを誰もが感じ始めていた。言い換えれば、日本という国家のあり方が政治の主題として浮上してきたのである。

それは八〇年代政治を枠づけることになった第二臨調の答申にも反映する。一九八一年六月に出された「第一専門部会中間報告」は、行政改革によって目指す「国づくりの基本方向」として、「活力ある福祉社会の実現」とともに「国際社会に対する平和的貢献」を掲げた。臨調の関心は主として内政面での改革だったので、国際貢献の方はあまり注目されなかったが、「平和的貢献」の語はその後「積極的貢献」という表現に姿を変え、臨調が描く国家像の基軸をなした。八二年五月の「第一部会報告」は「国際社会に対する積極的貢献」として、アメリカをはじめとする西側諸国との協調関係、資源・エネルギー・食糧の安定供給のための経済的安全保障、国力・国情に見合った防衛力整備を唱えている。言うまでもなく、これは「総合安全保障」の名で呼ばれた考え方である。「西側の一員」としての役割を強調するとともに、貿易摩擦と連動して激化したアメリカの防衛力増強の要求に応えるものだった。

「国際貢献」の必要という外圧を追い風にしながら、戦後政治の枠組みから大胆に踏み出そうとしたのが、一九八二年末に総理大臣に就任した中曽根康弘だった。中曽根はマスコミから「風見鶏」などと揶揄されたが、一九四七年の総選挙で保守政界に身を投じて以後、ナショナリストとして一貫したものを持っていた。早くから吉田路線に異を唱え、一九五一年の日米安保条約にも内心は反対だった。アメリカへの従属批判と憲法改正による自主防衛が、かなり後まで中曽根の政治理念の中核をなしていたと想像されるが、首相に就任したときには、自由と平和を基調とする憲法・サンフランシスコ講和条約・日米安保条約が戦後日本の繁栄の基礎だと認めた。外交安保政策における日米同盟第一主義は、もはや動かしがたかったのである。

中曽根は就任直後に電撃的に韓国を訪問して、紛糾していた経済援助問題を決着させ、さらにアメリカを訪問してレーガン大統領との個人的な信頼関係を築いた。『ワシントン・ポスト』のインタビューでは、有事の際に「四海峡封鎖」や「日本列島を浮沈空母にする」などの発言をしたと伝えられ、支持率を一気に下落させた。これは中曽根のホンネをいささか劇的に表現したもので、日米関係において、日本が軍事的にも積極的な役割を演ずるという中曽根の素志を表明したものである。中曽根内閣の外交姿勢はこうした理念に見合ったものであり、八四年版『外交青書』には、初めて「世界の平和と繁栄に積極的に貢献する外交」という副題が付された。すでに七八年から始まっていた米軍駐留費の負担も、八〇年代を通じて目覚ましい増大ぶりを示している。

ところで中曽根の「不沈空母」発言は、清水幾太郎『日本よ国家たれ――核の選択』（文藝春秋、一九八〇年）を連想させる。清水は一九五〇年代平和運動の旗手であり、六〇年安保反対運動でも大きな役割を果したことで知られる。しかしその後は大衆運動から遠ざかり、七〇年代後半には『戦後を疑う』（講談社、一九八〇年）に収録される諸論文を発表して、戦後的価値観への決別を表明していた。戦後的価値観は、戦前には特に問題視されていなかった事象（例えば治安維持法や教育勅語）を、コミンテルン・共産党的な観点から誇張して罪悪視したものにすぎないと批判したものだった。一九六〇年以後の清水の歩みは、安保反対闘争の挫折で味わった共産党とその同伴知識人に対する敵意を抜きにしては考えられない。五〇年代の平和運動の原動力だった反米ナショナリズムは、その後、清水の中で共産主義とソ連への敵意に方向転換し、保守の反共ナショナリズムとして出現するのである。

『日本よ国家たれ』は、戦後の日本が国家にとって不可欠な軍事という側面を忌避し、経済成長のみを目指してきたことを批判したものである。この本の後半は清水を中心にした軍事科学研究会の研究成果で、「日本が持つべき防衛力」と題されている。清水は、最初この本をあえて自費出版して、防衛庁関係者などに配布した。評判は上々で、その後、雑誌『諸君！』に全文掲載された後に文藝春秋から公刊された。一九七〇年代後半以降、米ソの軍事バランスはソ連優位に変化したとの認識に基づき、ソ連の日本侵略に対抗するにはどのような軍事力が必要かを具体的に説いたものである。ソ連の軍事的優位という状況では、アメリカの核の傘は当てにすることができないと考え、独自の力でソ連の侵入に対抗しうる軍事力を持つことが、日本のみならずアメリカや西側諸国にとっても有益であると説いたものだった。中曽根発言の背景にこうした動向があったのではないかと想像される。

ところで一九八五年八月十五日、中曽根は周到な準備の後に、首相として初めて靖国神社に公式参拝した。すでに一九七五年の三木首相以来、歴代首相は参拝を例としていたが、中曽根は公式参拝の形を取ることで、決意の一歩を踏み出した。海軍士官として従軍した経験がある中曽根は、個人的にも戦死者への思いがあったと想像されるが、靖国公式参拝は明らかに伝統的右翼とのつながりを示すものである。しかしそれは国内の宗教関係者や韓国・中国の予期した以上の反発を引き起こし、中曽根はまたしても世論との落差を味わった。

中曽根は占領下に農民を組織して地方の占領軍当局にデモを仕掛けたこともあり、ポピュリストとしての一面を持っている。占領終了後まもなく唱え始めた首相公選制度も、同じ発想に基づくと考えてよいだろう。時代がもっと早ければ、中曽根は皇道派として活動していたとしても不思議ではない思想と体質の持主だった。しかしこうした傾向は、あくまで中曽根の政治姿勢の単なる一面にすぎない。前述の三島由紀夫自衛隊乱入・自決事件は、中曽根が防衛庁長官だったときに起こったが、彼は三島の事件に対して明確に反発した。首相としての中曽根は「浮沈空母」発言で批判された後は、タカ派としての地金を封印し、靖国神社参拝も韓国・中国からの批判できっぱり断念した。

中曽根は国益を第一義とする国家主義者だが、ときに大胆な発言やパフォーマンスをしても、状況を見失うような狂信的ナショナリストではない。オイル・ショック後の日本には、ナルシシスト的な雰囲気が漂っていた。停滞する先進国経済に比し、日本経済の状態は良好であり、「日本的経営」の優秀性がもてはやされた。国際的舞台における中曽根の派手なパフォーマンスは、こうした自己肯定的な社会的雰囲気に見合うものであり、国民の自負心をくすぐった。

この時代の保守的世論は「生活保守主義」と呼ばれたことでも分かるように、イデオロギー的な保守の理念に基づくものではない。中曽根はタカ派としての地金をときに見せながら、曖昧な自己肯定のナショナリズムの風潮の中で高い支持率を維持した。その支持の中核部分は、比較的高学歴で現在の生活状態にそれなりに満足した都市の生活者である。村上泰亮はそれを「新中間大衆」という卓抜な名称で呼んだ。彼らは私生活中心主義で、主たる関心は消費と余暇であり、公的な問題については基本的に行政依存である。政治に強い関心があるわけではないが、自己の利害には敏感であり、価格破壊など消費者利益につながったかぎりでは中曽根行革に賛同したが、消費税などの増税策には拒否反応を起こした。彼らは、自己の生活環境が強固な基盤に基づいているわけではないことを認識しており、それを脅かすものには敏感に反応する。つまり現状の生活の保持という点では保守的だが、現状変革的な右翼思想には同調しない。八〇年代は、それ以前の時代に比べればナショナリズムの色彩を濃くしたが、中曽根や清水幾太郎が問題視した「戦後政治」の拘束も根強く残っており、彼らが目指した「普通の国」にはなお距離があった。

湾岸戦争

一九九一年の湾岸戦争は、戦後の平和主義を根本的に変えてしまうだけのインパクトになった。日本は多国籍軍に総額一三〇億ドルを拠出したが、解放されたクウェートの感謝状には日本の名前がなかったので、統治エリートたちは深い挫折感を味わった。この状況に最も明快に反応したのは小沢一郎で、自民党「国際社会における日本の役割に関する特別調査会」(小沢調査会)の答申案(一九九二年二月)がその成果である。答申案は戦争に巻き込まれないことを主眼としたこれまでの「一国平和主義的な考え方」を否定し、安全保障の面でも責任を分担する「積極的・能動的平和主義」を唱えた。その背景には、冷戦後の国際秩序が日米欧の三極、あるいはこの三極を構成するG7による「集団指導体制」であり、日本はこの体制の中で新たな役割を担っていかねばならないとする判断がある。そこで日本の対応として、日米の軌軸的関係、G7での連携・強化、国連への積極的参加・協力、アジアの一員としての努力の四つの点が強調される。

この答申案で特に注目されるのは、後の二点であろう。まず国連活動への参加としては、軍縮の推進、平和維持活動への協力、国連強化と常任理事国入りのほか、国連軍への参加を打ち出している。国連軍への参加は、国際的合意に基づく協調的な活動なので憲法第九条に抵触せず、集団的自衛権の行使とも異なると解釈されているが、むろんこれは従来の政府解釈を大きく踏み出すものである。さらに多国籍軍についても、資金・物資面だけでなく、医療・輸送・環境保全などで人的協力を行うべきだと主張している。こうしたことを実行するための前提が、国内の政治的リーダーシップの確立、有事法制などの整備、諸外国の理解の醸成である。日本が安全保障上の役割を果たすことについて「近隣アジア諸国からは、未だ十分な理解と信頼を得るに至っていない」というのが、この答申案の基本的認識である。

小沢調査会の考え方が、その後、新生党そして新進党に受け継がれたことは言うまでもない。評判になった『日本改造計画』（講談社、一九九三年）の中で、小沢は自衛隊を国連待機軍として提供することを提案している。そして憲法第九条との関係を明快なものにするため、第九条に第三項を新たに設けて自衛隊と国連待機軍の保有を明文化するか、または同様な規定を持った平和安全保障基本法を制定するよう提案している。アジアの一員としての日本という位置づけについても、先の答申案より踏み込んだ発言をしている。アジア諸国への「侵略責任」を認め、日本への不信感や警戒心を拭うために、彼は三つの提案をする。「侵略がもたらした未解決部分を誠実に処理すること」、かつてアジアとの「共生をめざす動き」があったことを確認し、それを目標とする外交理念をつくり上げること、各国と話し合いつつ日本の責任と役割を明確にすることである。いわゆる戦後処理について具体的な方法までは提示していないが、「誠実に処理」とは何らかの形での補償が不可欠であるとの認識につながるだろう。後述のように、細川内閣が「侵略戦争」を認める発言によって、この問題に一歩踏み込んだ背景には、こうした認識があったのである。

2 「歴史認識」とナショナリズム

一九九〇年代後半以後、「歴史認識」をめぐる争点が急速に浮上した。それは実は、日本の戦争行為についての単なる認識の問題ではなく、謝罪という具体的な政治的・倫理的な争点をはらんでいたので、ナショナリズムを激成させることになった。これによって、八〇年代に瀰漫《びまん》した曖昧な自己肯定のナショナリズムとは決定的に異なるナショナリズムが生起してきた。これまでも、満州事変以後の戦争を肯定する議論がなかったわけではない。しかし林房雄『大東亜戦争肯定論』（番町書房、一九七七年）の例でも分かるように、それは例外的で特異な議論と見なされていた。タカ派と目された中曽根首相も、米英との戦争は自衛戦争だが、中国大陸での戦争は侵略行為だったと明言している。一五年戦争を二つの戦争に腑分けし、米英との戦争は帝国主義国家間の戦争としてやむをえなかったと評価するのである。中曽根のように「侵略」を認めるのは、タカ派の政治家・言論人では例外的だが、正面切って「アジア解放」の戦争だったと主張する者は稀だった。

九〇年代後半以後に顕著になったナショナリズムは、中曽根時代のような「柔らかい」自己肯定ではない。彼らは近代日本の戦争全体を当然の自衛行為とし、そこでの死者を「英霊」として礼賛するよう高唱する。そして「大東亜戦争」の建前をそのまま肯定し、「アジアの解放」という戦争の「大義」に否定的なものを激しく非難するのである。しかも瞠目すべきは、それが一部の知識人の言説ではなく、草の根の運動としての広がりを示したことである。このように過激なナショナリズムの傾向が社会の底辺に萌し始めたのは、なぜだろうか？

「戦後補償」問題

台湾の元日本軍兵士が補償を求める裁判を提起したのは一九七七年であり、日本の歴史教科書の記述変更の報道が韓国・中国の反発を引き起こして、国際問題化したのは一九八二年だった。一九五一年に締結されたサンフランシスコ講和条約第一四条a項には、賠償義務の規定がある。しかしそれは日本の「存立可能な経済」を前提としており、結果として賠償は日本にとって非常に軽減されたものになった。日本の戦争によって被害を受けたアジア諸国の多くは、冷戦を背景とするアメリカの極東政策のために賠償請求権を放棄することを余儀なくされたのである。

こうして日本の戦後復興は冷戦の恩恵でもあったが、そのツケは八〇年代末以降に顕在化した。韓国の民主化や経済力をつけてきたアジア諸国の対日関係は、八〇年代以後に微妙に変化し、冷戦の崩壊によってサンフランシスコ講和条約が前提にした関係が変化したのである。冷戦構造という重しが取れ、長い間封じ込められていたものが噴き出した。その最初の動きが、一九八二年の歴史教科書をめぐる韓国・中国の反発だった。このとき鈴木内閣は、教科書検定で近隣諸国との相互理解の促進と友好協力を重視するとの官房長官談話を発表して、紛争を一段落させた。しかし冷戦崩壊という国際情勢の急変によって、国内政治も融解し始め、戦後政治に対する見直しが左右両側から開始されることになる。

教科書問題の次に、日中韓三国間で大きな紛争になったのは「慰安婦」問題だった。一九九一年に元慰安婦だった韓国人女性が名乗りを挙げ、日本政府の謝罪と補償を求めて提訴した。直後に訪韓した宮沢喜一首相は、慰安婦について「申し訳なく思っています」と述べ、真相究明を約束した。調査結果は九三年八月に「河野官房長官談話」として発表された。慰安所の設営に日本軍の関与を認め、「多数の女性の名誉と尊厳」を傷つけたことを謝罪したものである。この談話は、自民党分裂による総選挙の敗北で、宮沢内閣が総辞職する前日に発表された。後継の非自民連立政権の細川首相は、就任直後の所信表明演説で、日本の「侵略行為や植民地支配」について「深い反省とおわびの気持」を表明している。アジア諸国との新しい関係を築き、小沢一郎らの「普通の国」論に基づいて、冷戦後の国際社会で積極的な役割を果たそうとする意気込みが読み取れるものだった。

しかし事態はむしろ意外な方向に進んだ。非自民の連立政権は脆くも崩壊し、自社さきがけ三党連立政権が成立すると、一九九五年八月十五日に、村山富市首相は第二次大戦五〇周年の「首相談話」を発表した。植民地支配と侵略について、「アジア諸国の人々に多大の損害と苦痛」を与えたことに「痛切な反省の意」と「心からのお詫びの気持」を表明したものである。村山政権は、これに先立って慰安婦への償いをするための基金としてアジア女性基金（正式名称は「女性のためのアジア平和国民基金」）を設立して、「河野談話」を具体化する方策を取っていた。

しかしこうした一連の動きは、その反動としてナショナリストの側の反発を引き起こした。例えば、ドイツと比較して日本の戦後処理がきわめて不十分だったとの指摘に対して、西尾幹二『異なる悲劇　日本とドイツ』（文藝春秋、一九九四年）は日独を同じ平面で比較することに反発する。西尾は四つの点でドイツの特異性を強調する。まず第一にそれは「『党』が主導した国家形態」であったこと、第二に生物学的人種思想が根底にあったこと、第三に政治的・軍事的な利益を無視して大量殺人を行ったこと、第四に戦争が国家防衛とは言いがたいものだったことである。これに対して日本の場合は、テロそのものを本質とするような運動体としての全体主義とは無縁だったし、ナチスのような優生学的人種思想はなかった。第三点についても、石井部隊の例はあるが、「全体として考えたとき、日本は普通の戦争行為をした」と述べる。第四にナチス・ドイツの場合は、国家防衛の観点からは正当化できない「能動的」な「攻撃性」が特徴だったが、日本の大陸侵略は欧米帝国主義を真似た「受動的攻撃性」だったという。

しかし日本人の戦争犯罪がナチス・ドイツより軽微だったからといって、謝罪や補償が不要になるわけではないことは自明であろう。西尾は日独の戦争加害の量的な差を質的な差に置き換え、さらに日本の戦争を正当なものだと主張したいのである。

新しい歴史教科書をつくる会

一九九六年、西尾は東京大学教育学部教授の藤岡信勝との共著『国民の油断』（ＰＨＰ研究所）を刊行し、文部省検定済み歴史教科書七つの近現代史の記述を俎上に上げた。一九四三年生まれの藤岡の政治的立場は、湾岸戦争を契機に急旋回したらしい。自身の告白によれば、それ以前の藤岡は「憲法第九条の理想主義を素朴に信じるという点で、ごく標準的な教育研究者にすぎなかった」(『近現代史教育の改革——善玉・悪玉史観を超えて』明治図書、一九九六年、「あとがき」)。社会主義の崩壊によって、日本近代に関する「暗黒史観」「自虐史観」を改めるべきだと考えるに至ったという。藤岡はその考えを、明治図書発行の教育雑誌『社会科教育』に一九九四年から二年ほど連載した後に公刊した。

藤岡はこの本で、左翼の「東京裁判史観」と右翼の「大東亜戦争肯定史観」をともに否定し、「自由主義史観」を対置している。藤岡が賛同しているのは、日露戦争までの戦争を「祖国防衛戦争」と肯定し、昭和の戦争と峻別する考え方で、その代表者は司馬遼太郎『坂の上の雲』である。藤岡がそれを「自由主義史観」と呼ぶのは、司馬の史観の特徴が「いかなるイデオロギーにもとらわれない、柔軟で公平な見方」だからだという(九九頁)。「司馬史観」の特徴を、藤岡は四つ指摘する。「健康なナショナリズム」「リアリズム(=技術合理性)」「イデオロギー的なるものへの強烈な不信」「官僚主義批判」である。この時点での藤岡が、「歴史は本来ナショナルなもの」だという考え方に否定的で、「他者の存在」を視野に入れるべきだと説いているのも注目に値する。すぐ後の藤岡が、こうした考え方に同調しているとは思えないからである。

ここに示された藤岡の歴史観はあまりにも素人じみていて、歴史の研究者ならまともに批評する気にもなれないだろう。要するに、この時点での藤岡の主張は、政治オンチの真面目な教育学者が、過剰な政治意識を持った日教組や戦後の歴史学に対して持った素朴な反感にすぎないと感じられる。しかしこの朴訥《ぼくとつ》に表現された戦後の歴史的パラダイムに対する疑問は、その後の慰安婦や靖国問題でのナショナリズムのうねりの中で急速に戦闘化していく。その核になったのは「自由主義史観研究会」や「新しい歴史教科書をつくる会」の運動だったのだろう。

西尾との共著『国民の油断』で、藤岡は歴史教科書の記述の特徴を、「東京裁判史観」と「コミンテルン史観」

という「冷戦のスーパーパワーの国家利益に基づく日本に対する敵意の結晶」（二二〇頁）と位置づけ、さらに一九八二年以来の「謝罪外交」史観がつけ加わっていると激しく批判する。他方、西尾の方は、日本人が歴史におけるフィクションと真実の微妙な関係に無自覚だと指摘する。西尾によれば、政治的な言語は常にフィクションの要素を持つという。日本の戦争行為における「アジアの解放」というスローガンは「半分は嘘で半分は真実」だったが、同じことは英米が唱えた自由主義や民族自決、門戸開放などについても言える。戦後の日本は、戦争において日本が唱えた大義は嘘ばかりで、米英の側の大義はすべて真実と捉えたと批判するのである。

かつて戦後啓蒙や司馬遼太郎は、日清・日露戦争のナショナリズムは健全だったが、その後の日本は堕落したと論じた。また竹内好や前述の中曽根康弘はアジア諸国との戦争は侵略だが、米英との戦争は自衛行為だと述べた。方法は異なるが、ともに歴史的な連鎖をある部分で二分し、一方を善、他方を悪として裁断したものである。藤岡が当初主張した自由主義史観も、本質はこれと等しい。西尾はこうした思考を否定し、自国の歴史を後知恵によって裁断せず、あるがままに受け取るべきだと主張しているように見える。「人間が生きるとは運命を生きることである。未来は見えない。過去は反省しても始まらない」（西尾幹二『国民の歴史』扶桑社、一九九九年、六一五頁）とは、そのようなことだろう。藤岡は何も語らないが、すでにここでかつての「自由主義史観」は変質している。

西尾と藤岡を中心に「新しい歴史教科書をつくる会」が結成されたのは一九九七年一月だった。九二年から九三年にかけての加藤紘一官房長官談話や河野談話の影響で、歴史教科書に慰安婦の記述が掲載されたことに反発したものである。「つくる会」は全国に支部が結成され、この会が中心になって発行した『国民の歴史』は空前の売れ行きを記録した。西尾幹二を執筆代表者として出された『新しい歴史教科書』（扶桑社）は、二〇〇一年に文部省検定を合格した（これと同時に、同系列の『新しい公民教科書』も検定合格した）。冒頭で、歴史の学習は「過去の事実について、過去の人がどう考えていたかを学ぶこと」だとし、現在の善悪の基準で歴史を裁くのをやめるべきだと主張されている（二〇〇一年の市販本による）。

「大東亜戦争」という表現を使い、一九四三年の大東亜会議の意義を強調するなど、近代史の記述でこの会の思想が鮮明に出ているのは言うまでもない。そこには歴史の記述の仕方は、民族によって異なるのが当然だという思想がある。これは歴史教科書によって「国民の物語」を創出するという意図に基づいている。事実、神武天皇の東征や日本武尊の伝承の紹介に数頁が割かれ、神話や伝説は古代人の考え方を知る「文化遺産」だとして、『古事記』神代の内容が四頁にわたって紹介されている。

反米ナショナリズムの隘路《あいろ》――小林よしのり『戦争論』

歴史教科書問題を契機に、日本の世論は著しく右傾化した。同じ時期に、若者の間に熱狂的に受け入れられたのが小林よしのり『戦争論――新ゴーマニズム宣言SPECIAL』（全三冊、小学館、一九九八年、二〇〇一年、二〇〇三年）である。慰安婦問題・南京事件などの話題をはじめとして、日本近代の戦争についての小林の認識と表現は「つくる会」の主張に沿っている。しかし『戦争論』三冊を通じて表現された思想の根幹は、現代日本人の「公共性」の欠如に対する苛立ちである。例えば『戦争論』では、「公」について以下のような主張が展開されている。どんな人の心の中にも「エゴだけの個人」と「公共心のある個人」が同居している。欧米人は「個」の観念が強いが、国家や共同体への帰属心も強く、国家・民族・宗教・伝統・家柄などの意識がその「個」を支えている。ところが日本では、進歩的文化人が「国家ではなく個へ」と説いた結果、「エゴだけの個人」が大手を振って蔓延している。こうした風潮に対して、小林は「個」と「公」は対立するものではなく、日本人が喪失した「公」の意識こそが「個」を支えるのだという。

こうした観点から、小林は特攻隊に志願した青年たちへの強烈な共感を、機会あるごとに表明する。例えば『戦争論3』では、特攻隊に関連して小林は次のように語る。「人には私人性と公人性があって、それはいつも葛藤している。個人として決断している」。したがって極限状況で、私人性の方が勝利したとしても、それがその人の「全人格だと思い込むのは浅はかである」（二八二頁）。要するに「公」を喪失した現代人は、「私」を捨てて「公」に奉じた青年たちを非難する資格がないというのである。

小林は「公＝国家」だと明言している。ここでは公共性は国家によって独占されており、それを超えた「公」はまったく想定外のこととして一顧だにされていない。国民国家はまぎれもなく近代の産物だが、近代と呼ばれる時代が終わろうとしているときに、それはますます存在理由《レーゾン・デートル》を誇示しているように見える。マルクス主義という世界変革の壮大な構想が説得力を失ったとき、人々の拠るべき根拠は国民国家という余りに矮小な「現実」しかなくなったのかもしれない。

小林自身の言及によれば、二〇〇二年の時点で『戦争論』は七〇万部、『戦争論2』は四〇万部売れたという（『正論』同年四月号での小林の発言）。前巻と同様に『戦争論2』は、戦後思想の批判、大東亜戦争の正当化、慰安婦や南京事件は韓国・中国の情報戦による事実の歪曲にすぎないという主張に終始しており、基本的に「つくる会」の主張に依拠したものである。注目すべきは、『戦争論2』が二〇〇一年の九・一一同時多発テロの叙述から始まることである。小林はそこで「その手があったかー」と叫び、「驚くべきことに、思わず自分の中に『反米感情』が噴き出してしまった」と告白している。つまりイスラム原理主義者の自爆テロは「大国のエゴ丸出しのアメリカ」に対する「アイデンティティ・ウォー」であり、この事件によって小林は自己の中にある反米意識を自覚したという。勢いの赴くところ、当然ながら、小林の批判は日本の伝統的保守派に向けられ、恥知らずな親米保守派は「ビンラディンのツメの垢でも煎じて飲め！」と罵倒されることになる。

小林のナショナリズムの反米への傾斜は、「つくる会」内部に大きな波紋を呼んだ。「つくる会」が開催したシンポジウム「『戦争論2』と九・一一テロ——日本はアメリカの保護国か」の記録（『正論』二〇〇二年四月号）は、その様相を映し出している。例えば八木秀次は、以下のように小林の反米主義を批判する。「私は思想と政治や外交は分けて考えるべきだと思っております。思想の上では私も反米を叫びたい衝動に駆られることがあります。しかし、政治の上では反米は選択肢たり得ない」。言うまでもなく、八木がこのように語るのは、日本側の反米によってアメリカがそっぽを向けば、日本の安全保障が危機に陥るとの配慮があるからである。

八木は、このような政治的な便宜主義（オポチュニズム）が、彼らのナショナリズムを根底から揺るがす可能性があることを自覚していない。例えば慰安婦問題で、「強制」を実証する資料が見つからなかったのに謝罪を表明した「河野談話」を、「つくる会」は激しく批判してきた。外交的な配慮に基づく政治決着が日本人の自尊心を傷つけたというのである。だが八木の言う思想と政治・外交との区別が、「河野談話」と同じ構造を持っていることは明らかだろう。つまり八木は、対象によって基準を変え、中国や韓国に対しては政治決着を批判し、アメリカに対しては政治的妥協を主張している。

これは彼らのナショナリズムの内実を映し出したものである。ナショナリズムの核心が国民的自負心だとすれば、占領時代から現在まで、日本人の自尊心を常に傷つけてきたのはアメリカだった。「つくる会」のナショナリズムは、アメリカによって傷つけられた自尊心の代償を、社会主義と韓国・中国への批判に向けたものである。戦後の論壇を支配した知的リーダーの多くが社会主義の同伴者だったことへの怨念と、それが失墜したことへの軽侮が一方の要因であり、韓国・中国が経済成長によって日本にキャッチアップしてきたことへの焦燥感が他の要因である。

もちろん保守の側が反米的なナショナリズムを唱えたのは、これが最初ではない。その成功した例として石原慎太郎・盛田昭夫の『「NO」と言える日本』（光文社、一九八九年）を想起すればよい。この共著で主導権を取っているのは石原で、そのナショナリズムは経済大国としての自信（具体的には半導体などのハイテクでの日本の優位）

に基づいている。石原のナショナリズムは反米に傾斜しているが、小林よしのりの反米が「大東亜戦争」でアメリカと戦ったという歴史的事実を重視し、頑強な人種論的な観点に基づいているのとは根本的に異なっていた。

自己の心情に忠実な小林は、「つくる会」の政治的配慮から自由であることによって伝統的保守のナショナリズムを突き抜けた。『戦争論3』は、これまでの保守（極右）ナショナリズムを主導してきた『産経新聞』や『正論』をも俎上に上げて「親米ポチ」と罵倒する。「中国や朝鮮に対しては激しく批判するのに、アメリカに対しては無条件に支持をする親米保守の態度……それは単なる弱い者いじめであり、常に強い者にくっつく『事大主義』である。ポチ以外の何ものでもない！」（一九三頁）。

小林よしのり『戦争論3』第二章はアメリカのイラク戦争を取り上げ、それを即座に支持した小泉首相と保守的知識人を「覚悟なき卑怯者」と非難する。国連決議なしで行われたイラク戦争を支持したのは、北朝鮮の核への恐怖が動機であることを読み取ったものである。日米同盟第一主義は日本外交の要だとしても、国民世論が小泉首相の決定に同調した原因は確かに北朝鮮による拉致問題と核保有だった。だが小林は、自己の安全という動機で、かつてアメリカと戦った父祖の心情と大義を裏切るのは卑怯だと憤慨したのである。

安倍晋三の挫折

本章の冒頭で述べたように、戦後の統治エリートは「国体護持」のために敵国だったアメリカと和解し、ナショナリズムの担い手になることを放棄した。戦後の保守ナショナリズムの困難性はその出発点に始まるが、八〇年代以後、韓国・中国の日本批判によってそれはようやく息を吹き返した。その主たる焦点は憲法・教育基本法・歴史教科書・靖国神社参拝などで、いずれも占領統治と東京裁判が問題の出発点になっている。小林よしのりが指弾したように、歴史教科書を契機とする韓国・中国批判のナショナリズムは、冷戦に発する国際環境と安全保障を口実にアメリカ批判を封印したもので、きわめていびつな性質を持っていた。二〇〇一年から二〇〇七年まで続いた小泉純一郎・安倍晋三の両政権はこのナショナリズムの風潮に乗ったもので、特に北朝鮮要因を政治的資源にして保守的世論を煽った。注目すべきは、その支持の広がりである。安倍晋三を支援した若手自民党議員の中心に、一九七〇年代の青嵐会メンバー二世が目立ったことは、この三〇年間の日本政治の構造変化を象徴している。しかし戦後日本のナショナリズムは常に反米の契機を伏在させているので、ナショナリズムを資源とする政治は、日米同盟第一主義の外交方針との間の綱渡りにならざるをえない。結論を先に言えば、安倍晋三はこの綱渡りをうまくこなせなかった。

首相就任直前に安倍の名前で出された『美しい国へ』(文藝春秋、二〇〇六年)は、安倍をめぐる政治的雰囲気を象徴している。甘いマスク、ちょっと舌足らずな発音、お坊ちゃま然とした風貌など、安倍が醸し出した雰囲気は「美しい」という形容詞とマッチした。しかしこの本の内容はそのような甘美な表現とは異質である。開巻第一頁で、彼は自ら「闘う政治家」を自称し、その戦闘性を誇示している。外交方針についても、「自由、民主主義、基本的人権、法の支配」などの価値観を共有するという理由で、インド・オーストラリア・アメリカとの緊密な関係構築を提唱した。最初の所信表明演説(二〇〇六年九月)では、「美しい国」を四つの点から説明しているが、最初の二つは、「文化、伝統、自然、歴史」を大切にし、「自由な社会」を基本としながら規律を重んじる「凛とした国」だと表現されている。憲法改正はもちろんのこと、安倍の「美しい国」は、その情緒的な形容詞とは異なって、きわめてイデオロギッシュな内容である。

安倍は、一九九七年に若手議員を中心にして結成された「日本の前途と歴史教育を考える若手議員の会」の事務局長に就任していた。そして拉致問題で強硬派のリーダーとして頭角を現し、小泉内閣で官房長官や幹事長としてマスコミに露出したことによって、当選五回という短い政治経歴にもかかわらず首相に押し上げられたのである。

拉致問題は世論を強硬なナショナリズムに傾斜させたので、安倍のスタンスは世論から高い支持を得た。しかし北朝鮮問題で核より拉致を優先する態度は、六カ国（米ロ中韓日と北朝鮮）協議での日本の孤立という危険性を最初からはらんでいた。また拉致問題で世論を憤激させた結果、外交カードの選択肢を狭めて自らの手足を縛ることになり、核問題を優先する四カ国との協調を困難にした。

「つくる会」を中心とするナショナリストたちが、安倍政権の誕生を歓迎したのは言うまでもない。しかしこの面でも、安倍の位置は微妙だった。小泉前首相の靖国神社参拝で韓国・中国との関係は最悪の状態だったので、安倍に課された外交課題はまず両国との関係改善だった。当然ながら、その前提は「河野談話」や「村山談話」の有効性を再確認することである。責任ある立場に立った安倍は両談話の継承を宣言したが、それは彼を熱心に支持したナショナリストを失望させることになった。国会での答弁では慰安婦に対する「強制」を否定して「河野談話」との整合性が問題となり、その曖昧な姿勢が『ワシントン・ポスト』や『ニューヨーク・タイムズ』で批判された上に、アメリカやカナダの議会で日本に対する謝罪要求の議決がなされた。英語圏では慰安婦問題は sex slavery と表現されており、明快な謝罪をしない安倍の姿勢は国際的には不評を呼んだだけだった。

東京裁判でのA級戦犯に対する判決と、その判決を受諾すると明記したサンフランシスコ講和条約第一一条との関連でも、似た問題が生じる。A級戦犯の賀屋興宣《かやおきのり》や重光葵《まもる》の復権の例を挙げて、その後の国内法で戦犯を犯罪者として扱わないと決めたと安倍は解釈し、靖国参拝は条約に抵触しないと論じた（『美しい国へ』六九頁以下）。しかし上記の二人を除くA級戦犯について、国内法で名誉回復の手続きがなされた事実はないので、講和条約の受諾によって、日本は現在もA級戦犯を認めていると解することもできるだろう。いずれの立場を取ることも可能かもしれないが、問題は講和条約第一一条を無化するような解釈と日米同盟第一主義が両立しにくいことである。現に首相になった安倍は、講和条約第一一条を挙げて、東京裁判を受諾したことをあらためて確認している。

日本国内で彼を支持した勢力はこのような後退した態度に失望し、「安倍首相は安倍晋三ではなくなった」と突き放される結果になった。二〇〇七年九月の唐突な安倍首相退陣は、直接には参議院選挙敗北の余波である。しかし事態の本質は安倍の位置そのものにあった。安倍が依拠した右翼ナショナリズムは国内消費用で、国際的には通用しにくい。その結果、彼は国内と対外との二つの顔を使い分けることになり、矛盾を深めたのである。

おわりに

一九六〇年代から現代まで約半世紀の時間が流れた。日本は経済成長によって先進国入りし、世界経済に大きな影響を与える「大国」になった。日本経済の変貌は市場経済の世界制覇と一体であり、一九八〇年代以後、世界は加速的に一つの市場圏に包括されていった。それはカネ・モノ・ヒトがかつてないスピードで国境を越えて往来することを意味する。サミュエル・ハンチントン『文明の衝突』(鈴木主税訳、集英社、一九九八年)は、異質な文明のかつてない規模での接触が、冷戦後の紛争の根本原因になると指摘した。すでに一九八〇年代に、西欧先進諸国では移民問題が深刻な問題になりつつあり、移民排斥を唱える極右勢力が台頭を始めていた。ハンチントンはそれを世界大に拡大し、冷戦の終焉によって、過去の歴史の地層がむき出しになると洞察したものと言える。むろんハンチントンの予告がすべて正しかったとは言えないが、グローバリゼーションによる世界経済の一体化は、確かに世界各地でナショナリズムを激成させることになり、一部では「民族浄化」と呼ばれるような悲惨な事態にまで発展した。

ナショナリズムの激成という点では、日本も例外ではない。経済と社会の急速な変化に、政治が適切に対応できない状態は先進国の共通の現象だが、日本ではそれが極端な形で現れた。高度経済成長以後の日本政治は、族議員に象徴される利権政治の構造化、小泉首相に代表される政治の劇場化、「無党派層」と呼ばれる若者や都市中間層の膨大な存在によって特徴づけられる。「無党派層」は既存の利権政治から疎外された多様な人々であり、中曽根や小泉のポピュリスト的手法の格好の標的になった。

二〇〇八年の日本政治はかつてない閉塞感に覆われたが、アメリカでは史上初の黒人大統領が誕生して世界中で話題になった。しかしオバマ大統領を選出した国民は、その前に史上最悪と評される大統領に八年間も政権を預けた国民でもある。彼らは大失敗に終わったイラク戦争に狂喜したことを後悔しているが、同様な事態が起きれば再び同様な選択をするのではないだろうか？　民主政治の歴史が浅い韓国や自由民主主義ではない中国でも、政治の劇場化は顕著である。いずれの国においても、社会的困難が顕在化すればするほど、ポピュリスト的な政治指導者が出現する可能性が高くなる。それは容易に過激なナショナリズムの温床になるだろう。ナショナリズムは、まるで忘れていた歴史の怨霊のように、今後もわれわれを苦しめ続けるだろう。

参考文献

安倍晋三『美しい国へ』文藝春秋、二〇〇六年
小沢一郎『日本改造計画』講談社、一九九三年
小林よしのり『新ゴーマニズム宣言スペシャル　戦争論』全三巻、幻冬舎、一九九八年、二〇〇一年、二〇〇三年
小林よしのり・西部邁『反米という作法』小学館、二〇〇二年
清水幾太郎『日本よ国家たれ――核の選択』文藝春秋、一九八〇年
――『戦後を疑う』講談社、一九八〇年
中曽根康弘『天地有情』文藝春秋、一九九六年
西尾幹二『異なる悲劇　日本とドイツ』文藝春秋、一九九四年
――『国民の歴史』扶桑社、一九九九年

西尾幹二・藤岡信勝『国民の油断』ＰＨＰ研究所、一九九六年
林房雄『大東亜戦争肯定論』番町書房、一九七七年
藤岡信勝『近現代史教育の改革――善玉・悪玉史観を超えて――』明治図書、一九九六年
吉田裕『日本人の戦争観』岩波書店、一九九五年
米原謙『日本政治思想』ミネルヴァ書房、二〇〇七年
米原謙・土居充夫『政治と市民の現在』法律文化社、一九九五年

第II部　人物篇

第１章　福澤諭吉

ナショナリティの原則

はじめに

日本が焦土と化し、それまで精神的な威力を揮《ふる》っていた国体観念から解き放された昭和二十年、すなわち一九四五年、占領軍によって「自由」を宛《あて》がわれ、かつ強制されたと認識していた丸山眞男は、その四年後の昭和二十四年度の「東洋政治思想史」講義において「空前にして絶後というほどバランスのとれたナショナリズムの理論」と福澤諭吉を取り上げた。それはナショナリスト丸山が健全なナショナリズムを根づかせるために日本思想史からその契機となる思想を求め、学生たちに語りかけるものであって、丸山自身敗戦時に記しているように、あたかもフィヒテの『ドイツ国民に告ぐ』に相応するものであった（宮村治雄編『丸山眞男講義録　第二冊　日本政治思想史　一九四九』東京大学出版会、一九九九年、一二〇、一八一頁参照）。

そうした幕末維新期に匹敵する、その意味では福澤の追体験が可能な時局的緊張度をむろん現在のわれわれは持っていない。しかしながら地球的規模で拡大する産業構造なり経済活動、あるいは政治、文化活動に伴って、逆説的にもナショナリズムの検討は、絶えることのなき局地的紛争を前にして、衰えるどころか益々必要となっている。

ここでは今からおよそ一世紀半前、日本が「西欧の衝撃」（Western Impact）に伴ってまさに欧米中心のグローバル化の波に飲み込まれようとした時代にあって、丸山が高く評価した福澤諭吉のナショナリズム論を取り上げる。

1 ナショナリズムの基底

国民と国体

まず最も有名な福澤のナショナリズムに関する言説は一八七四（明治七）年一月に出版された『学問のすゝめ』第四編にある「日本には唯政府ありて未だ国民あらずと云うも可なり」（慶應義塾編〈福澤諭吉全集〉再版、全二一巻、岩波書店、一九六九―七一年、第三巻、五二頁。以下福澤諭吉からの引用参照は同全集を使用し、③五二のように略記）という一文である。そして次いで注目度が高いのがその翌年八月に出版された『文明論之概略』に見られる「日本には政府ありて国民（ネーション）なし」（④一五四）との「日本文明の由来」に登場する言葉である。いずれもそこに使用されている「国民」は英語で言う「ネーション」（nation）を意味していることは、前者の用法を踏まえながら後者にある割注において明確である。さらに注目されるべきは、幕末維新期にしばしば用いられた「国体」をJ・S・ミルの「ナショナリティ」（nationality）を援用することによって、その意味内容を「世態の沿革を経て懐古の情を同《おな》じうする者」と福澤なりに確定し、自民族が自国の政権を担うことを「国体」の保持であるとしたことから、「政統」（political legitimacy）と「血統」（line）の問題をそれから切り離し、それを彼のナショナリズムの本質としていることである（④二七）。しかしこれまで余り注目されてこなかった「報国心」や「愛国心」についての

プロフィール

福澤諭吉は一八三五年、大坂は中津藩蔵屋敷のあった堂島玉江橋北詰に父百助、母於順の次男として、その生を享けた。本名は範《はん》、字は子圍《しい》、諭吉は号である。幼にして父を失い、兄三之助とも生をともにすること少なかった。その意味で福澤は母と於礼、於婉、於鐘の姉三人という五人の家族構成で幼少期を過ごし、いわゆる母子家庭に育った。中津に帰った福澤一家はしかし大坂での生活が長期であったためか、中津にあっては漢学塾での生活を除いて疎外感を持った。福澤が中津を出て長崎において洋学に接し、それに生まれ故郷とも言える商都大坂の地で緒方洪庵《こうあん》の下で蘭学を学んだことは、彼の思想形成を見る上で看過しえない。すなわち商業活動の社会に持つ意味と西洋的な実学の意味を体得する上で重要である。さらに江戸に出て、蘭学から英学にいち早く切り替えたことは福澤の時代を見る目の確かさを物語るものである。そして三度にわたる欧米体験は、その渡航中並びに寄港地での見聞とともに、福澤に欧米諸国の力の強大さを強烈に印象づけた。福澤のナショナリズムの問題を考える上できわめて重要な体験である。しかも福澤はその強さの要因を単なる体験のみならず、その要因を探求すべく文献を収集して、なお、分かりやすく俗文でもって紹介している。すでに東アジア諸民族に広く見られた東アジアの文明論を形成していた中華夷狄《いてき》思想から解き放つために天理人道に立脚する新たな文明秩序を担保する国際法の存在を主張し、老若男女に分かりやすく開国を説いた「唐人往来」を維新前に草している。そうして福澤最初のベストセラーとも言える『西洋事情』初編、外編、二編、の出版による基本的な欧米の歴史、政治、経済、社会の解説、そして国の独立を　身の独立に求めた『学問のすゝめ』、さらに国民的独立の当面の必要性とその相対的なることをも視野に入れている『文明論之概略』と、矢継早に名著を出版する。しかし現実の国際情勢は福澤の言わば原理論的な国際認識をそのまま固持させるよりも、より具体的な処方箋を提供させることになる。とりわけ明治十四（一八八一）年の政変以降、創刊した『時事新報』を通じて、そのいわゆる国権の立場を明確にして、不偏不党の論を張ったのである。そこにはときに福澤の原理論的立場をさえ疑うような主張もあったが、ナショナリティの維持という立場は一貫している。

福澤の言説もある。ここではそれら福澤の言説をまず見る。

報国心

「愛国心」はともかく、「報国心」は、現在、日常的に使用されることはない。しかしながら鎖国から開国を経て、国際化を余儀なくされていた時代にあって「報国心」は最もナショナリズムを喚起する用語の一つとして登場する。福澤も慶応三年、すなわち日米修好通商条約調印の八年後の一八六六年に著した『西洋事情』初編において、「国内の人を尽《ことごと》く兵武に用い、国民自ら国の為に戦うの趣旨を以て法を立て、将士を愛し兵卒を恵み、有功の者を賞するには一擲《いってき》千金も亦《また》惜しむ所なし。ここに於いて人々皆報国尽忠の心を抱き、戦に臨んで死を顧みず」（①三〇一）と記している。これはナポレオンが国民皆兵制度を設けたことによって「報国心」を喚起させ、ヨーロッパを征服しようとした理由を紹介しているところである。さらに明治三（一八七〇）年に刊行された二編ではより歴史を遡って、「こゝに一女子あり、ジョアンダルクと云う。年甫《はじめ》て十八、自から天使と称し、仏蘭西《フランス》恢《かい》復の命を天に受けしとて、報国尽忠の大義を唱え」（①五六四）と紹介し、ジャンヌ・ダルクの対英戦争におけるフランス人民への要請としての報国心を挙げている。いずれも対外戦争ないし対外危機に伴う祖国への忠誠を説いたものである。

福澤はこうした知識および欧米体験、あるいは外交文書ないし英字新聞の翻訳を通じて、例えば浪人の開国直前の行動に対しての哀れみの情を紹介している翻訳記事における使用、すなわち「此れまで夷狄一人たりとも自国に其《そ》の痕跡を絶てば報国の大功を為したる心得にて居りたりしが」（⑦五二五）との一八六五年十二月二日付『横浜開板日本新聞』に見られるように、日本人と欧米人との国への対応の相違の認識を踏まえて、故郷中津藩の用人《ようにん》職にあった島津祐《すけ》太郎《たろう》に書簡を出す。それは書生論と断りながらも道理と己の職分を認識すれば「一身の楽にもなり」かつまた古武士的な忠を尽くして「国」に報ずる精神も転化して「国家を憂うるの大趣意」を理解し、富強への道も開けると認《したた》めたものであった(⑰三六―三七)。ここでの「国」や「国家」は日本国ではなく藩を意味しているけれども、国に報いる精神の要請を訴えている福澤の原初的姿勢を見ることができる。そしてこれは同時に記した「或云随筆《わくうん》」において、既存の風習を生かすことによって「報国心」の養成を試みる。

すなわち士人も百姓の村祭りや芝居興行に見られる隣村との競争意識や村のために行う精神を学び、外国と自国とを比較し、外国に後れを取らないようにすることが「真の報国」となる。またそれは武士を愚忠から解き放ち、同時に藩主も「報国の大義」を体得するよう導くことができる。武士は「国家」の維持を図る「尽忠報国の士」となるのである。忠誠対象が具体的にして可視的な主君から抽象的にして不可視的な藩、そして国へと転回させる術を福澤は説き、村祭りにおける農民たちの意識と対比して「報国心」の涵養が封建的忠誠の克服にあることを論じているのである。「国君」＝藩主への忠誠から共同体と言える「国」＝藩自体への忠誠対象の転回である。さらに藩を拡大した日本国への忠誠は「日本国人」が「真に報国の意」を持つことになり、これは「富強の開国」となるとの確信がこのときの福澤にはあった(⑳一二―一三)。

そうして「自国の権義を伸ばし、自国の民を富まし、自国の智徳を修め、自国の名誉を燿《かがや》かさんとして勉強する者」と「報国の民」を意味づけ、その心を「報国心」と定義づけるのである。しかしそれはまたH・スペンサーではないが「偏頗心《へんぱ》」でもある。福澤は「報国心」を説いたが、それだけ相対化していたと言える(④一九一)。

ところで福澤は『分権論』(一八七七年)において、「忠義武勇の一元気」を持った士族こそが「報国心」を持ち、「農工商の三民には一身肉体の生あるのみにして政治の生なき者と云う可し」と断じて、日本における「君家に忠義」がアメリカにおける「報国の大義」とまったく同じとは言えないとしながらも、「国事に関して之を喜憂するの心の元素」にあっては、「正しく同一様なり」と断言している(④二三六―二三七、二四二)。従士封建制下の武士の「君家に忠義」がこのときは共和政下のアメリカ人民の「報国の大義」に相応するものであったとして、それを

「報国心」へと転化させることを福澤は試みているのである。こうした視点はすでに『文明論之概略』においても確認できるものでもある（④二〇五）。さらに福澤は『帝室論』（一八八二年）を著して「帝室は万機を統《すぶ》るものなり、万機に当たるものに非ず」（⑤二六三）と論じ、W・バジョット『英国憲政論』を参照にしながら帝室を日本人民の統合の象徴（symbol）として、官民一体の国民的統合を図ることになるが、これも「報国心」の涵養の一手段であった。

したがって福澤は当初、村落に見られる村意識の競争心が拡大したものに「報国心」の可能性を賭け、それを武士層に波及させようとし、後に欧米から得た知見によって「報国心」の契機となるものを武士自身の有様の転回に求めるに至っていることが分かる。福澤はまた競争心に伴う団結意識をも「報国心」の涵養の一手段と見なしているが、これは「全国人民の脳中に国の思想を抱かしむるに在り」を主題として論じた『通俗国権論』（一八七八年）に、「人心結合して競争の念を起こすは報国心の源なり」となって現れる（④六三九―六四〇）。

もちろんこうした「報国心」への契機を伝統的な村意識、あるいは武士の忠義心に求めるとしても、それはさらに政治形態への着眼となって現れる。福澤は『英国議事院談』（一八六九年）を著すにあたって、孫引きながらW・ブラックストーン『英法註解』に描かれている民主政が、公共心（public spirit）とも言える「報国の心」（patriotism）をもたらすことを紹介している（②四九二）。こうした文脈から「報国心」、あるいは「国民」も民主政ないし共和政、そうでなくても代議政治がそれらを培うのに最も適切な政治形態であるということを福澤は早期に学習していることが分かる。

愛国心

ところで「愛国心」の福澤における使用は少ない。福澤の主要な著作を見ても、『学問のすゝめ』全編で「愛国の意」が一回（③四七）、『文明論之概略』では一度も使用されていない。『福翁自伝』では「忠君愛国」と「忠君」とセットとなって、やっと一回登場するのみである（⑦一四九）。ちなみに「報国」となると『すゝめ』が六回、『概略』が一〇回、『自伝』では一回登場する（大駒誠一編『学問のすゝめ・文明論之概略・福翁自伝　総文節索引』慶應義塾福澤研究センター、一九九八年、一、六三、一九二、二二五、三五二頁参照）。これは「愛国心」が福澤にあっては日常的に使用されていないことを示す。「報国心」の方がより一般的であったのである。しかし福澤は『分権論』の中で「愛国心」について小幡篤次郎が英訳から重訳したA・ド・トクヴィル『アメリカのデモクラシー』第一四章の「愛国心」の分類に依拠しつつこれを考察する。

福澤は小幡の訳文を引用しながら、「愛国心」には「天稟《てんぴん》の愛国心」と「推考の愛国心」とに分類できるとして、前者を郷土愛ないし故郷への思いの人情に由来するものであって、それは人間の自然に基づくものであるが、後者は人間の推考に由来するものであって合理的なものであり、法律に依拠して民権を行使することによって培われると理解する。福澤は前者から後者への移行の必要性を説き、その一手段として地方自治への、特に士族層の参加を奨励するのであった。これは「人々をして日本国の所在を知らしめ、推考の愛国心を永遠に養い、独立の幸福を後世子孫に護らん」がためであった（④二七五―二七八、二八五）。とりわけ共和政の国は「報国の大義」をもって「推考の愛国心」を培っているのである（④二三七、二八八―二八九）。それは「国を思うの心」ではなくて「国を思うの理」を要請することでもあった（①四七）。

さらに福澤は明治八（一八七五）年の段階で、まず「愛国」の方法には「心を静にして永遠の利害を察すること」が最も緊要であると述べ、「手足の怪我を見て狼狽するが如きは思慮の足らざる人」と言う。そして日本が欧米諸国と対等になり、欧米諸国を抑えるぐらいの勢がなければ真の独立と言えないと断言する。ここですでに福澤はトクヴィルの言う「推考の愛国心」の必要性を訴えていることが分かる。「愛国の至情」を広げて沈思するならば、必ず大に発見することもあるはずである。目下、日本は「借金の敵」と戦うときである。まずこの強敵に打ち勝ち、「安心の地位」を得ることが重要であり、「砲艦の戦」のごときは他日に期して徐々に謀ればよいというのである。「国の栄辱は一朝に在らずして永遠に在る」のである。したがって「愛国の志あるも愛国の路を求むるの緊要なるを知り、一朝の怒を忍て他日大に期する所あるこそ、真の日本人に非ずや」と述べて、「人誰か愛国の至情なからんや」と愛国心の普遍性に触れて、「日本国中の人民」が、「国の一部は自から担当する者」である以上、「天下の公議」に附して「他人の好尚」にも同意せざるをえない状況があると述べるのである（⑳一四八―一五二）。自己犠牲を伴う「愛国心」ではあるが、それはしかし公議による正当性が要求されるゆえ、「推考の愛国心」となる。

天理人道と国際法

福澤が日本人に必要不可欠としたのは視圏の拡大と、これを踏まえての日本国の欧米列強からの独立の確保であった。しかも福澤の場合、日本の国際化は慶応元（一八六五）年に、「江戸中の爺婆を開国に口説き落さん」との目的で草した「唐人往来」に見られるように（①一四―一五）、「天理人道」に則っている国際法に立脚する国家対峙の思想に依拠するものであった。そして福澤はその説明としてここでも、「各国付き合いの様子は、日本国中にて諸大名の国々相互に親しく付き合い、使者の往来もあり、主人は主人同士、家来は家来同士、縁組も為し、百姓町人は国産の物を互に売買することあるが如し」（①一四）、と幕藩体制下の日本の言わば国際関係を地球的規模に拡大させることで、その実現を意図するのである。「天理人道」についても「人情は古今万国一様にて、言葉の唱えこそ違へ仁義五常の教えなき国はなし。何《いず》れの国にても親に不孝、国に不忠にて構わぬと云う政事もなきものにして、人を殺せば死罪に行われ、人の物を盗めば夫々の刑法もあり、才徳あれば人に貴ばれ、愚昧なれば人に賎《いや》しまる、等、何も珍らしからぬことにて一々並べ立つるにも及ばず」(①一四)、と身近な具体例によって説明するのであった。開かれたナショナリズムへの道である。

2　ナショナリズムの論理

一身独立と一国独立

『学問のすゝめ』、特にその三編(一八七三年)は、日本におけるナショナリズムの構築を最も論理的整合性を以って説いた最初の書である。それは人民の知力の増進が一身の独立をもたらし、それがまた一国の独立をもたらすというナショナリズムの論理が見事に描かれているからである。すでに「内には智徳を修めて人々《にんにん》の独立自由を逞《たくま》しうし、外には公法を守て一国の独立を耀《かがや》かし、始めて真の大日本国ならずや哉」(⑳五三『中津留別の書』一八七〇年)との問題意識を抱いていた福澤ではあるが、この点をさらに一般化したのである。

独立の気力と権利

第一に福澤は、「独立の気力なき者は国を思うこと深切ならず」との命題を立てる。そして外国に対して国を守るには自由独立の気風を全国に充満させる必要があり、かくして国中の人々は貴賤上下の別なく、その国を自分のものとして引き受け、すべての人民が各々その国の人たるの分を尽くすべきであると述べ、「報国の大義」がいかなるものかを東西の歴史上の事例を出して説明する。すなわち有名な織田信長と今川義元との桶狭間の合戦における今川軍の敗北と、ナポレオン戦争におけるフランスのプロイセンによる敗北とを対比する。すなわちフランスとプロイセンとの戦において、フランス皇帝ナポレオンはプロイセンに生け捕られたけれども、フランス人は希望を失うことなく「仏蘭西は依然として旧の仏蘭西に異ならず」であった。しかしこれを「義元の首を取りしかば、駿河の軍勢は蜘蛛《くも》の子を散らすが如く、戦いもせずして逃げ走り、当時名高き駿河の今川政府も一朝に亡びて其の痕なし」との今川の始末と比較すればまさに「日を同じうして語る可らず」である。その相違の理由は「駿河の人民」はただ義元一人に依頼し、その身は「客分の積もり」であり、駿河の国を自分の本国と思う者がいなかったのに反し、フランスには「報国の士民」が多く、「国の難」を銘々の身に引き受け、人の勧めを待たなくても自ら本国のために戦う者がいたからである。したがって「外国へ対して自国を守るに当り、其の国人に独立の気力ある者は国を思うこと深切にして、独立の気力なき者は不深切なること推して知る可きなり」という訳である。武士は主従関係のみゆえ「報国心」に欠け、したがって主君その人が討ち取られればわれ関せずであったのである。尊王攘夷《じょうい》運動を担った脱藩武士たちが忠誠対象を藩主から天皇に代え、これを象徴として利用することによって彼らは維新革命を行ったが、未だ主従関係にのみに拘束されている場合は、一国全体を己と結びつける道徳的結合《モラルタイ》である「国民」は生まれない。今川家臣とナポレオンを皇帝として戴いて国民意識を持っていたフランス国民との違いである（③四三—四五）。福澤は後に戦場で見物人を決め込む人民の実態を歴史上に求めて、日本には「国民」が存在しないことを再確認している（④一五四）。

第二に福澤は、「内に居て独立の地位を得ざる者は外に在って外国人に接するときも亦《また》独立の権義を伸ぶること能《あた》わず」と論じ、「独立の気力なき者」は依頼心が強く、しかもそうであるがゆえに他人を恐れ、したがって他人に媚《こび》を売ることになり、「人をさへ見れば唯腰を屈するのみ」となる。こうした「無気無力の鉄面皮」では外国人との交渉に当たって、否、交渉に当たる前から骨格、財力、商館、蒸気船の余りの相違に肝をつぶし、取引では駆け引きや理屈に驚き、さらにその威力に震え恐れて、無理と知りながら損害を蒙り、「大なる恥辱」を受けることとなる。一身の損益は国益の損失となり、それは同時に一身の恥辱が日本の恥辱となる。経済的独立の損失は政治的独立の危機ともなるのである（③四五―四六）。

第三として福澤は、「独立の気力なき者は人に依頼して悪事を為すことあり」（③四六）と断ずる。これは江戸時代における名目金の伝統、すなわち有力大名の名を借りて理に合わない取引をすることがあったゆえ、開国後は有力大名に代わって外国人の名目を借りて無理難題な取引をする可能性があることを示唆したものである。外国人に依頼して私益を図る輩、すなわち売国奴の登場となる。「人民に独立の気力なきは其の取り扱いに便利など、と油断す可らず」所以《ゆえん》である（③四六―四七）。

結論として福澤は、一切万事が政府指導で事が運ぶのを避け、人民一人ひとりの卑屈の気風を克服することによって初めて、日本人一人ひとりが国事を自分の問題として考える「国民」が誕生すると断言する。

独立と文明

しかし依然として福澤の言う「国民」形成は困難を極めていた。しかも欧米列強の東アジアへの進出は日に増すことはあっても、減ることがなかった。加えて欧米諸国は文明国であり、日本を含むアジア諸国は依然として半開国、そうでなくても文明の段階で後れを取っている。福澤は『文明論之概略』において「文明に前後あれば、前なる者は後なるもの者を制し、後なる者は前なる者に制せらるるの理《ことわり》なり」と論じ、「文明の後るる者は先だつ者に制せらるるの理をも知るときは、その人民の心に先ず感ずる所のものは、自国の独立如何の一事にあるを得ず」と述べて、日本の独立可能性について依然として模索し、ナショナリズムの要請を図っていた（④一八三）。そしてここでも福澤は身近な例から始める。

すなわち「今の同権論者」の議論は当事者の議論ではなく、「推量憶測に基づく客論」であり、しかも「粗鹵《そろ》にして洩らす所」が多い。国内の議論ですらそうである以上、いわんや外国との交際については言うに及ばない。彼らが西洋諸国の人に接して、権力を争う場合、彼らが軽蔑を受けることは、「我百姓町人が士族に窘《くるし》めらるるが如く、譜代小藩の家中が、公卿、幕吏、御三家の家来に辱《はずか》しめらるる」ようなものである。そうして初めて「今の同権論」の迂遠にして、権力不平均という「厭《いと》うべく、悪《にく》むべく、怒るべく、悲しむべき」を悟ることになる。しかも公卿《くぎょう》、幕吏、士族が無礼妄慢《もうまん》であったとしても、彼らは同じ国内の人間であって智力に乏しい。それゆえ平民は彼らと交渉するとき「啓して遠《とおざ》くるの術」を用い、表向き彼らを尊敬して陰で彼らの財を奪う等の策がないではない。しかし「今の外人の狡猾剽悍《こうかつひょうかん》」ぶりは、公卿、幕吏の比ではない。まさに「智弁勇力を兼備したる一種法外の華士族」と言ってもよい。したがって彼らの制御の下にいて、束縛を蒙ることがあるならば、窒塞《ちっそく》することは必然である。まさに思い描くのみでも「渾身忽《たちま》ち悚然《しょうぜん》として、毛髪の聳《そばた》つを覚《おぼゆ》る」となる。そうして福澤は日本の殷鑑《いんかん》としてインドの例を挙げて、イギリスの無情にして苛酷な支配の現実を示すのであった（④一九九―二〇一）。

こうして福澤は「我が国の人民」が外国交際に付いて、「内外の権力、果たして平均するや否やを知らず、我に曲を蒙りたるや否やを知らず、利害を知らず、得失を知らず」であって、まさに「恬《てん》として他国の事を見るが如し」状況であることを嘆き、「いやしくも国を憂《うれう》るの赤心あらん者は、聞見を博くして、世界古今の事跡を察せざるべからず」と著すのであった（④二〇二）。欧米列強の現実を直視し、国際問題も自分の問題として考えることの必要性を説いているのである。

福澤にあっては国は土地と人民よりなり、「国の独立」と「国の文明」は「人民相集て自から其の国を保護し自から其の権義と面目とを全ふするもの」である（④二〇三）。「国の独立」も「国の文明」も福澤の言う「国体」の真っ当なることであった。

3　ナショナリズムの展開

国権の立場

いわゆる明治十四年の政変で思わざる嫌疑を受けた福澤は一年後に、政府から依頼されていた新聞構想を『時事新報』と銘打って「私立」の立場から実現化する。発刊にあたって福澤は、「結局我が日本国の独立を重んじて、畢生《ひっせい》の目的、唯国権の一点に在るものなれば、苟《いやしく》も此の目的を共にする者は我が社中の友にして、之に反する者は間接にも直接にも皆我が敵なりと云わざるを得ず。我輩の眼中、満天下に敵なし又友なし、唯国権の利害を標準に定めて審判を下すのみ」(⑧八)と宣言した。以後、福澤は事実上の主筆として数多《あまた》の時事論を発表することになるが、この刊行趣旨そのものがナショナリスト福澤のこの時点での、あるいは新聞に寄稿する際の自身の立脚点を示している。すなわち「国権」の立場である。

その紙上で福澤は明治十六(一八八三)年、「開国論」と題した社説を掲載している。その意図は時間の経過に伴う開国の精神の風化を阻止することにあった。開国が自明と化して、自明であるがゆえに開国の持つ意義を忘却し、怠慢に陥ることとの危険性を指摘するのである。その趣意は、「唐人往来」とまったく異なり、ここでは一方的に国際法への信頼を説いているのではない。過去を振り返りつつ国際政治の現状を説明しているのである。すなわち欧米人が日本を「東洋の一小野蛮国」と見なし、「同等同権の国に交わるの本法」、すなわち国家対峙の原則のもとにある国際法を無視しての欧米人の狼藉ぶりを指摘し、なお在日公使の独断専行ぶりを紹介して、国際法の有名無実ぶりを指摘するのである。他方、日本人は依然として欧米人を夷狄視しており、まさに「日本国と西洋諸国と同等同権ならざるのみに非ず、相互に情を殊にして相互に異類視し、其の交際無情にして又随て道理もなきものと云う可し」と断じて、開かれた「推考の愛国心」を説くのであった（⑧五四一―五五四）。

対清国観

それでは文明国ではないがしかし「中華の国」と自認していると見た清国や朝鮮に対する福澤の見方はいかなるものであったろうか。福澤におけるアジア認識の問題である。福澤は『世界国尽』（一八六九年）で清国の政治形態が西洋の語で言う「ですぽちっく」（despotic）であり、ただ上に立つ人の思う通りに事をなす政体であるので、国中の人が「奉公人の根性」になり、「帳面前さえ済めば一寸のがれ」という精神となって、「真実に国の為を思う者なく、遂に外国の侮《あなど》りを受るようになりたるなり」（②五九四）と紹介している。中国は専制支配であり、そこに「愛国心」なり「報国心」は望むべくもなかったのである。同じ専制政治と言ってもロシアと異なって、そこに人民を文明に導いて独立不羈《ふき》たらしめんとする啓蒙専制君主はいない。『論語』にある「之に由らしめ之を知らしめず」との原則のもと、権謀術数によって下民を愚にし、民を視ること土芥の如くである。これがロシアと中国との「強弱相敵せざる所以である」（①五四〇）。

しかし「支那人を文弱なりと目して之を軽蔑するは、多くは我武人流の所評にして当るものに非ず」（⑤三〇七）、と清国恐るべしとの認識の必要性をも福澤は明治十五（一八八二）年の段階で説いている。兵制が不完全であるがために清国軍人が弱く見えるのみで、実際兵制を合理化するならば、東洋諸国は中国に抗しえない。したがって「我輩は士人と共に枕を高くするを得ざる者なり」と言うのである（⑤三一二）。その一方で福澤は中国学者が中国を過当に評価していることにも着眼していた。明治十四年のことであるが、『時事小言』で福澤は、琉球等の事件から、中国と日本との関係について、「兎角《とかく》支那を上国視して、支那は大国成り、文国なり、又富国なり、容易に之に敵対す可らず云々」との中国学者の中国観を紹介して、「一定の見識もなくして唯徒《いたずら》に彼の為に弁護する者は、必ず漢儒者流に限るが如し。数百年の宿酲《しゅくてい》は醒《さ》め難きものなり」と断言している(⑤一一二)。

それでも清国の実体は福澤の見るところ日清戦争の時点でも初期の認識と余り相違はない。清国は大国であるけれども、政治の組織は根底より腐敗して、国民の団結は弱い。表面上は大清帝国皇帝の治下に属する版図があるとしても、その大部分が実は半ば独立状態であり、政治法律も各地各様に施行されており、ほとんど実行されていない状態であると指摘する。したがって北京政府がどのような必要に迫られても、法律で全国から軍資兵員を募集することは実際には無理であるというのである(⑭五七二)。「文野《ぶんや》の戦争」と福澤が位置づけたのも、一つには中国にあっては「普通の道理」を身につけ、「文明開化の進歩」に参与する国民形成がなっていないことの由来からくるものであった(⑭四九一)。

対朝鮮観

ところで朝鮮に対する福澤の認識はさらに厳しいが、しかしそれはかつての日本を現実の朝鮮に見て、日本の文明化に倣って文明化され、独立した朝鮮に導くためでもあった。それはまた日本の独立をより確かなものにし、両国の経済的交流を盛んにするのであるが、その前提として朝鮮人民を封建制度ないし華夷思想から解き放つ必要があったのである。

まず福澤は日本と朝鮮とを比較する。日本は強大にして朝鮮は弱小である。日本はすでに文明に進んでいるが朝鮮はなお未開である。そして明治八(一八七五)年の江華島事件、すなわち日本の朝鮮に対する砲丸外交について福澤は、それが日朝修好条規として結実したことを「我日本国の栄誉」として、「聊《いささ》か世界中に対して誇る可きものなきに非ず」とした上で、以後、朝鮮が他の西洋諸国と条約を結ぶことがあるとしても、日本は特に「最旧の和親国」であるから、「交際上の事に就《つ》いて常に其の首座を占めるは自然の勢い」と断言する。それは日本が最初に和親条約や通商条約を締結したのはアメリカであり、それゆえに「開国の初より旧幕府の末年に至るまでは常に交際の首座」を占めたのはアメリカであった。したがって日本の朝鮮に対する関係は、アメリカの日本に対するのと同様の関係と見るべきである。すでにそうした関係がある以上、日本は朝鮮との交流を等閑すべきではないどころか朝鮮国内の治乱興廃、文明の改進退歩についても敵国同士であってはならない。したがって友好国として、かつての日本のように朝鮮が未開ならば文明に導き、朝鮮人民が頑陋《がんろう》ならばそれを是正するよう助言すべきである。福澤はこのようにアメリカの日本に対する関係を日本の朝鮮に対する関係に似せて論じているのである（⑧二八―二九）。これは確かに文明の押し売りとの評価を伴うものではあった。事実、丸山眞男はそうした福澤の論調を「日本の武力による『近代化』の押し売り」と評している（〈福澤諭吉選集〉第四巻「解題」：松沢弘陽他編〈丸山眞男集〉第五巻、岩波書店、一九九五年、二四一頁）。それはまた福澤も学んだJ・S・ミルなど「文明国」の知識人に共通に見られるものでもあった（J・S・ミル／水田洋訳『代議制統治論』岩波文庫、一九九七年、三八一頁参照）。

アジアの日本

しかもアジアに位置する日本の知識人として福澤は、一方朝鮮なり中国なりに対する文明化を期すとともに、他方において文明強国欧米列強のアジアに対する脅威にも注意を向ける。「方今《ほうこん》西洋諸国の文明は日に進歩して、其の文明の進歩と共に兵備も亦《また》日に増進し、其の兵備の増進と共に呑併《どんぺい》の慾心も亦日に増進するは自然の勢にして、其の慾を逞《たくま》しうするの地は亜細亜の東方に在るや明らかなり」というのが明治十五年の段階における福澤の認識であった。したがってアジア諸国は協心同力して西洋人の侵凌《しんりょう》を妨がなければならない。それにはどこかの国が魁《さきがけ》となって、そのための盟主とならなければならない。そこで福澤は日本こそがその盟主となって欧米列強に抗すべきであると述べる。そして隣国である中国や朝鮮はどのように欧米列強に対処することができるであろうかと問う。そしてそれには日本に倣《なら》って中国、朝鮮も「近時の文明」を共にすることの外はない。もしも「旧套《きゅうとう》を存し其の人民の頑陋《がんろう》」に任したならば、共に当たるどころか日本に「禍《わざわい》するの媒介」となってしまう。はたしてこれで中国と朝鮮は日本にとって協力の担い手となることができようか。福澤の所見によればそれは保証できないという。さらに極論を言えば、中国も朝鮮も西洋人の蹂躙《じゅうりん》する所とならないとは言えない。なぜならば「今の支那国を支那人が支配し、朝鮮国を朝鮮人が支配すればこそ、我輩も深く之を憂とせざれども、万に一も此の国土を挙げて之を西洋人の手に授けるが如き大変に際したらば如何」との疑問を福澤は持つ。すなわち中国も朝鮮もナショナリズムの本質とも言うべき福澤の言う「国体」の保持、すなわち自民族が政権を持ち、自国を支配しておれば憂えることもないが、そうではなく、「国体」を消失して西洋人が支配するようになったら、「恰《あたか》も隣家を焼いて自家の類焼を招く」ことになり、「西人東に迫るの勢は火の蔓延するが如し」となって、それはひいては日本の「国体」喪失に連なる。したがって「日本国が支那の形勢を憂い又朝鮮の国事に干渉するは、敢て事を好むに非ず、日本自国の類焼を予防するものと知る可し」となる（⑧三〇―三二）。世に悪名高き「脱亜論」への道はこのような認識を前提としているのであって、それは中国や朝鮮ではなく、虎視眈々と東アジアを狙っている欧米列強向けに執筆されたものであることも分かるというものである。

日清戦争

こうしてさらに福澤は日清戦争が勃発すると、その原因を朝鮮改革の問題にあると述べ、日本の目的を朝鮮をして清国の拘束から脱せしめ、朝鮮の国事を改良して独立の基礎を完全なものにすることであって、それは清国の政略がどこまでも隣国である朝鮮の内政に干渉して、朝鮮を併呑しようとするからであると論ずる。清国は朝鮮の「国体」を完全に奪うものなのである。隣国である日本は清国が朝鮮を奴隷たらしめんとしていることに対して座視するわけにはいかない。それは「文明の為に弟子国の独立の為に傍若無人の村夫子を放逐して進歩の方向を示し、以て自立の実を全うせしめんこと」を試みる思想が福澤にはあるからである。日本の目的は朝鮮独立の基礎を固めることが第一であり、宗主国清国から従属国朝鮮を解き放つ以外の何ものでもない。日本の目的が朝鮮の「国体」を奪うことにあるのではなく、「貿易の利益を開く」ためであって、そのために「朝鮮の独立を必要」としていると、福澤は主張するのである。朝鮮から清国の干渉を除かんとしているのも、挙げてその目的のためである⑭五八〇—五八二)。朝鮮は自国の自主独立を希望し、朝鮮国民が文明開化に進まんことを祈り、そのために「敢て隣国をして応援の労を取らしめたるに非ずや」（⑭六二四）というのである

朝鮮は「腐儒の巣窟」であって、「上に磊落《らいらく》果断の士人」がいなく、「国民は奴隷の境遇」に在って、「上下共に文明の何者たるを解せざる者のみ」である。「稀に人物と称する学者あるも、唯能く支那の文字を知るのみにして共に時事を語るに足らず」という存在でしかない。それは「知字の野蛮国」とも名づけるべきものである。したがって改革の手段を議論しても、かつての福澤が説いたように日本の先例を以て標準と定めることはできない。「唯我が日本国の力を以て彼等の開進を促し、従わざれば之に次ぐに鞭撻《べんたつ》を以てして、脅迫教育の主義に依るの外なきを信ずるもの」とまで主張するに至るのである。確かに力を以て文明を脅迫することは、外見上穏やかではないが、「一時の方便」としては有効である。朝鮮では国家を犠牲にしてまでも「一身一家の利害を防御」しているのである。朝鮮王宮が「一時支那の歓心を失いしとき、或る強国と秘密条約を結び、密《ひそか》に之に依頼して一族の禍を免れんことを企てたる」がごときは、まさに「家を知りて国を知らざる者」である。朝鮮国民を導いて文明流の改革を実行するには、気の毒ながら「脅迫の筆法」に依頼せざるをえないということになるのであった（⑭六四五—六四六）。朝鮮は「名は自主独立」と言いながら、「その実は国にして国に非ず」である。したがって「干渉云々の誹《そし》りを憚《はばか》りて之《これ》を助けざるは、衰弱したる病人を助けずして独り歩行せしむるが如し」である。「倒る、は眼前に見る

可し。分り切ったることにして、誰が其の助力者を咎《とが》める者あらんや」と述べ、「干渉又干渉、深き所にまで手を着けて、或いは叱り、或いは嚇《おど》し、或いは称賛し、或いは恵与し、恰も小児を取り扱うが如く、虚々実々の方便を尽くして臨機応変、意の如くす可きのみ」とまで言うに至る。むろんその国土を併呑する野心はないとして、にもかかわらず誠を尽くすのは、「次第に事の挙がるに従いて彼等も我が誠意の所在を発明するの日ある可し」との期待が福澤にはあったからである（⑭六四七—六四八）。

おわりに

福澤は『西洋事情』初編においてイギリスの富強国たる所以《ゆえん》を植民地支配よりは独立国間の貿易にありとして、その地理上の位置、さらに産物と才人の量的多さ、さらに政治が公平であることを紹介している（①三八〇）。これはのちに福澤が一貫して追求した立国の要件に通じる。そうしてなるほどナショナリズムの具現化した状態としての自国民が自国の政権を担う「国体」の確保という一国独立も、さらなる文明の高みから見るならばまさに相対化できる些細なことであった。しかしながら現在の文明の度合いを考えるならば、福澤の言う「国体」が「文明」と言えるほど無視できない状態であった（④一八三）。そうであるがゆえに福澤は何が正道で何が権道であるかを冷静に直視しえたのである（⑤一〇三）。そうして「純然たる一視同仁の教場より見れば誠に苦々《にがにが》しきことなれども、今の人間世界の不完全なる、道徳は僅かに一個人に行わるゝの路を開きたるのみにして尚未だ其の痕跡をも見ず、残念ながら之を如何ともす可からざるなり」（⑩二三五—二三六）との言説は、福澤の「一身独立して一国独立す」とかつて論じた論理の難しさをはしなくも表明している。

参考文献
安西敏三『福澤諭吉と自由主義――個人・自治・国体――』慶應義塾大学出版会、二〇〇七年
子安宣邦『福澤諭吉「文明論之概略」精読』岩波現代文庫、二〇〇五年
丸山眞男『「文明論之概略」を読む』上・中・下、岩波新書、一九八六年

第2章　吉野作造
〈ネーション〉のあり方

はじめに

吉野作造（一八七八―一九三三）は、一九一二（明治四十五）年七月二十日フランスのナンシーで、初めて明治天皇の重病の報道に接している。当時ヨーロッパ留学中の吉野は、そのときの心境を、「心痛ニ堪エズ」（〈吉野作造選集〉13、岩波書店、一九九六年、三一五頁。以下、〈選集〉と略記）と記している。明治天皇が一層危篤になってからは、この「心痛」の感情は、「痛懼《つうく》」（同月二十二日）（同、三一五頁）に変わる。明治天皇が没した直後は、「陛下御崩御ニツキ喪章ヲ買ニ行キシナリ」（同年八月六日）（同、三一八頁）とあり、留学先のフランスで敬虔に明治天皇の死を迎える、吉野の天皇への厚い思いを垣間見ることができる。

一方、一九二四（大正十三）年一月二十六日、裕仁皇太子の結婚式当日の天気について、「誠に四海波静なる好日和なり」（〈選集〉14、三四四頁）とし、心からの喜びを記録しているのみならず、同日の日記に、皇太子の結婚祝賀記念切手をも貼っている。また、『一九二二〜二四年の日記帳』には、皇太子が東京帝国大学の学長や学生に発した挨拶の英文印刷物および、「英国皇太子殿下奉迎文」を刷り込んだ弁当の表装紙が貼られてもいる（同、二八八—二八九頁）。いずれも、吉野が皇室に抱いている愛情を直接的に物語っている貴重な資料と言えよう。

ところが、天皇や皇室への思いとは裏腹に、吉野は、天皇自身が主な政治的実体になることから生じる問題点に目をつぶることができなかった。つまり、天皇は愛情の客体にはなりえても、「現実的な」政治の主体に「化」してはならなかった。その理由は、後述するように、ネーションにおいて天皇が相対化されざるをえなかったからであり、その上に、ネーションの実際的な主体として「民衆」に相対的に重みが置かれていたからでもあろう。

別の言い方をすれば、このような「相対化」とは、天皇を国家から解放する作業であり、国家を持続的に再定義する過程でもあった。ここで、天皇を国家からの解放するとは、国家以上の天皇ではなく、天皇を国家とは違う範疇、例えば、「国家」に従属的な存在と見なすことを意味するものであった。

このような関係は、若き吉野においては、「国家魂」という軸から、一九一〇年代に入ってからは、「民衆」が赴くべき「道徳的」「倫理的」な側面から論じられた。つまり、吉野における関心事は、最初は、ネーションという単位についての意識であったが、漸次それを構成する個人との関係の問題に向かったと言える。以上のような変化は、国家の定義が変わりつつあることを象徴している。すなわち、日本という共同体内部においては、国民統合を妨げている非立憲的な要素に「対」して、外部に向かっては、他者を他者として意識することのできる日本の道徳と良心のあり方を問うものであった。結局、この内外の両作業が辿りつく果ては、「国民」によって、透明な政治が、常識的に行われる、ネーション・ステートの構築、もしくは、日本という共同体への「永遠なる」愛情と言うしかない。

プロフィール

吉野作造は、一八七八（明治十一）年、宮城県志田郡大柿村（現・古川市）に生まれる（一二人兄弟中の三番目）。吉野は、古川尋常小学校、古川高等小学校、宮城県の尋常中学校（現・仙台一高）、第二高等学校（仙台）を経て、一九〇〇（明治三十三）年東京帝国大学法科大学政治学科に入学する。入学以前の一八九八年、すでに、仙台浸礼（パプテスト）教会で洗礼を受け、一八九九年にはたまの（一八八〇―一九五九）と結婚している（七人の子女）。

在学中の吉野は、東大では、一木喜徳郎《きとくろう》・小野塚喜平次《きへいじ》を通して、政治学に開眼し、本郷教会では、海老名弾正《えびなだんじょう》牧師から深い影響を受けている。

卒業後の一九〇六年以来三年間は、袁世凱《ユアンシーカイ》の長男克定《ケディング》の家庭教師として清国に滞在し、一九一〇年四月から一九一三年七月までは、欧米留学を経験する。留学の折、吉野は、イギリスの上院権限縮小問題・オーストリアの大示威運動・ベルギーの大同盟罷業を見聞するが、これらの経験は以後吉野の思想に至大なる影響を与える。

帰国後の吉野は、東大で政治史講座を担当することになる。一九一〇年代の代表的な著作としては、『中央公論』に発表された、一九一四年の「民衆的示威運動を論ず」、一九一六年の「憲政の本義を説いて其有終の美を済《な》すの途を論ず」がある。吉野は、両論文で各々「民衆」や「民本主義」の意義を論じ、「大正デモクラシー」の代表的な論者となる。一九一六年三月から四月にかけては、朝鮮と満洲を旅行する。以後、日本の植民統治方式を強く批判し、同時に朝鮮人との交流を深めている。

一九一八年十一月には、神田南明倶楽部で右翼の浪人会と立会演説会を行い、同十二月には、吉野を囲繞《いじょう》する東大の学生らによる「新人会」結成に関わる。

一九二四年二月、吉野は東京帝国大学校に辞表を提出し、朝日新聞社に入社する。入社直後、神戸で行った講演「現代政局の史的背景」で、五箇条の御誓文に触れたことが問題となり、朝日からの退社を余儀なくされる。退社後の吉野は、同年十一月宮武外骨らとともに明治文化研究会を立ち上げ、明治文化の研究に全力を注ぐ。

一九二七年には、小野塚喜平次を中心にして、「政治学研究会」という私的な研究会を結成する。

吉野は、一九三三（昭和八）年三月逝去し、東京都立の多摩霊園に眠っている。墓の番号は、8-1-13-18。

1　若き吉野作造の国家論とナショナリズム

「専制のロシア」対「文明の日本」

日露戦争中の一九〇四から一九〇五年まで、吉野は、日露戦争を支持する諸論説を、本郷教会の機関紙『新人』に書いている。一九〇五年三月号（第五巻第三号）には、吉野による「露国の満州占領の真相」「露国の満州閉鎖主義」「征露の目的」「露国の敗北は世界平和の基也」が載っている。ところが、これら諸論説で述べられている、「ロシア」対「日本」という図式は、吉野の初期国家論を確認する上で大変貴重な分析と言える。

吉野の考える日露戦争当時における日本とロシアの関係は、「帝国の自存」対「露の勢力」、「文明の光」対「専制の政治」（「文明の敵」）、「立憲政体を採用した近代国家」（「開明なる欧羅巴《ヨーロッパ》」）対「専制国家」という相対立する図式であった。すなわち、「自存」「文明」「立憲」「近代」「開明」の日本と、「勢力」「専制」「敵」のロシアというものであったのである。

ロシアが、以上のように決めつけられた理由には、朝鮮を保全し帝国の自存を安全にし、商工業の自存を確保する（「征露の目的」『新人』一九〇四年三月：〈選集〉5、七―八頁）という、軍事的・経済的なナショナリズムが横たわっている。すなわち、時勢の変化を知らず、専制政治を固執し続けるロシアに対する批判には、ロシアの敗北（は、日本の勝利）を祈る単純な構図の、吉野の初期的ナショナリズムの原型が伏在しているのである。

当時の吉野にとって、近代ヨーロッパの政治的進化は、専制時代から民権時代への（もしくは、求心から遠心への）移行であり、個人を基礎として鞏固《きょうこ》な団体的権力を樹立しつつあるように思えた。ところがロシアは、専制政治を固執し、大勢としての自由思想を抑圧している。人民も、文明の光を知らない暗愚の状態に陥っている。つまり、ロシア人の中で少しでも心ある人は、政府から迫害を受けていることから、ロシア人への憐みやロシア政府への憎しみが同時に働いている。吉野は宣言する。

露国は実に文明の敵なり。今若《も》し露国日本に勝たん乎、政府の権力一層強く抑圧益甚《ますますはなはだ》しからん。幸にして日本に敗れんか、或は自由民権論の勢力を増す所以《ゆえん》とならん。故に吾人は文明のために又露国人民の案福のために切に露国の敗北を祈るもの也（同、九頁）。

要するに、文明やロシア人民自身のためにも、ロシアの敗北はよいものとされる。近代国家は立憲政体を採用し、人民が政策方針を決定する主義に向かいつつあるのに、最も開明しているヨーロッパに、専制国ロシアが（「露国貴族の運命」『新人』一九〇五年五月：〈選集〉5、一四頁）、「文明」の反対側で依然臨んでいる。もちろん、このときの日本は、「文明」になってしまう。

「有機体」としての「国家」

また、同じく日露戦争中の一九〇四年九月に書かれた「ヘーゲルの法律哲学の基礎」（『法学協会雑誌』（第二二巻九号、刊行は一九〇五年一月、引用は〈選集〉1）には、ヘーゲルの国家論が、有機体的な観点から説明されている。

吉野によれば、ヘーゲルの国家本質論は、他の国家本質論とは異なる。なぜなら、吉野にとってのヘーゲルは、国家の目的を自由意志の完成だと認識するが、その自由意志は、ルソーの言うような「小我の自由意志」ではなく、個人の本性であり宇宙の本体である、「大我の自由意志」であるからである。したがって、ヘーゲルの国家本質論が、個人本位と制限されてはならない。ヘーゲルの学説は、この当時の吉野には、個人本位と言うより国家本位に近いものとされるのである。しかし、純粋な国家本位論とは異なるヘーゲルの特徴は、ヘーゲルが国家と個人というこの二つの実在を同時に承認したという点である（同、七五―七六頁）。

以上のように、吉野におけるヘーゲルは、比較的「国家本位的」に近いものとされる。なお、吉野は、ヘーゲルの「有機体論」についても高く評価している。

　彼が国家を以て其自身に固有の目的を有する一種の有機体となせるの一点に至りては、古来の惑を一掃して国家学の前途に一大光明を放つものなり。之《これ》を要するに彼が極力個人主義的機械観を排斥し、有機体として国家を攻察すべきことを唱導せしの一事は国家学史上没すべからざるの一大偉績なりと云はざるべからず（同、七六頁）。

すなわち、若き吉野には、「専制国」「ロシア」とは異なる「文明国」「日本」が位置づけられているが、その「日本」とは、固有の目的を持つヘーゲル的な有機体としての「国家」なのである。

「国家魂」と「国家威力」

一方、本郷教会の牧師海老名弾正（一八五六―一九三七）は、「日本魂の新意義を想ふ」（『新人』一九〇五年一月：〈選集〉1、三七二頁）の中で、吉野の初期国家論への端緒を提供している。海老名によれば、「日本」を「個人」や「国家」の両面から考えるとき、「個人として」は、「厭ふべきもの」「賤むべきもの」「笑ふべきもの」があるも、「国家として」は、「愛すべく」「敬すべく」「慕ふべきもの」がある。また、「日本魂」は、東洋民族の融化を遂行すべきものとして、東洋の旺盛を推し進めなければならないものとされる。

さて、この海老名の「日本魂」あるいは「大日本魂」は、何を意味するだろうか。海老名によれば、「大日本魂」は、「天地の公道」であり「ロゴス」である「宇宙魂」が、二五〇〇年間の日本の歴史に権化したものである。この「ロゴス」は、「神の国」と関係を持ち、「宇宙（ロゴス・魂）→日本の歴史（大日本魂）→大日本帝国（神の国の実現）」という系統をなす（同、三七二―三七三頁）。すなわち、帝国日本の使命を、「神の国」の実現という観点から正当化しているのである。

海老名の「日本魂」論については、幸徳秋水《こうとくしゅうすい》（一八七一―一九一一）が『平民新聞』で批判を施しているが、それを踏まえて、「日本魂」論を詳述するのが吉野である。吉野によれば、各個人は、「社会国家」の団体の一員として、常にその団体の意思に統制・指導される。その際、各個人の生活上、内外一切の最上の規範である「団体」の意思が、「国家精神」または「国家魂」である。しかし、人類は「束縛」とは相容れない「不羈《ふき》自存の目的」「独立自由の意思」の存在なので、各個人を統制するには、個々人の共通の意思によらざるをえない。すなわち、各個人は、「受動的」に国家精神に服従するのみならず、「自動的」に国家魂をつくるものである。個人の意思と「国家魂」の相互影響関係は、個人の覚醒が顕著な近代文明国において最もよく発揮される（「国家魂とは何ぞや」『新人』一九〇五年二月：〈選集〉1、七八頁）。

このように、吉野は、「国家魂」を外部的規範としてのみならず、精神的規範としても見ており、国家の生存のためには両者の一致が理想的だと考えている。吉野が、国家精神の個人における完全な顕現と個人的意思の国家魂への向上を国家最上の理想だと認識するとき、「国家魂」における「個人」と「国家」の関係がよく示されている。

一方、「国家魂」の外部的勢力としての発現、すなわち、国家の「権力」は、必ず特定の個人または個人団体の意思を通して現れる。この個人もしくは個人団体が、「主権者」であり、国家の権力を示す唯一の機関である。国家の権力は、「主権者」を通して人民を支配・強制し、人民は、「主権者」の命令に従う。とはいえ、「国家魂」が、「主権者」をも指導せざるをえないことを忘れてはいけない（同、七九―八〇頁）。

言い換えれば、吉野は「国家魂」を、「臣民」「民衆」にかぎらず、「主権者」をも拘束する上位的なものと考えている。これは天皇機関説に近い。異なるのは、天皇機関説では、天皇の地位を国家の機関に縮小しているが、「国家魂」では、「機関」が「主権者」になっている点であろう。

木下尚江《なおえ》（一八六九―一九三七）は、「国家魂」論について、「貧富両民族」を無視し、「国家の」「共通意思」のみを説いたと批判する（「『新人』の国家宗教」『直言』一九〇五年二月十二日：〈選集〉1、三七六頁〉）。つまり、「共通意思」は「国家」の意思であり、「万国対峙して競争軋轢《あつれき》す」るものであるから、キリスト教の理想としての「人類同胞という共通意思」とは合致しない。したがって、木下は、人類共通の目的としては、「世界魂」を、「人類の共通意思」としては、「国家」でなく「個人」を提唱する。

木下によるさらなる批判は、キリスト教の天皇追従であったが、このような木下の批判を踏まえ、吉野は、六つの論点を提示している（「木下尚江君に答ふ」『新人』一九〇五年三月：〈選集〉1）。その中、三点としては、「国家精神」と政権の所在（「国家威力」と主権）、国家が最終の目的か、「国家的宗教」の問題がある（これ以外にも、国家の観念、国家精神と共通意思との関係、現今の国家が共通意思を持つのか、という点も取り上げているが、本章では省略する）（同、八一―八九頁）。

まず、吉野は、「国家精神」を各個人を支配する「意力」だとし、「国家威力」と呼び、「国家」のみが「国家威力」を有するという。他方、「主権者」は、国権の本体ではなく、「国家最高の機関」だとし、各国の歴史と国民の信仰によって定まるものと認識する。すなわち、吉野の立場も、結局、「天皇機関説」に近いものなのである（同、八四―八五頁）。

国家が最終の目的かについては、「基督教は超国家主義と云ふべくも決して非国家主義といふべからず」とし、「国家」を、個人と四海同胞主義の中間に位置づけている。なお、木下が海老名の「国家魂」論を、「国家的宗教」

と規定した点については、「国家の発展を主張したりとせばそは霊化したる国家精神の発展なるのみ」とし、海老名を弁護する。しかし、「海老名主筆が木下君と共に非戦論を主張せざるは恐くは別個の論拠あらん」かとし、海老名とは一定の距離を置いてはいる。

他方、「国家威力」は、各個人の国家的行動における最上の「内的規範」として、「国家学」「政治学」「社会学」的であるが、「主権」は、各個人の国家的行動を命令しうる「法律上の力」として、「外部的規範」であり、服従を迫りうる（「『国家威力』と『主権』との観念に就て」『国家学会雑誌』一九〇四年四月：〈選集〉1）。したがって、各個人は、「受動的」に「国家威力」の統制を受けるのみならず、「主働的」に「国家威力」の維持と発生に関わる。たとえ、法律上最高の権力者としての「主権者」であっても、政治上、「国家威力」の支配を受けるのである（同、九五頁）。

すなわち、近代国家における「国家威力」は、臣民の内的規範として働くのみならず、「主権者」をも指導する力なのである。この段階において、吉野は、一応、「国家」と「主権者」との区別は明確にしているものの、国家の内部における「国家威力」の形成やその示され方には、それほど具体的に注目したとは言えないように見える。この点から考えると、日露戦争を前後しての吉野の「国家威力」論は、ナショナリズムの内容や方法が具体化されたものとは言えず、その中身が将来的に満たされるべき、ナショナリズムの見取図に値するものであろう。しかし、その見取図は、各々の人格的実体を、超越すると同時に内在するという意味で、共同体そのものへの深い関心から考え出されたものとは言える。

2　偉大なる「国家」の要件と「民衆」

ヘーゲル国家論の再吟味

吉野作造が、一九〇五年の『ヘーゲルの法律哲学の基礎』において、ヘーゲルの国家論を有機体的な観点から定義したことは、すでに述べた通りである。しかし、それ以後の文章にヘーゲルが登場するのは、管見のかぎりでは、ほとんどないと言ってよい（個人的には、現象および事実分析から出発する吉野独特の書き方自体が、ヘーゲルの『精神現象学』と何らか関係があると見ており、これからの研究課題にしたいとは思っている）。

ところが、後述するように、吉野が民主主義（民本主義）の代表論者として登場したことを知らせた、「憲政の本義を説いて其の有終の美を済す途を論ず」（『中央公論』一九一六年一月：〈選集〉2、以下「憲政の本義」と略記）と同年の九月に書かれた、「国家中心主義個人中心主義　二思潮の対立・衝突・調和」（『中央公論』一九一六年九月：〈選集〉1、一三五―一三六頁））において、ヘーゲルが再度その姿を現している。しかし、その際のヘーゲルには、いわゆる日本の「国家論者」とははっきりと区別される役割が割り当てられていた。

吉野によれば、ヘーゲルは、国家を個人の目的として認めはしたが、最終的・絶対的な目的として論じたわけではなく、美術・哲学・宗教においては、むしろ国家を一つの方便と思っていた（「国家中心主義個人中心主義」一三五―一三六、一五六、一五七頁）。すなわち、若き吉野のヘーゲルは、「主権者」をも拘束する有機体としての国家を力説したのであるが、一九一六年時点のヘーゲルは、有機体のみならず、その有機体を構成する単位として、「個人」に重点を移動しつつあるのである。具体的に言えば、国家の「本当の底力の涵養」「永遠の生命」は、国家組織を外面的に粉飾することで得られるのではなく、国家における「個人」を、「国民」「化」していくことによってのみ、成し遂げられるものであった。
ちなみに、軍国主義者・国家主義者の国民精神論は、「国民」とはいかに異なるのであろうか。一言で言えば、軍国主義者は、空疎なる義勇奉公の形式道徳によって制限された国民精神を説くものである。一方、「国民」は、法律政治の運用・軍隊の組織・軍事技術の研究などの、国家の組織や体面に合わせるように養成される人格ではなく、「精神の道義的訓練」「倫理道徳」を持つ「高尚なる方面に興味を有」するものである（同、一四三、一五二頁）。吉野は、このような個人の充実発展によってのみ、「国家隆盛の根本的原因」につながると考えている。

したがって、第一次世界大戦以後の状況について、「戦後の国情を予想せば吾人は勝敗の如何に関わらず英仏の状態が必ず大に独逸に勝るものであるべきを信じて疑はず、真の偉大なる国家は個人の上に於ても亦《ま》た偉大なる国民たらざる可らず、是れ吾人が国家として偉大にして国民として縮小せる我国の現状に対し一大革新の必要を唱説する所以なり」（「精神界の大正維新」『中央公論』一九一六年一月：〈選集〉1、一一五頁）とし、「国民」によって媒介された「国家」とその「国家」による最終的な勝利を力説したのである。すなわち、「個人の上において偉大なる国民」≒「偉大なる国家」という図式を忘れてはならない。

要するに、この当時の吉野においては、個人を超越した意義と目的を持つ、「超個人的」・「超越的」な国家を認めない。このとき、個人自体あるいは個人の開発や忠実が意味するのは、経済・宗教・人種などの諸側面から来る「国家統一」への障害物を、「永遠」に処理してくれるという意味を持つ。吉野は、「思想上」の問題という限定はしているが、国家中心主義と個人中心主義を主客の観点から凝視できるとも見ている。すなわち、「多くの思想家は、国家を以て個人の為めに存すと解する」と言い、「主」としての個人を想定したとき、吉野自身、「多くの思想家」からそれほど遠くない地点に立っているのである（「国家中心主義個人中心主義」一三五―一三六頁）。以下は、個人が「民衆」として、吉野の政論に本格的・力動的に台頭してくる過程や意義を、具体的に追ってみることにする。

力動的な「民衆」観念の形成

一九一三（大正二）年七月、ヨーロッパ留学から帰国した吉野は、最初の講義で「社会主義」を取り上げている。そして、講義自体にも、「並々ならぬ意欲と自信」を示している（田澤晴子著『吉野作造』ミネルヴァ書房、二〇〇六年、一〇三―一〇四頁）。この意欲と自信がどこから来ているのかは、今後考察すべきもう一つの研究課題であるが、恐らく、政治の前面に登場しつつあった「民衆」への確信からであろう、という推測は可能だろう。具体的に論ずれば、吉野は、一九一四年四月、『中央公論』に「民衆的示威運動を論ず」（『中央公論』一九一四年四月。引用は、三谷太一郎編『吉野作造論集』中央公論社、一九七五年。「民衆的示威運動」と略記。吉野が『中央公論』に書いた最初の文章は、「学術上より見たる日米問題」一九一四年一月である）を載せているが、「民衆的示威運動」は、「民衆」「示威」「運動」からも分かるように、留学中の成果が一層アクティブな表現で示されている文章と言える。吉野は、ヨーロッパ政治史についての知識を背景に、大正期日本政治のあり方について深い洞察を示し、「民衆」の必然性を力説しているのである。

吉野は後年、自身の政論に大きな影響を与えた留学中見聞として、(1)イギリスの上院権限縮小問題（一九一三年三月下旬）、(2)生活必需品価格の暴騰に抗議するオーストリア労働党の一大示威運動（一九一一年九月）、(3)ベルギーの大同盟罷業（一九一三年三月上旬）を述べている。吉野のこれらヨーロッパ民衆運動への感想は、秩序のある民衆運動が、いかに正しくかついかに力あるものかを痛感したということであった（「民本主義鼓吹時代の回顧」『社会科学』第四巻第一号、一九二八年二月：〈選集〉12、引用は、『日本の名著48 吉野作造』中央公論社、一九七二年、二一六頁）。

「民衆的示威運動」は、以上のようなヨーロッパ留学中の諸見聞をベースにして書かれたものであった。それまで虐げられ続けてきた民衆が、正当な地位を回復していきつつあるヨーロッパの状況は、吉野には、帝国主義がその終末を告げ、弱者が再び蘇るように映った。したがって、一九一三（大正二年）七月、帰国以来母国日本で目撃する民衆の示威運動が意味するのは、ヨーロッパの動向と同じく、大正の明治からの「重大な変異」（同、二一七頁）であり、吉野自身の「変異」でもあった。その「変異」とは、日本においても、ヨーロッパのような民衆の時代が到来したという確信に近いもので、若き吉野の国家観からの逸脱を象徴するものであった。

このように吉野は、洋の東西を問わず、「民衆政治」が普遍的であることを論じている。このような認識は、一九一〇年代のヨーロッパ留学という同時代的体験が吉野に与えた成熟を意味し、吉野の政治学の重点が変わりつつあることを示している。また、初期の「国家」論の限界が清算されつつあるという意味では、飯田泰三や清水靖久が指摘しているように（清水靖久「〈解説〉吉野作造の政治学と国家観」〈選集〉1や、飯田泰三「吉野作造――〝ナショナルデモクラット〟と『社会の発見』」小松茂夫・田中浩編『日本の国家思想』下、青木書店、一九八〇年）、社会の発見や国家観の転回を準備する過渡期とも言えよう。

「民本主義」と「お家」

吉野の「民衆論」は、「憲政の本義」において、いわゆる「民本主義」として体系化される。周知のように、「民本主義」は、「政治の目的」と「政策の決定」を、各々「一般民衆のため」と「一般民衆の意向」という点に求めている。

まず、吉野は、「政治の目的」として、「一般民衆の為め」を挙げた。というのは、封建思想下においても、名君や賢相によって民衆の利益や幸福への期待ができはするが、名君や賢相がいなくなる場合、人民の利福を「永久」に保障することはできないからである。すなわち、国際的競争が激しくなるにつれ、一層民衆を含めての仕事が要求される（「憲政の本義」五二―五三頁）。したがって、「お家」を大事にするには、その基礎として「国士」「臣民」を「愛護」「撫育」すべきであるし、その「愛護」「撫育」こそが、「慈善論」「仁政」の場合と同様に、「お家」のためにもなるとされるのである。

他方、「政権運用の決定」を「一般民衆の意嚮《いこう》」に置くべき理由を、上杉慎吉（一八七八―一九二九）などの君権論者の立場とされる「君主主権の憲法の精神に反する」という批判（それ以外にも、元老・大臣以下いく多の政客による貴族政治的立場からの「人民は愚かだ」という批判と、目に見えるものにこだわる「懐疑派」による「一般民衆の意嚮は実在しない」という批判がある。「憲政の本義」四三―五六頁）に対しての反批判として、次のように説明している。すなわち、君主は必ず一般人民の意向の参照すべきは、君主が従うべき「道」であるし、君主政治の実在を見ても、君主自らが常に国務各大臣と相談して政治を行っている。したがって、「民本主義」が「君主主権」と矛盾するという論理は成り立たない。

以上のような「民本主義論」は、「民本主義の本義を説いて再び憲政有終の美を済すの途を論ず」（『中央公論』一九一八年一月：〈選集〉2、以下、「憲政の本義再論」と略記）においては、二つの観念、すなわち、「実質的目的」や「形式的組織」とに変わる。ところが、「政権運用の目的」「民本主義の根本義」としての「自由」を「相対的」なもの、「形式的組織」としての「参政権」を「絶対的」なものと見なす（「憲政の本義再論」一一四頁）。これによって、迂回的ではあるが、国家の担い手の問題に一歩踏み出したことは、実に注目に値する。というのは、「民衆」を制度において「絶対化」することによって、「政治」を「法」の領域に近づけたからである。言い換えれば、吉野は、「民本主義」は「政治上の主義」だと述べてはいるが、そのような建前は、「形式上」の「参政権」の絶対性という本音において、乗り越えられているのである。

「小国家」と「大国家」

一方、吉野は、「民本主義」が「忠君の思想」に反するという主張について、強く反駁している（「憲政の本義」

三七―三九頁)。すなわち、「お家の為めに」の「お家」が封建的なそれであれば、当然批判に値するが、「お家」が「皇室」である場合、「お家の為めに」は、人民の利福を基盤とする「国家の為め」と矛盾しない。つまり、封建時代には「小国家」の存在を知って「大国家」を知らず、例えば、赤穂浪士のことは、藩の見地からは褒められるべきであるが、国家的な見地からすれば、一種の罪悪である。維新当時、長州藩がイギリス軍艦の砲撃を受ける際、小倉藩は長州藩のことを対岸の火事視していることも、「大国家」を知らなかった好例とされる。

ところが、問題は、「皇室のお為」と「人民の為め」の衝突の有無である。もし、衝突があった場合、人民の取るべき態度は、何であろうか。吉野は答える。「民本主義」とは、主権者の主権行用上の「方針」(もちろん、「憲政の本義再論」では、形式的・絶対的な変化がある)を示すものなので、君主が人民の利福を無視することは、原理的にありえない。衝突がありえるとしても、制度や法律による強制ではなく、君主と人民両者の「道徳的関係」に一任すべきである。すなわち、「徳義問題」として扱い、両者の「自由意思」に一任した方がよいとされる。その理由は、制度的な強制によっては、むしろ両者の円満なる関係を損なう恐れがあるからである。

吉野によれば、国家が国民の覚悟を恣意的に解釈し、国家が人民の利福を無視するとき、人民がこれを容認しなければならないと制度上定める行為は、自発的な忠誠心を持つ国民に対する、非自発的・不愉快な感情を醸し出すことにつながる。したがって、国家が国民に限度を超える犠牲を要求するとき、制度による強制ではなく、国民の道徳的な判断に委ねるべきである。非自発的な強制を強いることは、「百害あって一益なき」(「憲政の本義」三八―三九頁)ものなのである。

要するに、吉野は、一旦「お家の為めに」を「皇室のお為に」と、「皇室のお為に」を「人民の利福の上に立つところの国家の為め」と解釈している。これは、「お家の為めに」≒「皇室のお為に」≒「国家の為め」という図式の成立を意味する。しかし、「皇室のお為に」と「国家の為め」が相矛盾した場合、「皇室」は道徳的な問題と置き換えられ、制度上の問題の内部までには入れなくなる。すでに、実質的な重点は人民の利福に基づく「国家の為め」に移されているのである。言い換えれば、吉野が、「民衆」「民本主義」論で求める「国家」とは、〈ネーション〉にもう一歩接近したものになっているのである。

以上のように、一九一〇年代の吉野から、漸次「有機体」内部の「個人」が色濃くなっていき、結局「国家」に辿り着く過程が確認できる。この「個人」への注目こそが、「非国家的態度」を非難したり、「犠牲的奉公」を直接的に強いる忠君愛国思想よりも、国家社会の進歩のために尽くす「努力其物の総量」(「蘇峰先生の『大正の青年と帝国の前途』を読む」『中央公論』一九一七年一月:〈選集〉3、一七九—一八〇頁)において、むしろ優るという視角であろう。ちなみに、「欧洲大戦と平民政治」(『横浜貿易新報』一九一七年四月九日・十二日・十三日:〈選集〉5)で吉野は、イギリス人の強みについて触れている。すなわち、イギリスでは、第一次世界大戦の開戦当初には、上流社会だけが熱心であったが、一旦戦争に入ると、個々人が国事の目的を意識して尽くし、非常に強くなって、他国の尊敬を博した(「欧洲大戦と平民政治」一八八頁)というものである。

つまり、吉野の一九一〇年代の国家論は、ネーションの形成を妨げる封建時代の「小国家」ではなく、かといって、形而上学的で非合理的な忠誠の強制を重んじる〈国家〉でもない。結局、個々の国民によって、個々の国民の自発性を頼りに成り立つ、近代的な「国家」に注目したものである。もちろん、この「国家」は、以下のような強い道徳性をも兼備しなければならない。

3　朝鮮の民族運動とネーションの倫理

「同化主義」批判と「超越的経営」

別の角度から吉野が求めた日本のあり方を探せば、植民地朝鮮が自然に日本と一つになるという「同化主義」的な立場への批判を通してであろう（「満韓を視察して」『中央公論』一九一六年六月：〈選集〉9、一四一—一五頁）。吉野には、たとえ、日本による善政や日本と朝鮮の類似性、そして、従来虐政に苦しんだ朝鮮人の存在があるからといって、独立国家としてあり続けてきた朝鮮の自尊心が日本の統治を受け入れるとは、考えられもしなかった。子供ですら、危険があっても自由に動きたがるし、歴史的な実例から見ても、二つの民族の「同化」は、「困難」かつ「不可能」な作業である。それは、欧米の文明国同士でのみならず、欧米諸国とアジア・アフリカ諸植民地との関係においても同様である。したがって、吉野にとっての異民族統治の理想は、民族としての独立を尊重・完成すること、終局は自治を与えるものであった。

吉野が朝鮮を訪問したのは、一九一六年である。ところが、一九一五年から一九二五年までの日記を収めている〈選集〉14には、なぜか、一九一六年と一九二一年の日記が欠落している。したがって、吉野が、一九一六年当時朝鮮の民族運動のどんな部分に接したか、その詳細な人物や組織については、今のところ明らかではない。

とはいえ、訪朝直後の文章「満韓を視察して」や〈選集〉別巻の年譜から推測するかぎり、吉野は、一九一五年に朴殷植《バクウンシツク》（一八五九—一九二五）が書いた『韓国通史』および安重根《アンジュンコン》（一八七九—一九一〇）の著作や伝記と言われる『安重根先生伝』の存在をすでに注目している（〈選集〉9、四二頁）。また、朝鮮人を日本人と同等の同胞と見なし、親切な待遇を与えるべきこと（同様の内容を、同年五月五日付『東京朝日新聞』から引用する際、吉野は、多数の傍点を付している）や、日本の武断主義的な「日本万能」の統治に対する朝鮮の独立運動の普遍主義あるいは人道主義を承認すべき（同、一八、三三頁）と述べている。それに、反日朝鮮人と会見したり、天道教本部を訪問するなど（〈選集〉別巻の年譜）、日本の統治に対する朝鮮人の本音や朝鮮民族運動の現状を、直接見聞している。いずれも、朝鮮の独立運動の絶頂期を象徴する、三・一万歳運動の三年前であったことは、特筆すべきであろう。

ともかく、異民族統治と政治的自治との関係は、この当時の吉野においては、「せざるべからずとしても」と「してはならない」とのものであった。前者の目的語は「異民族統治の主義の固執」で、後者のそれは「無視」である。吉野は、異民族統治を全否定したわけではなく、まずは「民族心理」の尊重という点を浮彫りにしていたのである。

ちなみに、吉野は、仮に同化政策の成功が見込まれても、「永い年数」「高尚なる品格」「優等なる才能」が求められるし、政府のみならず民間の努力が要求される官民合同の「国民的事業」だと考える。同時に、同化政策を妨げている日本的要因（「満韓を視察して」一八―一九頁）にも注目する。すなわち、朝鮮のすべての学校において日本主義教育が行われ、日本の皇室崇拝・君が代が強いられていること、また、日本の地理や歴史が朝鮮人自身のもののように教えられていることがそれである。他方、朝鮮人には、義務にふさわしい社会的・法律的な機会が与えられていないことに注意を怠っていない。

吉野は、以上のような問題に直面して、「国家を超越している仕事」を要求する（同、三八頁）。国家を超越した人道的経営によってのみ、両民族の相互理解と調和がなされるのだと言う。超国家的経営から国家の目的が達せられるとは、不思議に思えても実は深い意義を持つとされる。なぜなら、国家的経営に頼ると、彼我対立の色彩が鮮明すぎて、彼と我の融和という面が不適合になるからである。

植民的経営に成功するものは、一視同仁に殆んど国籍の差別を忘れて懸るの心掛がなければならない。我に於て誰彼の差別を忘れゝば、相手方も亦《また》我の外人たることを忘れてかゝる。……海外発展に成功するを以て、帝国将来の必要の国是なりとする以上、彼我の区別を忘るゝまでに公正なる態度に出るといふことは極めて必要である（同、四九頁）。

以上のような、同化主義批判・自治の認定・一視同仁という要求は、おおむね一九一〇年代には一貫していると言える。端的に朝鮮の三・一万歳運動の翌月に書かれた「朝鮮暴動善後策」（『中央公論』一九一九年四月：〈選集〉9）では、対処方法として、次の五点を取り上げている。(1)厳罰に処して国法の威厳を示すこと、(2)下賜金による恩威や仁恵を示すこと、(3)一視同仁、特に教育を含むあらゆる方面における日本と朝鮮の区別の撤廃、(4)朝鮮の自治の認定、(5)民間に日本と朝鮮合同の疎通機関設立。この中、特に、(3)、(4)、(5)が、超越的経営への一層具体的な手段と言える。

要するに、「超越的経営」は、植民地経営を一段と効率的に行うために工夫された、国家的経営の対案だったのである。上記の諸方策のみを端緒にするかぎり、「超越的経営」が朝鮮の完全な独立につながるわけではない。吉野にとって朝鮮は、未だに帝国の枠の中にあるからである。しかしながら、内地人への倫理的要求によって、内地のアイデンティティが一層鮮明になるにつれ、吉野の朝鮮もまた独自の道を模索せざるをえなくなる。

朝鮮の独立運動と「大国民」の要件

吉野の政論において、日本の倫理が一層浮彫りにされるのは、朝鮮問題について触れるときであろう。吉野は、一九二三年九月、関東大震災のときに起きた朝鮮人虐殺事件を痛烈に批判する。同時に、日本の反省を促し、日本のあるべき姿を求めている。

吉野によれば、日本人が朝鮮人による暴行という流言飛語を直ぐに信じ込んだ理由には、朝鮮統治の失敗に伴い、日本人の朝鮮人への不満と言えるようなものが、一種の潜在的確信となって国民心理を捉えていたからである（「朝鮮人虐殺事件に就いて」『中央公論』一九二三年十一月：〈選集〉9、二〇二―二〇三頁）。この朝鮮人虐殺事件への反省としては、内地人が、「国民的悔恨」もしくは、「謝意」を表する具体的方策を考える必要があると述べている。その理由は、「日鮮融和」という政治的なそれではなく、内地の「大国民」として、当然あるべき「道徳的義務」なのだからである（同、二〇二―二〇三頁）。この主張は、前項の超越的経営をも止揚し、日本のあり方そのものを説く、吉野の変化の証左であると言えるだろう。

このような変化は、関東大震災以前にすでに芽生えていた。一九二〇年の「朝鮮統治策に関して丸山君に答ふ」（『新人』一九二〇年四月：〈選集〉9）では、「大国民」の、「同化」からの距離をよく示している。すなわち、道徳による植民統治という「科学」を完全に否認していたわけではないが（同、一四五頁）、法律や道徳の限界を云々せず、「道徳」を、国家以上のものあるいは「超国家的規範」と認めている。このとき、「国民道徳」や「国家道徳」は、空間的な意味を払拭したとは言えないものの、すでにすべての個人に通じる意味を帯びることによって、その範囲は、国家を超えることになる（同、一四六―一四七頁）。このとき要求されるのは、「同化」か「独立」か、「形式的融合」か「実質的融合」かの問題ではなく、普遍的な基礎に立つ提携である。この前提としての「独立」が要求されるので、吉野にとっての「独立」は、結局普遍的・道徳的なものとされる。

祖国の恢《かい》復を図ると云ふ事は、日本人たると朝鮮人たると支那人たるとを問はず、普遍的に是認せらる可き道徳的立場である（同、一四九頁）。

すなわち、朝鮮の独立運動は、道徳的に正当であり、また正義の確立そのものでもあった。もし、内地の日本人による反逆なら、法律的にも道徳的にも排斥されるべきである。しかし、朝鮮人の反抗に対する、「不逞兇悪」という道徳上の汚名は、純粋の道徳的観点からすれば、「甚だ酷」とされる（「朝鮮青年会問題」『新人』一九二〇年二月：〈選集〉9、一三二―一三三頁）。

正義の確立という国家の役割を求める吉野の立場からは、朝鮮の民族運動もまた、吉野自身が求める原理と同様のものであった。したがって、朝鮮の民族運動に相当の敬意を表する必要すらあったのである（同、一三四頁）。このような観点に立って、吉野は、当時日本を訪問していた朝鮮の民族運動指導者呂運亨《ヨウンヒョン》（一八八六―一九四七）の道徳的立場を高く評価している。同時に、内地の「国家主義」的な態度に向かっては、国家の上に国家を指導すべき高い原理に立ち、攻撃に遭《あ》ってもびくともしない、朝鮮人独立運動家の道徳的根拠の妥当性を強靭に弁護している（同、一三五頁）。

吉野は、朝鮮の民族運動への接し方について、遠くから、冷静に、朝鮮の希望や要求を聴き、朝鮮の民族運動の「正義」を後援すべきと主張する（同、一三〇頁）。また、最も排日的な分子との提携を求めている。すなわち、自発的な運動としての朝鮮の民族運動は、日本の失政に反対し、正義の理想によって起きた運動なのだから、日本が朝鮮と本当の精神的提携をなそうとしたいなら、まず外面上の猛烈なる排日的分子との提携を心掛ける必要があったのである（「朝鮮青年会問題」『新人』一九二〇年三月、〈選集〉9、一四一頁）。

ところが、吉野は、朝鮮の民族運動側の最も排日的な分子が、日本側の提携の要求に応じない場合については述べていない。つまり、吉野は、「形式的意味に於ては断然朝鮮を放棄すべきであると考へて居るけれども、我々は形式的に棄てる事は実質的には堅く結ぶの端緒である」（「朝鮮統治策に関して丸山君に答ふ」一四九頁）と語っている。しかし、「形式」や「同化」を棄てて、「独立」と「実質」という「科学」に行くとは、どういう意味なのか。吉野が重視するのは、はたして、「科学」なのか「独立」なのか。言い換えれば、日本の法律に反しても、朝鮮の民族運動は道徳的には穏当だというのではなく、朝鮮の民族運動が道徳的には穏当でも、結局は日本の法律に反しているというように順序を逆転させれば、吉野の議論は問題性をはらむ。吉野の道徳がはたして、法律に最後まで耐え切ることができようか。そのヒントは、次の「国民的英雄」観念の承認問題から与えられよう。

「国民的英雄」観念の承認

一九一五年吉野は、「独逸《ドイツ》強盛の原因を説いて我国の職者に訴ふ」(『新人』一九一五年十二月:『選集』5、一二七—一三九頁)において、非自発的な愛国観念を批判している。すなわち、一時的に熱狂する愛国・忠君愛国という名のもとで煽動する愛国、あるいは、抽象的な名詞の愛国を批判し、その代わりに、開明される国民による容易に動かされないものを勧めている。

当時の吉野は、批判的な愛国の対象として、中国人と朝鮮人のそれを挙げ、「空名」とも言っている。他方、開明した愛国としては、ドイツの例を取り上げている。吉野におけるドイツの愛国は、影では専制的な政治システムではあるが、いざとなれば、心から偉大なる人物を頂く、英雄崇拝者的な性向を持つものであった。また、その英雄主義は、国民全体としての英雄崇拝主義者であること、理論としての英雄を崇拝するのではなく、常に崇拝すべき英雄を持つために英雄崇拝主義者であるという特徴を持つ。

ドイツの英雄主義を評価する吉野の立場は、第一次世界大戦時の初戦におけるドイツの勝利を念頭に置いたものではあるが、一つの対象を中心に意思が自発的に集まる、近代的な愛国観を述べたものにほかならない。そのうち、後述する朝鮮の英雄論と相前後して書かれた「新英雄主義」上・下(『文化生活』第二巻第一一・一二号、一九二二年十一・十二月:『斯《か》く信じ斯く語る』文化生活研究会、一九二四年十一月、一六七—一六八頁)では、拘束からの解放という消極的自由に留まらず、自分のあるべき模範的な姿を第三者の優れた人格から求める積極的な自由こそが、団体生活の根本であり、人類の本質に合致する本当の自由を意味すると定義している。

もちろん、「新英雄主義」における「新」とは、崇拝の目的物を固定的な最高価値と見なし、対象に盲従する、言わば、自我を没却して奴隷になることへの批判から生まれた「新」である。したがって、「人格」としての英雄を抜きにして考えられないといえども、あくまでも、「主義」に重点が置かれていることを見逃してならない。

さて、吉野は、朝鮮の愛国心をも、同じく「英雄」、それも「国民的英雄」の観念に置いて承認することになる。それは、朝鮮の三・一万歳運動および、万歳運動の前後に頭角を現した、天道教や天道教の指導者孫秉煕《ソンビョンヒ》（一八六一―一九二二）を対象としたものである（「小弱者の意気」『文化生活』一九二一年八月：〈選集〉9、一八九―一九〇頁）。吉野によれば、万歳運動が始まると、朝鮮の人々は、独立運動の指導者が朝鮮人のために全力を尽くすと見なし、彼らの運命自体が朝鮮の運命だと考えることとなった。この段階において初めて「国民的英雄」の観念が起こり、善かれ悪しかれ朝鮮の民心は、自ら帰嚮《ききょう》すべき中心点を与えられた。すなわち、三・一万歳運動および、天道教やその指導者は、その盛衰浮沈が全国民に及ばない偉人や豪傑ではなく、彼らの浮沈消長の運命そのものが「国民的」なる、「国民的英雄」になったのである。

この「国民的英雄」観念の説明において、まず「国民」「国民的」という表現に注目すべきであろう。なぜなら、吉野が、近代的というニュアンスで取り上げたドイツの英雄主義を、同じく一九二〇年代の朝鮮からも発見しているからである。つまり、吉野は、朝鮮の近代をも承認することになったのである。もちろん、この朝鮮の近代は、朝鮮人自身による主体的な近代であるから、自発性によって特徴づけられる。したがって吉野は、一般の日本人が、この点を「深く顧慮」（同、一八九頁）するように力説し、また日本と朝鮮の関係を考える者の「内面的省察」（同、一九〇頁）を要求したのである。

そのような認識は、日本と朝鮮の「緊密な提携」への必要にまで拡大していく。例えば、「朝鮮人の社会運動に就て」（『中央公論』一九二三年五月：〈選集〉9）における「無産階級運動」の提携要求がそれである。もちろん、ここにも問題があり、鄭栄桓「プロレタリア国際主義の屈折（朝鮮人共産主義者金斗鎔の半生）」（二〇〇二年、一橋大学社会学部学士論文、http://members.jcom.home.ne.jp/katoa/03chun.html）は、吉野を直接的な対象にしたのではないが、日本の労働運動の戦略樹立における民族問題の軽視という点を的確に指摘している。

いずれにせよ、以上のような認識や観念は、「我々は色々の意味に於て朝鮮に対して悔まねばならぬ」（「朝鮮の問題」『中央公論』一九二四年十一月：〈選集〉9、二〇七頁）という表現に現れているように、切迫した反省の主体としての「我々」を前提にしなければならないものである。

4　明治のナショナリズムと〈ネーション〉のあり方

「勤王」の相対化

後年の仕事として、吉野作造が明治研究の必要性を痛感したのは、伊藤博文（一八四一—一九〇九）の憲法の起草に最も深く関わったとされる伊東巳代治《みよじ》（一八五七—一九三四）の発言や書類を参照する計画が、伊東の非協力のために不可能となり、吉野自身が直接取りかかろうとしたことによる。すなわち、大正のあり方（大正七年）を明らかにするために、維新当時の政治思想を明確にする必要があったのである（「明治文化の研究に志せし動機」『新旧時代』一九二六年四月：〈選集〉11）。

このような動機を持つ吉野の明治研究の成果は、「勤王」のような当時の「常識」を、「相対化」するものであった。吉野は、徳川慶喜《よしのぶ》（一八三七—一九一三）が薩長連合軍に戦意を示さなかった理由として言われる、慶喜の持つ先天的な勤王の志という見方を疑う。吉野には、封建時代の忠義は直接勤王につながるわけではなく、また観念的にも異なるものであった。例えば、明治新政の朝臣は、「故主に済まず又忠義と云ふ伝統的信念にも安ぜぬ」ので、「勤王御免」を出願するものが大勢存在していた。すなわち、忠君と勤王との間で煩悶を続けた。したがって、維新や明治の成金輩が語っているような、事前に解釈が決まっている説明は、明治維新後の彼ら自身の立場を納得させるためのものにすぎなかった。徳富蘆花《ろか》（一八六八―一九二七）の『黒潮』に登場する東三郎という武人は、久しぶりに東京に出てきたが、東京のすべてが癪の種になった。ここでの東三郎は、徳川治世に未練を持っており、すぐ「勤王」に変えることができなかった明治初期の生々しい人間像の典型であろう（「明治維新の解釈」（『婦人公論』一九二七年十二月：〈選集〉11）。

このような状況は、日清戦争以後変わり、やっと国民的精神の統一が達成されるに至る。しかし、吉野にとって、それは問題を随伴するものであった。すなわち、流動的だった「勤王」が中心的な地位を占めてしまい、明治維新の真意を独占した結果、「空理空論」が横行し、「血も涙もある人間の仕事」としての、明治維新への「人間的解釈」が困難になったのである（同、二二二頁）。吉野は、この点が、日清戦争以後の日本に捩《ねじ》れをもたらしたと解釈している。したがって、吉野が求める日本の課題は、明治維新の精神を正しく解釈することであり、具体的には、「勤王」という観念を相対化することによって、ネーションの構築に向けた新たな一歩とすることであった。

吉野が語る、「勤王」的な国家主義の脱構築によるネーションの再構築、という問題に取り組むためには、幕末・明治初期の「公議」「公道」「公法」を「勤王」との対比で、思想史的に論じなければならない。ここでは、吉野の明治研究が、井上勲の「ネーションの形成」（橋川文三・松本三之介編『近代日本政治思想史』1 有斐閣、一九七一年）が明らかにしているような、ネーション形成における「公議輿論」の問題を、五〇年も前に考えていたことだけを述べておきたい。

「下等な体制」と「上等な体制」

以上のような見解は、「自由民権時代の主権論」（『新旧時代』一九二六年九月：〈選集〉11）で一層明確に示されている。すなわち、『名家演説集誌』には、一八八二（明治十五）年一月の嚶鳴社《おうめい》（一八七八年設立）討論会の筆記が載っている。吉野は、論題としての「君主ニ特赦権ヲ与フルノ可否」が存在していること自体はもちろん、その論題に従って、討論が平気で行われていることに驚きを隠さない。すなわち、嚶鳴社が民権論者の中でもいく分右派的であったにもかかわらず、君主の権利に当たるものさえ、何気なく、討論のテーマにしている。これは、彼らが唱える国家観が、実は「極端なる民主主義」であったというものである。

吉野によれば、徳川時代には、皇室に忠すべき所以《ゆえん》が理解されえなかったように、明治の人々は漠然ではあるが、自分たち民衆も国権の運用に主導的に参加できると考えていた。したがって、憲法の上でも、当然君民が主権を共有することになると予測していた。つまり、憲法施行以前には、国家の主権を一人があずかることは想像もされなかったし、「下等な体制」なのだから、「立憲制」に改めるべきと言われた。甚《はなは》だしくは、吉野は、「国を組織する人民が主権者なのだと説く方が多かった」（同、一二〇頁）とも述べている。

以上のように、吉野は、嚶鳴社の討論において君主に特赦権を与えるべきか否かの問題を、最初から、人民の権利の問題だという前提から考察している。吉野は、明治時代の主権者・組織者の中に、「人民」が抜けていることを惜しんでいるのである。要するに、吉野は、過去に遡り、あらためて「人民」という主体の問題を持ち出しているが、それには、「下等な体制」への強い批判と、「上等な体制」への強い渇望が隠されているのである。

おわりに

以上、第1節では、吉野作造の初期ナショナリズムにおける「国家」の問題を、第2節では、「君主主権」の建前にもかかわらず、実質的に「民衆」が主であるべきを要求する、ネーションにおける主体の問題を各々検討した。第3節では、朝鮮を素材に、倫理や道徳という超越的な地点に立つ共同体こそが、他者との持続的な関係を成り立たせる源泉であると指摘した。第4節では、第1節から第3節にかけて、吉野が持続的に批判の重点に据えた、「小国家」「下等な体制」という常識を、明治初期の非常識の中で、相対化してみた。

つまり、第1節と第2節は、ネーションをその構成員との関係で論じたもので、第3節と第4節は、各々他者との関係や時間を軸として、ネーションの外部からそのあり方を説いてみたものと言える。

このようなネーションへの取り組みから考えると、吉野におけるネーションとは、時間的・空間的に固定されている一定の限定物ではなく、絶えず問い続けるべき共同体の存在意義だと言えよう。吉野の問いが成功したかどうかは疑問である。にもかかわらず、一生を通して日本のあり方を問い続けたそれ自体こそ、「大国家」や「上等な体制」への愛情を抜きにしては、とうてい考えられない。

参考文献

〈吉野作造選集〉全一六巻、岩波書店、一九九五―九七年

飯田泰三「吉野作造―〝ナショナルデモクラット〟と『社会の発見』」小松茂夫・田中浩編『日本の国家思想』下、青木書店、一九八〇年

韓相一『日本知識人と韓国――韓国観の原型と変形』オルム、二〇〇〇年

崔丁云「植民地朝鮮における近代西欧型主体の導入」第四回日韓共同学術会議発表（京都大学　二〇〇五年五月十四日開催）
田澤晴子著『吉野作造』ミネルヴァ書房、二〇〇六年
鄭栄桓「プロレタリア国際主義の屈折（朝鮮人共産主義者金斗鎔の半生）」二〇〇二年一橋大学社会学部学士論文 http://members.jcom.home.ne.jp/katoa/03chun.html
橋川文三・松本三之介編『近代日本政治思想史』Ⅰ・Ⅱ、有斐閣、一九七一年
平野敬和「帝国改造の政治思想――世界戦争期の吉野作造」『待兼山論叢』日本学編、第三四号、二〇〇二年
古田光・作田啓一・生松敬三編集『近代日本社会思想史』Ⅰ・Ⅱ、有斐閣、一九六八年
朴チャンスン『民族主義の時代――日帝下の韓国民族主義』景仁文化社、二〇〇七年
三谷太一郎編『吉野作造論集』中央公論社、一九七五年
森岡弘通「吉野作造と近代天皇制」『実践女子大学文学部紀要』通号第三八、一九九六年三月
Han Young-Woo『我が歴史』キョンセワォン、二〇〇四年

第3章　長谷川如是閑

「生活事実」としてのナショナリティ

はじめに

一九二〇年代が「国際協調」という言葉に象徴される「インターナショナリズム」の時代であったならば、一九三〇年代はその反動で「日本」というナショナルな価値が前面に現れた「ナショナリズム」の時代であったと言える。実際、西洋思想の影響のもとに思想形成を果たした知識人の間で、日本の文化や伝統に関する優れた研究が数多く生み出されたのである。たまたま目についたものを拾い上げてみても、九鬼周造『「いき」の構造』（一九三〇年）、和辻哲郎『風土』（一九三五年）、長谷川如是閑《にょぜかん》『日本的性格』（一九三八年）、津田左右吉《そうきち》『支那思想と日本』（一九三八年）、鈴木大拙『禅と日本文化』（一九四〇年）など、実に多彩である。

一九三〇年代におけるこうした日本文化論の流行は、知識人の「日本回帰」としてしばしば論じられてきた。世界恐慌（一九二九年）に端を発する経済危機や満州事変（一九三一年）などの政治上の重大な事件を背景に、既成秩序の動揺への不安感が知識人たちの心に芽生えてきたのである。しかもより深刻なことに、政治上や経済上の秩序に留まらず、それらを根底で支えている共同体秩序の自明性が失われつつあることが、彼らの不安感を益々増幅させたのである。「現実は虚無である。今の日本には何物もない。一切は喪失されてる」。萩原朔太郎は「日本への回帰　我が独り歌へるうた」(『いのち』一九三七年十二月)という文章で、自明的な秩序の喪失をこのように嘆いている。だが、彼は続けて言う。われわれ知識人は「悩みつつ、嘆きつつ、悲しみつつ、そして尚、最も絶望的に失望しながら」も新たな秩序を求めて「前進の意志を捨てないのだ」と。しかし、その道のりは決して平坦ではない。知識人ゆえに「孤独」であり、西洋の学問で身を固めている点で「エトランゼ」だったわれわれは、「祖国への批判と関心を持つことから、一層また切実なディレンマに逢着して、二重に救いがたく悩んでいる」。そして、悩み抜いた挙句、われわれは「西洋的なる知性を経て、日本的なものの探求に帰って来た」と萩原は述べている(〈萩原朔太郎全集〉第一〇巻、筑摩書房、一九七五年、所収、四八八—四八九頁)。

長谷川如是閑(一八七五—一九六九)もまた、こうした喪失感を胸に懐きながら「日本回帰」を遂げていった一人であった。一九二〇年代において、彼は大正デモクラシー運動のオピニオン・リーダーとして、人々の日常生活の営み=「生活事実」という観点から、イギリス経験論やマルクス主義の概念や方法を駆使して鋭利な国家批判を繰り広げた。ところが、自らの言論の基盤にある「生活事実」を見直してゆく中で、三三年頃を境にして、そうした批判活動は影を潜め、言論活動の軸足を次第に日本文化論へと移してゆくのである。本章では、以上のような知識人の「日本回帰」の問題を踏まえつつ、長谷川如是閑のナショナリティ論について取り上げる。

ところで、先行研究では、一九三三年前後における如是閑の言論活動の変化に注目し、知識人(とりわけマルクス主義者)の「転向」の一形態として捉えられてきた。そして、如是閑の「転向」が語られる場合、階級論に基づく国家批判の後退、コミンテルン流の左翼的公式論の放棄、かつて批判的であったナショナリティ論=日本人の国

プロフィール

本名、長谷川萬次郎。一八七五年、東京・深川木場に生まれる。九歳で曾祖母、長谷川多美の養子となる。兄、松之助は後に『東京朝日新聞』の社会部長。同時期に『大阪朝日新聞』の社会部長に就任した如是閑とともに兄弟で東西『朝日新聞』の主力を担った。生家は代々、徳川将軍家の城大工の棟梁を務めた家系であり、如是閑は終生、そのことを誇りにしていた。父、徳治郎は材木商に転じ、後に浅草「花屋敷」の経営にあたった。

幼年期は坪内逍遥《しょうよう》の家塾や中村敬宇《けいう》の同人社で学ぶ。逍遥の家塾では、後に進化論研究の大家となる丘浅次郎に可愛がられたという。九三年、東京法学院（現・中央大学）に入学するが、翌年、父の事業の失敗により休学。この頃より胃腸病や肺病など慢性的な病気に苦しむこととなる。九八年卒業し、研究科に残って刑法学の研究を続けるかたわらで、新聞や雑誌への投稿を続ける。一九〇三年、古島一雄の薦めで陸羯南《くがかつなん》の新聞『日本』に入社。ジャーナリストとしての道を歩み始める。雑誌『日本及日本人』、『大阪朝日新聞』を経て、一九年二月十一日、河上肇、大山郁夫らの協力を得て雑誌『我等』を創刊。三〇年二月に『批判』と改題するが、約一五年にわたって如是閑の批判活動の牙城となった。人間の日常生活の営みを「生活事実」と呼んで重視し、国家をはじめとする社会制度を吟味した。とりわけ、「生活事実」から乖離した制度や秩序を固定化しようとする様々なイデオロギーに対する鋭利な批判を得意とした。そうした制度や思想・観念の物神化への痛烈な批判は『現代国家批判』（一九二一年）、『現代社会批判』（一九二二年）などの著作にまとめられた。三三年十一月二十二日、治安維持法違反の容疑で警視庁中野署に召喚される。翌三四年、雑誌『批判』を無期限休刊。以後、自らの批判活動の基盤にあった「生活事実」を問い直すため、言論活動の中心を日本文化論に移す。三八年『日本的性格』、四二年『続日本的性格』を上梓。四七年、帝国芸術院会員。四八年、文化勲章を受章。五〇年、彼の「生活事実」概念の原風景であった、名もなき庶民の日常生活を描いた短編小説集『凡愚列伝』を刊行する。五四年、東京都名誉都民。同年、喜寿祝として友人や後輩から小田原市の新居を贈られる。自ら「八旬荘」と命名し、終の棲家とする。同年十一月十一日、死去。享年九四。明治・大正・昭和の長きにわたって言論界の第一線で活躍した、近代日本を代表するジャーナリストであった（参考：長谷川如是閑著作目録編集委員会編『長谷川如是閑――人・時代・思想と著作目録』中央大学、一九八五年）。

民性論への移行といった観点からなされてきた。こうした研究成果を否定するわけではないが、如是閑の言論活動の根拠となった「生活事実」との関連について検討されていない点ではきわめて不十分だと言えよう。また、『日本的性格』（一九三八年）をはじめとする日本文化論を対象とした優れた研究はあるものの、大正デモクラシー期の論稿も含めたナショナリティ論の視角から検討したものは皆無に等しい。

如是閑が日本文化論へと言論活動を移行したのはなぜだろうか。また、三三年前後を境にする如是閑の「日本回帰」において、彼が強調し続けた「生活事実」という概念はどのように捉え直されたのであろうか。そして、如是閑にあって「日本回帰」とはそもそも何だったのであろうか。彼のナショナリティ論を検討することは、こうした問題を考える上での一つの手がかりになるだろう。ひいてはそれが一九三〇年代における知識人の「日本回帰」という知的状況の解明の一端につながるに違いない。そこで以下、長谷川如是閑のナショナリティ論を軸にして、「生活事実」との関連を念頭に置きながら考察してゆく。

1　「生活事実」から見た「国民性」

「批判的見地より観たる我国民性」

まず、如是閑が初めてナショナリティを主題として取り上げた「批判的見地より観たる我国民性」（『解放』一九二一年四月）について検討しよう。主著『現代国家批判』とほぼ同時期に執筆されたこの論文で、彼は「官僚思想家」や「守旧派の老人」が日本人の「国民性」（ナショナリティ）として吹聴する、封建時代の主従関係に由来する「淳風美俗」という道徳を痛烈に批判している。

いわゆる「淳風美俗」は日本人の「純粋の民族性」として称揚されるが、如是閑は「純粋の国民性という事は、必ずしも好ましいことではない」と言う。彼によれば、「国民性」は「民族の接触の間に、一層優良に発達する」〈長谷川如是閑集〉第七巻、岩波書店、一三一―一四頁。以下〈長谷川如是閑集〉からの引用は、「⑦一三一―一四」のように略記）ものであり、日本人の「国民性」も中国や朝鮮との「民族的混交」に由来している。「民族の純粋性」が保たれているのは民族同士の接触がないということであり、「或る意味で発達が止ったという事である」（⑦一二）。「官僚思想家」たちが鼓吹する「淳風美俗」は、むしろこうした「民族的混交」の失われた文化の停滞期に当たる封建時代の道徳である。しかも、「淳風美俗」の観念は封建時代でさえ、一般社会における「生活意識」ではなく、生活に規範を与えることで利益を得る階級、すなわち武士の「階級的生活意識」にすぎなかった。それは当時の支配階級の武士たちの「武力的闘争の生活意識」であり、社会の大多数を占める庶民（被支配階級）の「平和的協同生活」に基づく「生活意識」とはまったく異質のものであった（⑦一七）。

それでは、「淳風美俗」の観念が日本人の「国民性」ではないとすれば、一体何が「国民性」となるのだろうか。如是閑に言わせれば、「国民性」なるものを明確に定義することはできないし、またそれを規範として位置づける必要もないのである。「私は国民性というものを特に意識して、それを規範化する必要を、生活の実践的意義において発見しないと同時に、元来国民性なるものが、そんな風に意識さるべきものであるや否やについても疑を抱いている」（⑦二一）。

「文化接触」と「階級対立」――ナショナリティ論の原型

このように、如是閑は「国民性」（ナショナリティ）の規範化を明確に拒絶したのである。如是閑の思想においてこの点は終始一貫している。にもかかわらず、後年、「日本的性格」論をはじめとする日本文化研究に邁進することになるのだが、その問題については後述する。ここでは、如是閑のナショナリティ論の出発点として注目すべき二つの論点を指摘しておこう。

一つ目は、「民族混交」によってナショナリティが形成されるという、一種の「文化接触」論に立っていることである。その背景には、H・スペンサーの「単純性」(homogeneity)から「複雑性」(heterogeneity)へという社会進化論のテーゼや「個」の独創性と共同体の発展の相互連関として社会を把握する有機体論的思考、さらには抽象的な観念や思想よりも人間の生物的な自己保存としての「行動」を重視する「生活事実」という視点が前提になったと思われる。ともあれ、異質な文化との接触や混交が文化発展の契機になるというこうした見方は、如是閑のナショナリティ論における一貫した基軸となる。とりわけ、本格的に日本文化論を取り組み始める一九三〇年代以降、「文化接触」の視点はより前面に現れてくることになる。

二つ目は、国家内部の「階級対立」と結びつけてナショナリティの問題を論じている点である。『現代国家批判』において、如是閑は権力機構としての「国家」と生活共同体としての「社会」を区別し、国家権力が「社会」(人々の日常生活)に介入する様子を鋭く批判した。「民族」や「国民」の一体感として語られるナショナリティの論理は、国家を倫理的共同体として絶対化する「国家の形而上学」と同様、国家の権力的性格を曖昧にするものであった。そしてそれは、「被支配群」である生産階級を国家機構に組み込む際に、支配階級が彼らの自発的服従を調達するために用いるイデオロギーと考えられたのであった。かくして如是閑は、庶民の日常生活を擁護する立場から、国家批判と連動させながらナショナリティのイデオロギー批判を繰り広げることになる。

このように、如是閑のナショナリティ論は、出発点において「文化接触」と「階級対立」の二つの要素が並立していた。そして、この二つを媒介するものこそ、彼が力説してやまなかった「生活事実」であった。「すべては『生きること』の過程である」(『道徳の現実性』中外出版、一九二二年、二頁)と述べているように、如是閑は人間のあらゆる活動の根底にある、生物としての「生存維持の過程」を「生活事実」と呼び、自らの言論活動の基盤に据えた。具体的には、目的意識や理念による社会変革に過度の期待を寄せず、むしろ一般民衆の平凡な日常生活の営みを何より重視したのである。「生活と没交渉の不幸が社会の上層で演ぜられて居る間も、百姓は春が来れば苗を植へ、秋が来れば取入れをする。内閣が倒れても鉱夫は石炭を掘る事をやめない。そこで国は生きて行く。其《その》国を生かす処に社会があり、生活がある」（前掲『道徳の現実性』九九―一〇〇頁）。高尚な「観念」や「思想」とは無縁に暮らす市井の人々の日常生活という、如是閑の説く「生活事実」の原風景はのちに短編小説集『凡愚列伝』（岡書院、一九五〇年）にまとめられるが、こうした「生活事実」の位相から、如是閑は「国民」の大多数を占める庶民の「生活」から遊離した、抽象的で空疎な観念として「国民性」に批判的な眼差しを向けたのであった。

しかしその一方で、同じく「生活事実」に依拠することで、如是閑は異文化との接触・混交によって日本人の「国民性」が形成された事実を承認する。「我々人類の生活の意識は意識すべき当の人間の生活事実に立脚する外はない」（『現代社会批判』弘文堂書房、一九二二年、一六二頁）と述べているように、如是閑にとって「生活事実」は人間の意識や観念を生み出す源泉と考えられた。中国や朝鮮など近隣地域との交流という過去の「生活事実」を持ち出して、如是閑は異文化との頻繁な接触という「一種の生活環境」が日本人の「集団生活の特性」＝「国民性」を決定づけたと認めている（前掲「批判的見地より観たる我国民性」⑦九―一〇）。

以上、「生活事実」という視点より照らされた如是閑のナショナリティ論について、「文化接触」と「階級対立」という二つの論理について確認した。それでは、「生活事実」に基づく「文化接触」と「階級対立」の論理を基軸とした彼のナショナリティ論は、その後一体どのような軌跡を辿ってゆくのであろうか。

2　「民族」観念の現実暴露

「民族」の不合理性

帝国の崩壊と民族解放運動の勃興という第一次大戦の余波は、ヨーロッパから遠く離れた日本の知識人にも大きな影響を与えた。とりわけ主権の絶対性という観念を疑い、国家的価値の相対化を図ろうとする「社会の発見」という知的傾向は見過ごせないだろう。というのも、「社会の発見」を通じて、知識人の間で国家の存在理由が改めて問われることになり、国家の構成員としての「民族」という観念が脚光を浴びることになったからである。「民族自決」や「民族国家」の建設というスローガンは一躍「流行語」となった。そして、西洋列強による帝国主義の拡大に対抗し、国家の正当性を共通の「文化」や「伝統」を持つ「民族」によって基礎づけようとする試みが、多くの知識人によってなされたのである。

阿部次郎は当時の青年層にとってバイブルであった『三太郎の日記』の一節において、「国家」と「民族」の関係について次のように述べている。「血液と歴史」に基づく集団である「民族」と「主権と其意志としての法律」に由来する「国家」は明確に区別されるべきである。実際国家の領域は、「強大なる民族の征服欲や政治的経済的野心」などの理由から「自然の境界」＝民族の区分と必ずしも一致していない。こうした国家の領域と民族の区分のズレが、「民族自決」のスローガンのもとで植民地からの脱却と国民国家の建設を目指す民族解放運動の原動力となる。国民国家の形成と民族解放運動の国際的な連帯を結びつけるこうした発想が、共通の文化や伝統としての「民族」という、ナショナリティをめぐる議論を引き起こすことになるのである。「政治上に於ける民族主義は、むしろ敵国主義的国家主義に反抗して、世界主義人道主義の主張と握手するものである」（阿部次郎『合本三太郎の日

記』〔初版、一九一八年〕角川書店、一九五〇年、三三五頁）。

もとよりナショナリティを規範とすることに批判的であった如是閑は、こうした「民族」観念の「流行」についても冷ややかな眼で眺めていた。むしろ、彼は「民族」観念の「不合理性」を指摘する。如是閑によれば、「民族的生活」は現代にあって最重要の生活と目されているが、実のところそれは明確な意識を欠いた「不合理」の生活である。「民族」という観念も「民族的生活」と同様に「不合理」な意識にすぎない。なぜなら、それは「他の民族の絶対的支配を受けない」という「民族自決」の原則を生み出すとともに、他方で「他の民族を支配する権利の淵源」として帝国主義支配を正当化するイデオロギーにもなるからである。如是閑に言わせれば、「民族の生活の絶対性を、無意識に固執」することでこうした矛盾を平気で生じているからことからも、「民族」観念の「不合理性」は明確であるという（「生活意識としての民族的精神の価値」『改造』一九二二年一月、八二頁。以下、「民族精神」と略記）。

そもそも「民族」観念とは、「一つの民族の社会的環境が生み出した共通の心理」、すなわち人間の「集団的心理」の一種であり、個々人が「同一社会的環境にあるが故に同一感情をもつに至り、さらにその同一感情が彼等を民族的に結び付」けたものである（「民族感情の心理とその社会的意義」『我等19』一九二三年十一月、四二六頁。以下、「感情」と略記。また、〈長谷川如是閑集〉に未収録の論稿のうち、雑誌『我等』に発表されたものは、法政大学大原社会問題研究所編『我等1〜40』法政大学出版局、一九八三―八四年から引用し、「一九：四二六」のように略記）。したがって、個人を超越した「民族的なるもの」という意識は存在しないし、人々を取り巻く「社会的環境」が変化すれば「民族」意識もそれに伴い常に変容してゆく相対的なものにすぎないのである。

しかも今日では、「民族的生活」を絶対視する「民族的精神」が資本主義と結びついて、列強各国による帝国主義の侵略を引き起こし、ついには世界大戦に至ったのである。その結果、特に経済生活において、「階級的意識」

に基づく「国際主義」が「民族的精神」に代わって有力になった。「資本主義的国際主義は、一方において資本家階級の世界的協同を惹起《じゃっき》さしめたと同時に他方において、無産階級の世界的一致を導き出したのである」（「感情」一九：四四九）。二つの「階級意識」の「世界的協同」の広がりを前にして、個人の集団生活の形式としての「民族的生活」は「個人的個体と同じく、社会的生活のうちにおいてのみ生存し得るという事実の承認」を迫られることになる。かくして、深刻な民族対立は緩和され、国家間関係は「各国家の個体的生存を尊重する個体国家の集団の生活」へと進展してゆくことになる。如是閑はこうした動向を「民族的生活の社会化」と呼び、「民族の絶対性」という旧来の「民族的精神」は今後存立しえなくなるだろうと結論づけたのである（「民族精神」九七—九九）。

このように、如是閑は「民族」観念の「不合理性」を指摘し、第一次大戦におけるドイツの敗戦で明らかなように、自他の区別に固執する「民族的精神」はもはや成り立ちえないと看破した。そして、「民族」の実際の生活は、偏狭な「民族的精神」を離れて他の様々な社会集団との交錯する方向、すなわち如是閑の説く「社会化」が進展してゆくと考えたのであった。同時期に発表した「一九二一年から二二年へ」（『我等』一九二二年一月）でも、如是閑は「国家生活」や「民族生活」の絶対性という観念を前提とした「Inter-State」あるいは「Inter-Nation の傾向に限られていた」旧来のインターナショナリズムが、第一次大戦を経て、「社会生活」における国家や民族の枠を超えた協調関係＝「Inter-social の精神」へと緩やかながらも転換してゆくだろうという見通しを述べている（④一六二）。

イデオロギーとしての「民族」

しかし、「民族」という意識は人間の本能に深く根差しており、「社会的環境」の変化に束縛されないほど強固な心理であるという批判もあろう。実際、同一民族であるという「興奮した感情そのものが絶対であり、それだけが民族的生活において実現されるべき人間的生存の真である」(「感情」一九：四二四)というような主張が、「民族自決」の名のもとで声高に叫ばれている。人々の日常生活、すなわち如是閑の重視する「生活事実」が自国中心の排他主義から相互協力を中心とする「社会化」の趨勢《すうせい》に向かっている一方で、「民族」意識を「先天的特性」として称揚し、「学問も思想も民族感情を傷つけるものは絶対に排斥すべき」というような「生活の気分に酔わされて、生活を忘れた」倒錯した考え方(「感情」一九：四四〇)が、民族独立運動の実際において、今なお大手を振ってまかり通っているのはなぜだろうか。

意識に優先する「生活事実」を重視する如是閑にとって、他の「生活意識」と同様、「民族」意識も「民族的生活」のあり方に規定されたものであった。商業中心の生活をしている「民族」であれば商業道徳に基づくものとなり、工業国、農業国でもそれぞれ工業や農業に関するものといった具合である。ところが、一般に「民族的」という場合、そうした具体的な生活を超越した一つの「精神」のように見なされている。しかも、商業や工業といった「民族」の生存のための「生活行動」において、「民族的」ということは別段意識されているわけでもない。「民族」という意識は、外敵の侵攻などの非常事態に遭遇して自己を防衛する必要が生じたときに強く感じられる、庶民にとって言わば「非常心理」でしかなかったのである(「所謂《いわゆる》民族的教養の崩壊」『我等』一九二四年一月、一〇：一九—二一。以下、「教養」と略記)。

しかし、征服行為によって国家を建設した支配階級にしてみれば、自らの軍事的な「生活行動」に基づく「正常」の心理と言える。彼らは生活資料の生産という「生活動作」はすべて被支配階級に委ねてしまったので、被支配階級が彼らに服従するか否かは死活問題となる。そこで、被支配階級＝「生産階級」の自発的な服従を喚起するために、彼らが支配階級を「あたかも自分達の肉親の親や子のように扶養せねばならぬ」と思い込ませるように「共同祖先」の信仰を編み出したのである。如是閑によれば、このような作為的な「共同祖先」信仰の延長線上に、

「民族」の一体性や絶対性を高唱する、いわゆる「民族」意識が形成されるという（「民族意識」〈社会経済体系〉第一三巻、日本評論社、一九二七年、八九―九三頁）。

阿部次郎に代表される大正リベラリストが、「民族」という観念に帝国主義批判の可能性を読み取ったのと対照的に、如是閑は国内の階級対立を隠蔽し、むしろ「社会化」の進展に対する阻害要因につながるとして「民族」という言葉に批判的であった。「民族自決」のスローガンのもと繰り広げられる国民国家形成の動きについても、如是閑は国内の階級分裂の現実を曖昧にし、国家権力の正当化につながる恐れがあるとして、常に判断を留保していた。彼にとって「民族」観念は、国民国家内部の階級対立を自明の前提とし、国家の支配服従関係を維持する階級意識として否定的に理解されたのであった。こうした如是閑の立場は、「民族」観念に好意的なリベラリストよりも、むしろ民族解放運動が国家内部の階級対立を隠蔽してしまうことに敏感であった社会主義者に近かったと言えよう。

山川均《ひとし》は「社会主義と民族闘争」（『解放』一九二二年一月）の中で、「民族」意識と「階級対立」の問題について論じている。「民族闘争と社会主義思潮」という特集に寄せたこの論稿で、山川は社会主義が「民族」の相違や「民族の特徴を抹殺する」と見なす皮相的な見方を「生硬な唯物論」として斥けている。むしろ、国内の階級対立が解消して「社会主義の世界」が到来すれば、個人が社会において個性を発揮して互いに「競争」するのと同様に「民族間の競争」が盛んになるという。ただ、それは民族間の社会的な「分業」という意味であり、資本主義国家に顕著に見られる「民族と民族とが喉笛に喰らいついたり、肉のかたまりを口から取り合」ったりするような「民族の敵対心」のことではない。こうした敵対心は社会主義が実現してもただちに消滅するわけではないが、「社会主義の世界組織」が続く間に、「民族」の違いを越えた「世界的共同生活」の「紐帯《ちゅう》」の発達とともに徐々に弱まってゆく。社会主義革命による「民族」意識の変容について、山川はロシアを例に次のように述べている。「労農ロシアはロマノフ家のロシアではないと同時に、精密にいえばロシア人のロシアですらもない。それは、第三インターナショナルに象徴される万国無産階級のロシアであるといわなければならぬ」（〈山川均全集〉4、勁草書房、一九六七年、所収、八四―八七頁）。

社会主義者の見解と同様に、如是閑も国家にまつわる権力服従関係を隠蔽する支配階級の「階級意識」として「民族」という観念に冷淡であった。二〇年代の「民族」を主題とした論稿では、「階級対立」の論理が前面に打ち出され、彼のナショナリティ論のもう一つの軸であった「文化接触」は後景に退いている。もとより、他者感覚を喪失した「民族的独自性」の尊重という旧来の「民族」意識を「民族的孤立に立脚した支配の形式」の産物として批判するなど（「教養」二〇：一七）、「文化接触」の論理は完全に放棄されているわけではない。だが、如是閑の思想がマルクス主義への傾斜を強めてゆくにつれ、異文化との接触や混淆を説く「文化接触」の視点は益々稀薄になってゆく。代わって、対立階級間を融和するための「作為的の生物学的感情の刺激」（「戦争の階級性と民族的昂奮」『改造』一九三一年十月）のように、国民国家内部の「階級対立」を問題とする視点がより明瞭になるのである。

如是閑のナショナリティ論に見られるこうした「階級対立」の論理を根底には、同一社会内部において、「庶民階級」（生産階級）と「支配階級」の間で「生活利害」が異なるという認識があった。彼に言わせれば、「民族」という観念は「具体的形態をもたない想像的観念」であり、異なる「生活利害」の相克に端を発する「階級対立」という人間の日常生活の実態、すなわち「生活事実」を隠蔽する「意識的作為の産物」でしかなかったのである（「民族意識」九九）。こうして、「民族的精神」の「不合理性」から出発したナショナリティ論の軌跡は、「階級対立」という「生活事実」の現実を媒介にして「民族」意識の否定にまで至ったのである。

3　歴史としての「生活事実」――「日本的性格」論の成立

ナショナリティ論の転回

雑誌『我等』を『批判』と改題する一九三〇年前後より、如是閑の思想と行動は次第にマルクス主義的な色彩を帯びてくることになる。一九三二年十月、共産党の肝煎りで「唯物論研究会」が創立されるが、如是閑はその創立総会の冒頭で発起人を代表して挨拶し、さらには議長まで務めたのである（翌年四月に退会）。そして翌十一月には、マルクス主義の論理と概念を縦横に駆使して、満州事変や五・一五事件に象徴される激動する政治情勢を分析した『日本ファシズム批判』を刊行する（ただちに発禁処分を受け、翌月伏字を増やした改訂版を出版）。

年が明けた一九三三年は、近代日本の思想史にとって大きな転換期として重要な意味を持つ年となった。二月二十日にプロレタリア作家の小林多喜二が特高警察の拷問によって虐殺された。六月七日には日本共産党の指導者であった佐野学と鍋山貞親《さだちか》が獄中より転向声明を出し、以降、声明に衝撃を受けた多くのマルクス主義者のなだれを打った「転向」が進行してゆくことになる。また、学問の自由に対する弾圧の帳《とばり》を開いた京大・滝川事件が起こったのもこの年である。

こうした「反動」の大きなうねりは、如是閑の言論活動にも深い影響を及ぼすことになった。『日本ファシズム批判』刊行からちょうど一年が経った三三年十一月、如是閑は共産党のシンパの嫌疑をかけられて中野署に召喚され、特高課の刑事による取り調べを受けた。その日のうちに帰宅が許されたものの、この事件は如是閑の思想に暗い影を落とすことになる。事件後に岩波茂雄に宛てた書簡（一九三三年十二月五日）で、彼は次のように記している。

「私は絶対合法主義のモットーたる『断じて法を犯さず、犯さば必らず刑をうけん』という原則の下に過去未来とも行動いたすものだと申しました」(⑧一五八)。そして翌年二月には、財政上の理由から批判活動の牙城であった雑誌『批判』の無期限休刊に踏み切るが、自身の検挙を含む言論弾圧の激化が遠因であったことは言うまでもなかろう。

一九三四年五月、『批判』を休刊して間もない如是閑は、論文「国民的性格としての日本精神」(『思想』一九三四年五月)を発表する。「日本精神」と銘打たれた特集に寄稿したこの文章において、彼は狂信的な「日本精神」論を念頭に置きつつ、むしろそれを裏返しにして日本人の「国民的性格」を描き出そうとしたのである。

如是閑は「文化接触」という観点から、「文化形態」は「純粋」性によってではなく、異なる文化との接触や混交によって発展してゆくとし、そうした接触や混淆をもとに自己の文化を形成してゆこうとする「一定の態度又は傾向」を「国民的性格」と規定する。実際、日本は古代より多くの学者や技術者を招聘したり、留学生を派遣したりと大陸との間の「文化的交通」を積極的にすることで独自の文化を築き上げていったのである。「日本精神」とは、日本人が異文化を「摂取」し「消化」するに際して発揮された「国民的性格」にほかならず、したがって「日本精神なるものの原始的形態」を客観的に定義することなどできないのである。「日本精神なるもの」の実体を探し出し、それを規範化しようとする発想は、むしろ古代中国の聖人国家の発想に近く、「現実的」「実際的」傾向という『古事記』から窺われる日本人の伝統的な「政治意識」からは大きくかけ離れている。いわゆる「日本精神」論の説法とは違って、「国民的性格としての日本精神」は万古不変のものではない。それどころか、如是閑に言わせれば、「政治形態の変遷に伴って、古代的の観念の変化が要求されるに至れば、それに応じて新たな内容をとるということも、日本精神の必然の態度である」(⑦五一)ということになる。文化の「純粋」性をことさら強調する排外主義、「日本精神なるもの」の規範化に血道を上げる観念主義、過去への回帰をただ説くばかりの復古主義——直接明示されていないものの、如是閑がこの論文において、狂信的な「日本精神」論に見られるこうした要素の批判を意図していることは明らかであろう。

とはいえ、一目で分かるように、如是閑のナショナリティ論は実に大きな変貌を遂げたと言ってよい。かつて顕著であった「階級対立」の視点や「民族」観念の「現実暴露」について、われわれはもはやその痕跡すら確認することができないだろう。彼のナショナリティ論の中心をなしていたイデオロギー批判は、独自の文化を産み出す態度や傾向としての「国民的性格」に取って代わられたのである。では、ナショナリティ論をめぐる如是閑のこうした転回について、われわれはどのように考えればよいのだろうか。

日本人の「実在主義」的傾向

平石直昭は如是閑のナショナリティをめぐる議論の変化を「転向」と位置づけ、その特質を「『階級性』から『国民性』への立場の移行」として捉えている。従来の階級意識論やマルクス主義的な存在被拘束性の理論が、政教社の保守的な有機的成長の議論を媒介にして「国民性」論へと移行したというわけである。その背景には、コミンテルンの左翼的な公式論と右翼的な「日本精神」論の双方とも日本の政治の現実を捉えられないという、現実政治に対する如是閑の認識の変化があったと平石は指摘している。

状況認識の変化に伴う現実に対する姿勢の転換と、国家批判から日本文化論へと言論活動の対象が変化したことを結びつけて論じた平石の見解はなるほど説得的であろう。如是閑のナショナリティ論の中心が「階級性」から「国民性」へと移行したという分析もその通りである。しかし、問題はそうしたナショナリティ論の変化＝「転向」という現象よりも、むしろどのような過程においてそれがなされたのかという点にある。平石はコミンテルン流の合法ファシズム論の放棄という、如是閑の政治論の転回に着目して検討している。確かにそうした側面も有力な要因であっただろう。だが、ナショナリティ論をめぐる如是閑の論調の変化には、政治論における現状認識の転換とともに、ナショナリティ論の根底にあった「生活事実」の意味内容の転換という内在的要因が深く関わっていたのである。

　抽象的な観念とは無縁に暮らす庶民の「平和的協同生活」への共感は、如是閑のナショナリティ論に通底する基本認識であった。彼が「国民性」や「民族」観念を規範化しようとする動きを鋭く批判し、また「日本精神なるもの」の規範化に対抗して「文化接触」という「生活事実」に基づく「国民的性格としての日本精神」を強調したのも、こうした認識が背景にあったことは言うまでもない。その点に限って言えば、しばしば語られる「転向」という評価は必ずしも当を得たものではないだろう。「生活事実」という立場からナショナリティの規範化に反対した基本認識は一貫しているのである。にもかかわらず、いやむしろ抽象的価値による「基礎づけ」を一貫して拒否したがゆえに、如是閑は自らの立論の根拠である「生活事実」について語るとき、ナショナリティの論理を導入せざるをえなくなるというディレンマに陥るのである。

　こうした問題を考える上で、如是閑が「転向」したと言われる以前の一九三二年に発表された「日本思想の実在主義的傾向」（『批判』一九三二年九月）はきわめて興味深い内容を示している。如是閑によれば、人間の思想の傾向には「観念的」と「実在的」の二つがあり、そのいずれを採るかは彼らの文化の性質によって決まる。それは固定的なものではなく文化の発展によって変化してゆくが、概して「社会の勃興期」には「実在的」傾向が勝り、社会が「停頓《ていとん》の過程」に差しかかると「観念的」傾向が顕著になる。というのも、新たな「社会組織」を建設しなければならない「社会の勃興期」には、「『精神的』作業ではなく、軍事、政治、経済、等々の『物質的』作業」が要求されるからである。「それ故に、一定の社会が興りつつある時には、人々の思惟の態度は必然に『実在的』である外はない」のである（⑦二一三）。こうした文明史的視点から現代の状況を捉えると、「ブルジョアジー」が資本主義の行き詰まりによって「観念主義」に陥るのに対し、彼らと対立して勃興期に入った「プロレタリアート」は「実在主義化」してゆくことが確認できるという。

もっとも、如是閑は「ブルジョアジー対プロレタリアート」というマルクス主義にお馴染みの階級意識論を展開しているわけではない。むしろここでの主題は、支配階級（ブルジョアジー）が説く「観念主義的」な日本人論と、「庶民階級」（プロレタリアート）の「実在主義的傾向」に基づく日本人の実際の生活を対置し、後者の特徴を「実在主義」として評価することであった。ここで言う「観念主義」とは、歴史の動きを軽視して、固定化した「観念」によって現状を維持しようとする立場である。一方、「実在主義」は「知覚の生活」を重視して歴史の変化を認識する態度である。「歴史は常に動いているものだが、その動きを頭の中だけで停止せしめんとするものが観念主義であり、その動きを客観的に認識するのが実在主義である」（⑦二六―二七）。

それでは、われわれ「日本人」の現実の生活＝「生活事実」において、「観念主義」と「実在主義」のどちらの傾向が勝っているのか。いわゆる「日本精神」論を念頭に置きつつ、如是閑は次のような判断を下している。「日本人が根本的にどうであるかというようなことは問題外として、古来日本人はいずれの傾向をより多く示したかというところになれば、われわれは反動主義者の主張とは正反対に、日本人は、観念主義的であるよりもむしろ実在主義的であったという事実を指摘するに少しも困難を感じないのである」（⑦二五）と。また、「観念主義」に立つ人々からは、日本人には宗教がないとか、高遠な哲学を生み出しえなかったということが日本人の欠点であるかのように語られるが、如是閑は「決して日本人のための悲観材料ではない」と述べる。彼に言わせれば、日本人が「東洋民族として、むしろ後れて近代文明に接しながら、他の東洋民族よりも早く近代化」することができたのは、宗教や哲学のような抽象的な観念をまったく生み出さないほどに「実在主義的」であったからである（⑦二七）。

如是閑は日本人の日常生活に見られる「実在主義」を高く評価し、そうした日本人の「実在主義的傾向」の検討へと向かってゆくが、そこで彼は自らの足場のゆらぎを感じて当惑したのではなかろうか。「生活事実」を重視する彼にとって、「生活」から切り離された思想や観念は「虚偽の規範」であり、批判の対象でこそあれ拠り所とはなりえない。さりとて、これまでのような「民族」観念のイデオロギー批判という方法では、日本人の「実在主義的傾向」の検討などとても不可能であろう。結局、如是閑が拠り所としたのは「日本人の実在主義」の歴史であった。彼は高らか宣言する。「日本人の実在主義は、その神話から始まっているのである」(⑦二八)と。そして具体的には、日本神話における創造神の欠如(⑦二八―三二)、神話に見られる古代の「実在主義」を「古神道」として再生して「近代国家観念の基礎」を用意した本居宣長《もとおりのりなが》の国学(⑦三二―三七)、庶民が生活感情を詠んだ歌が多く収められた『万葉集』の「実在主義」(⑦三七―三八)が、「日本人の実在主義」の歴史として考察されたのであった。

「生活事実」の歴史化

このように、如是閑は「生活事実」としての日本の歴史に関心を持つようになるのだが、その契機となったのは、「実在主義」の歴史でも取り上げられた本居宣長との「邂逅《かいこう》」であった。当人が語るところによれば、そもそも宣長に興味を持ったきっかけは、彼の学問的態度が西洋思想における「実証主義的態度」と相通ずるところがあったからだという(長谷川如是閑・村岡典嗣〔対談〕「本居宣長」『文藝』一九四二年七月)。その彼が初めて宣長について本格的に取り上げたのは、「自然主義者としての本居宣長」(『改造』一九三〇年三月)である。この論稿で、如是閑は「観念的生活」を終始否定して「感覚的生活の実践的の肯定」を説いた「自然主義者」として本居宣長を肯定的に捉えている。特に宣長が「自然状態」を強調して、それと対置する形で中国伝来の道徳観念の影響を深く受けた国家形態を鋭く批判した態度を、如是閑は「近代的」であるとして高く評価する。また、国家的支配に往々にして見られる「英雄」を否定する点にも共感を寄せている。「宣長の自然主義は、すべての優超を古代の群神に委ねて、決して人間を神化し、英雄化することを肯《がえ》んじなかつた。そこから彼は、人的、英雄的人格を疑った」(「自然主義者としての本居宣長」四六頁)。

如是閑の国学理解については別に検討する必要があろう。差し当たり、ここで確認すべきは、如是閑が本居宣長の「自然主義」として、「観念」に対する「現実」の優位、社会形態から遊離した「軍国的国家」への批判、国家的支配の基礎をなす「英雄的人格」の否定を見出している点である。かつて「民族的なもの」のイデオロギー批判で見られたこれらの要素が、ここでは宣長の「自然主義」として展開されているのである。そして宣長の「自然主義」を介して、如是閑は日本の歴史に現れた「自然主義」の諸相の探求へと向かうのである。先に検討した「日本思想の実在主義的傾向」や、「万葉集における自然主義」(『改造』一九三三年一月)はそうした彼の研究成果にほかならなかった。

如是閑のナショナリティ論の転回は、このような「日本人の実在主義」の歴史や本居宣長の「自然主義」への関心に見られる「生活事実」の歴史化を通じて、徐々になされていった。いわゆる「日本回帰」はその延長線上で現れた現象であったと言えよう。確かに、明治末期の「煩悶青年」の頃はもちろん、「生活事実」という概念を駆使して「文明批評家」として華々しく活躍している最中でさえ、如是閑は無力感や喪失感を懐き続けていた。如是閑にとって「日本回帰」とは、彼を捉えて離れなかった喪失感を克服する上でも、また自らが立脚する「生活事実」を問い直す上でも重要な転換点であった。ただ、ナショナリティ論の文脈にかぎれば、「日本回帰」の傾向は「転向」という急激的な形としてではなく、宣長との「邂逅」と契機としたむしろ緩やかな比較的連続したものとして現れてくるように思われる。いずれにせよ、一九三〇年代を境にして、如是閑の思想の中でイデオロギー批判から歴史的事実の弁証へと「生活事実」という概念の機能転換が行われたことは確かである。

かくして、如是閑の力説した「生活事実」は、連綿と続く庶民の日常生活という歴史と結びつけられて、具体性を獲得することに成功した。だが、その代償として、「生活事実」に依拠したナショナリティのイデオロギー批判という、当初の試みは頓挫を余儀なくされたのであった。

おわりに

以上、長谷川如是閑のナショナリティ論について、「文化接触」と「階級対立」という視点とその二つの要素を媒介する「生活事実」を中心に考察してきた。如是閑は当初、「生活事実」を引証基準にして、そこから遊離した空想的な観念としてナショナリティのイデオロギー批判を繰り広げた。しかし、一九三三年頃を境にして、如是閑のナショナリティ論は大きく転回してゆくことになった。それまで顕著であった「階級対立」の論理が後景に退き、代わって「国民的生活」というかつて批判的であった「国民性」の観点が前面に打ち出されるようになったのである。

こうしたナショナリティ論の転回には、如是閑の言論活動の根底にあった「生活事実」の意味内容の転換という思想内在的な要因が伏在していた。庶民の日常生活から乖離した「民族」意識の現実暴露においては、「生活事実」は具象的なものとして捉えられ、批判の引証基準としてきわめて有効に機能しえよう。だが、一度「生活事実」とは何かという問いを発すると、それは茫洋としてつかみどころのない「生活なるもの」となってしまう。こうした「生活なるもの」を理念や当為の高みから規範化することも可能であろう。しかし、「国家の形而上学」や「民族的なるもの」を「生活事実」から乖離した観念論として批判する如是閑にとって、「生活なるもの」の理念や当為による「基礎づけ」などとうてい認められるはずもなかった。では、「生活事実」として「生活なるもの」を語るには、一体何を根拠とすればよいのだろうか。如是閑が出した答えは、人々の「生活」の積み重ねとしての歴史であった。かくして、庶民の日常生活としての「生活事実」は、歴史を媒介することで「国民的性格」として理解されることになった。論文「日本的性格の再検討」（『改造』一九三五年六月）は、そうした歴史としての「生活事実」の探求に向けた第一歩にほかならなかった。如是閑によれば、「国民的性格」とは、「長い間の歴史と複雑な環境によって育て上げるもの」であり、個人の性格同様、「錯誤も重ね、失敗も経験し、幾多の試練を経て」次第に形成されてゆくものである。それはまた、人々の「歴史を左右し、環境に処する方法、態度において、性格的に、一定の傾向をもつに至るものである」と彼は述べている（⑦五八―五九）。

如是閑にとって、こうして描き出された日本人の「国民的性格」すなわち「日本的性格」は、「生活事実」を超越した先天的原理や当為命題のような「かくある理」として「拘泥《こうでい》すべきもの」ではなく、人々の日常生活の営みという「かくある」事実＝「生活事実」を通して「絶えず涵養さるべきもの」であった（前掲「日本的性格の再検討」⑦五七、『日本的性格』岩波新書、一九三八年、はしがき）。それゆえ、「生活事実」としての「固有の『日本的』なるものの性格は極度に『綜合的』のそれであって、論理でいえば機能的のそれであるが、決して演繹的のそれではない」（「文化交通の自由」『現代』一九四六年一月、⑦一八八）のである。このように、如是閑は「かくある理」という超越的価値を拒絶して、自らの思想の根底をなす「生活事実」という概念を、人々の日常生活によって歴史的に形成された「日本的性格」の上に漂着させたのであった。

如是閑は「生活事実」を超越した何物にも議論の根拠を置かず、当の「生活事実」そのものを規範とすることすら拒んだ。そして、「生活事実」の歴史化をテコにして、「民族」観念をめぐるイデオロギー批判から「日本的性格」の探求へと言論活動の中心を、ゆっくりと、しかし着実に移してゆくのである。

参考文献

織田健志「『国家の社会化』とその思想的意味――長谷川如是閑『現代国家批判』を中心に――」『同志社法学』第二九九号、二〇

○四年五月
——「共同性の探求——長谷川如是閑における「社会」概念の析出——」『同志社法学』第三二一号、二〇〇七年七月
長妻三佐雄「『日本的性格』前後の長谷川如是閑　その伝統観と『日本文化論』を中心に」『公共性のエートス』世界思想社、二〇〇二年所収
平石直昭「如是閑の『日本回帰』について」〈長谷川如是閑集〉第七巻、岩波書店、一九九〇年所収
山領健二「ある自由主義者のジャーナリスト　長谷川如是閑」『共同研究　転向　上』平凡社、一九五九年所収
米原謙「国体論と市民宗教のあいだ」『近代日本のアイデンティティと政治』ミネルヴァ書房、二〇〇二年所収
K. M. Doak, "Culture, Ethnicity, and the State in the Early Twentieth-Century Japan," in *Japan's Competing Modernities*, edited by Sharon A. Minichiello, Honolulu: University of Hawaii Press, 1998

第4章　津田左右吉

「国民思想」史研究とナショナリズム

はじめに

津田左右吉《そうきち》（一八七三―一九六一）の学問的営為は半世紀以上に及ぶが、それは一般に「津田史学」と称される。「津田史学」は日本と中国にまたがる思想史研究を主たる領域として、歴史学・歴史教育・文芸・言語・文化論にまで及ぶ膨大な成果を生み出した。とりわけ日本の「国民思想」史の構築は津田のライフワークであり、その作業を通じて国家と天皇の関係や、「国民思想」のありようやその将来について思索し続けた。

これまで、津田は記紀神話の作為性を暴露し、皇国史観と対決した先駆者として高く評価されてきた。そして、津田に関する研究もこの評価に従い、主に記紀研究の内容や、彼の天皇論およびその思想史的意味を中心に論じられてきた。しかし、津田には記紀研究とならび、主著とされる『文学に現はれたる我が国民思想の研究』（以下、『我が国民思想の研究』と略記）を中心に展開した日本思想通史の研究がある。記紀研究と『我が国民思想の研究』は

プロフィール

津田左右吉は近代日本を代表する歴史家、また思想史家の一人である。一八七三年十月三日、岐阜県加茂郡栃井村（現・美濃加茂市下米田町東栃井）の士族の家に生まれる。一八九一年東京専門学校（早稲田大学前身）政治科を卒業、富山県東本願寺別院付属教校・群馬県立中学校・千葉県立中学校などの教員を経て、一九〇七年、私的に師事していた学習院教授白鳥庫吉の招きで、満鉄東京支社の付属研究施設である満鮮地理歴史調査室に入社し、本格的な研究調査生活に入る。ここでの研究生活が学問形成に多大な影響をもたらし、一九一三年に、記紀の史実性を否定し、神代史が皇室の由来を説明するために創り出された政治的神話であるとする名著『神代史の新しい研究』を公刊した。そして一九一六年から一九二一年にかけて、日本史学史上初の本格的な日本思想史研究となる『文学に現はれたる我が国民思想の研究』（『貴族文学の時代』、『武士文学の時代』、『平民文学の時代』（上・中）の四巻からなっており、『平民文学の時代』（下）は未完のままに終わっている）を公刊。この間、一九一八年早稲田大学文学部の教授に着任、もっぱら中国哲学の講座を担当した。一九二七年刊行の『道家の思想とその展開』をはじめ、『左伝の思想史的研究』、『儒教の実践道徳』など中国古代思想史について数多く論文や著書などを執筆した。戦争中、一九四〇年日本上代史に関する一連の著作（『古事記および日本書紀の研究』、『神代史の研究』、『日本上代史研究』、『上代日本の社会及び思想』の四著）が皇室の尊厳を冒涜するものとして告訴され、国家権力による言論弾圧を受けた（いわゆる「津田事件」）。

敗戦後は学問の業績が改めて評価され、一九四七年日本学士院会員となり、一九四九年文化勲章を授けられた。オールド・リベラリストたちによる「同心会」グループが創刊した雑誌『心』を主な活動舞台にし、天皇制擁護の立場をとった。一九六一年十二月四日に死去、八十八歳。

津田の半世紀以上にわたる学問的営為は一般に「津田史学」と称されているが、彼の研究対象は歴史学をはじめ、思想史、民俗学、教育、文芸、言語など多岐にわたっている。それらは現在、全三五巻におよぶ〈津田左右吉全集〉としてまとめられ（岩波書店、一九八六―一九八九年、以下、〈津田全集〉と略す）、なかでも『文学に現はれたる我が国民思想の研究』が主著とされている。

ほぼ同時期に展開されており、その意味で両研究は同じ問題意識のもとで書かれたものとして、互いに密接に関連していると考えるべきである。『我が国民思想の研究』の中で、津田は日本の歴史を「貴族文学の時代」、「武士文学の時代」、「平民文学の時代」に区分し、文学作品を素材にそれぞれの時代を担った「国民」諸階層の思想像を「実生活」との関連から析出した。さらにその分析を踏まえ、井上哲次郎の国民道徳論などに代表される、明治国家体制を支える思想とは異なる人間関係のあり方や内面的な倫理規範、価値意識なども含む、来るべき将来の「国民思想」を構想しようとした。

この研究は従来高く評価され、特に「国民思想」史研究の中で展開されていた津田独自の日本思想文化論は日本思想史上の重要な遺産として位置づけられている。家永三郎にこれに日本思想史学の学問的体系を確立した先駆的な位置を与え、大正デモクラシー時代における代表的な学問研究の達成だと評価している（『津田左右吉の思想史的研究』岩波書店、一九七二年）。また、鹿野政直は国家権力を背景とした官学アカデミズムに対置される意味での在野「民間学」に焦点を合わせ、これが「国民」史観を樹立させたと言う（『近代日本の民間学』岩波書店、一九八三年）。したがって、津田の「国民思想」史研究は近代日本のナショナリズム論を考える際に避けて通れないものであると言えよう。

津田に関する先行研究においても、近年「津田史学」の本質としてのナショナリズムという問題が新たに浮上してきた。「グローバル化の時代」と呼ばれる現代において、ナショナリズム論が再考される中、津田においても彼の学問的営為を支えるナショナリズムが注目されるようになったのである。例えば、米谷匡史の「津田左右吉・和辻哲郎の天皇制――象徴天皇制論――」という論文がある（網野善彦ほか編『人類社会の中の天皇と王権』〈岩波講座天皇と王権を考える〉第一巻、岩波書店、二〇〇二年所収）。米谷は、津田が天皇を「国民の内部」へと埋め込み、「国民」と調和する存在として再定義しようとしたと論じる。そして津田の朝鮮・中国研究を「ナショナル日本文化」

を形成するための研究であり、植民地政策と連動するものであると位置づけている。

しかし、米谷の論文はもっぱら津田の天皇制に焦点を当てたものであるため、津田の朝鮮・中国研究の位置づけがやや短絡的で、肝心な「ナショナル日本文化」の中身やその価値意識についてまったく触れていない。そのほかに田尻祐一郎の「『国民』という思想――津田左右吉をめぐって――」（季刊『日本思想史』第六三号、二〇〇三年）もあるが、この論文も津田における「国民思想」の全体像やその特徴について十分に分析しているとは言いがたい。

津田の思想史研究の一つに焦点を当て、そこから「津田史学」全体を評価する米谷のような方法が採用される大きな原因として、「津田史学」の評価ばかりが先行し、その内容を全体的に理解、検討することも、またそのための主題設定も行われてこなかったことが挙げられる。そこで本章では、評価されながらも本格的な研究が行われなかった津田の思想史研究、とりわけその要である「国民思想」史研究を中心に、その方法論、全体像、またその価値意識を分析する。そしてそれらを踏まえ津田が考えた日本のアイデンティティ――「津田史学」におけるナショナリズム――を明らかにし、そのナショナリズム論の特質を検討したい。

そのために、まず明治国家体制下の「正統的」国体概念に対する津田の批判と、天皇制に関する彼独自の考えを取り上げる。次いで、津田による古代日本における思想・文化論を紹介し、国体観念に立脚した家族国家観、祖先崇拝論との違いを明らかにする。さらに中国の思想および文化の特徴との比較から、津田の主張する「国民」思想や文化の特質、そしてその思想史的な意味を考察する。最後に、津田思想の特質をより明らかにするため、丸山眞男とのスタンスの相違について若干の私見を述べ、本章を締め括りたい。

1 「国体論」批判

ナショナリズムにとって、国家および国民のアイデンティティは不可欠な構成要素である。津田は近代日本のアイデンティティをどのように捉えたのか。また彼の考えは時代との関係からにどのような特徴を持っているのか。まず、これらの問題について見ていきたい。

江戸末期、被植民地化に対する先鋭な危機感から後期水戸学によって「国体」概念がつくり出されて以降、日本のナショナリズムは国体概念を軸に展開されてきた。国体概念の特徴は、天皇を国家の核心に位置づけ、また天《あま》照大神《てらすおおみかみ》の子孫として神聖視したことにあった。こうした国体概念の理論的根拠となっていたのは言うまでもなく『古事記』と『日本書紀』である。よく知られているように、記紀の記述は本居宣長《もとおりのりなが》によって、政治的意図を持たない史実と解釈され、以降この記紀観は有力なものとなり、明治時代に入ると国家体制に正統性を与える国家神道の「神典」と見なされるようになった。津田は文献批判の方法から記紀を実証的に検討し、記紀の記述を「皇室の由来を説くために作られた物語」(「神代史の新しい研究」〈津田全集〉別巻第一、一四四頁)であると結論づけ、宣長説を否定し、間接的に記紀に基づいて尊皇思想や排他的・急進的なナショナリズムを唱える論者を批判した。彼は次のように論じている。

何よりも不思議なのは、宣長が古事記の神代の物語を文字どおりに事実と見なし、天照大神という実在の神(人)が太陽そのものであると説き、それを基礎として彼の中外本末説を築き上げたことである(「神代史の新しい研究」〈津田全集〉別巻第一、四〇八頁)。

宣長は、記紀の記述を根拠に日本は神国であると同時に世界の宗国、すなわち「本」・「正」であり、他の国は「末」・「邪」であると主張した。しかし、津田には宣長のこうした主張は「何よりも不思議」なこと、実証性の乏しい虚偽に見えた。津田によれば、宣長が唱える中外本末説は日本と「支那」とを対立させ、「支那」を夷《い》と見る華夷思想の変形にすぎない。また、たとえ神代史が事実であるとして、同じ神が造った世界に「何故に或る国境を設けその上に本末を区劃したか」について宣長は何らの解釈も与えていない（「平民文学の時代　中」〈津田全集〉別巻第五、三九二頁）。このように津田は宣長の主張の非論理性を指摘し、宣長が上代を無条件に賛美することは、「空疎な国自慢を徒《いたずら》に声高く叫んだにすぎない」と結論づける。津田は国学の極端なナショナリズムを否定するとともに、国学において儒教批判よりも自国尊尚、皇室至上主義に力が注がれたことは「惜しい」ことであると嘆いた（「平民文学の時代　中」〈津田全集〉別巻第五、四一四―四一五頁）。

津田は、一九三〇年代に声高く叫ばれた「日本精神」にも、醒めた態度で向き合った。津田は国体観念と結びついた様々な日本精神論は日本民族の特殊性、優秀性を強調し、日本の行動はすべて批判を超越するものと見なした。そして「危険なるジンゴイズムまたはショウビニズム」を展開する恐れがあると徹底的に批判した上で、次のように主張した。不変な「日本精神」というのは存在しない。日本精神の固有性は常に変転し、変わっていく。もちろん民族の精神を誇りに思い、美化することに意味がないわけではない。しかし、それはあくまで「詩的で芸術的な気分」である。「詩的で芸術的な気分」に基づいた民族精神を、歴史記述の形態を取って肯定し、合理化しようと恣意的な解釈を加えることは日本精神を「正しく導いてゆく所以《ゆえん》ではあるまい」（「日本精神について」〈津田全集〉第二一巻、一九三頁）。以上の主張から津田は排他的・偏狭的・好戦的ナショナリズムに常に批判的であるのは明白である。

ところで、津田の仕事は当時「正統的」とされた記紀の解釈や、それを根拠にした日本のナショナル・アイデンティティの否定に留まらない。彼はさらに日本のナショナル・アイデンティティを国体概念から切り離し、新たな視点から再構成しようとした。それが「国民思想」史研究である。しかし、津田による日本のナショナル・アイデンティティの再構成と「国民思想」史研究との関係については、これまでほとんど看過されてきたと言ってよい。以下、津田の「国民思想」史研究の方法論とその特質を見ていく。

2　日本思想・文化論――「国民思想」史の研究

「国民思想」の意味とその方法論

津田の言う「国民思想」とは何か。津田にとって「国民思想」とは、社会を構成する諸階層が歴史的に生活の中で生み出してきた、独自の生活情緒や考え方を意味する。そして将来の国民道徳を構想するときにも、「国民思想」という言葉が用いていられている。津田の言う「国民」は、近代的な国民概念ではない。津田が用いる「国民」とは日本列島に住む民族と同義であり、彼の「国民思想」史研究とは、日本国民が民族として共有してきた文化の特徴とその歴史的変遷を明らかにすることで、日本民族固有のアイデンティティを再定義し、それを踏まえてネーションとしての日本国民にふさわしい思想を構想しようとする試みなのである。

このような津田の「国民思想」史研究は、彼の「思想」についての独自の方法論によって展開された。「思想」とは一般に、思考の産物としての論理体系として、また実生活から離れたスコラ的な議論の対象として認識されてきた。しかし津田は思想をそういったものに限定せず、情意的なものを含む心的活動の全体を指すものとして広く規定している。こうした津田の思想概念、またその方法論に多大なる影響を与えたのは、ゲオルゲ・ブランデス（G.Brandes, 1842–1927）の『十九世紀文学主潮史』（*Main Currents in Nineteen Century Literature, 1812–90*）であった（李建華「津田思想史学における『実生活』の観念と『平民』像――『文学に現はれたる我が国民思想の研究』の形成過程を中心に――」『日本学研究』北京日本学研究センター、二〇〇二年）。

思想は「実生活」から生まれるものとして、津田は日本の「実生活」（風土、民族、生活習慣、またその上で成立した家族形態、社会組織、政治組織など）の特徴を捉えることで、そこから生まれた思想や文化の独自性を理解しようとした。さらに津田の思想史研究の方法論として注目すべき点は、彼が日本の思想や文化を、常に中国のそれとの比較において議論しているということである。ここには中国の文化および思想との差異を強調することによって、日本の思想および文化の独自性を浮かび上がらせようとする津田の企図が込められている。それでは、こうした方法論に基づき、津田が「正統的」国体論との対決を通じて展開した日本思想・文化論とはいかなるものであろうか。次にこの問題を検討していく。

古代日本文化像

津田の記紀研究は、記紀の記述にある種の作為性を見出したこと、すなわち記紀が古代日本の「国民思想」の純朴なる表明ではなく一つの政治的書物であることを初めて学問的に論証したものとして現在評価されている。しかしまた、津田の仕事およびその方法における画期性はすでに過去の偉業とされ、直接参照されることも少なくなった。神話研究の分野では、津田の神代研究について「単純な合理主義的解釈」（松前健『日本神話と古代生活』有精堂、一九七〇年）や、「厳しい文献批判によって政治的作為性を発見する一方、多くの民族・信仰に根ざす伝承までも作為として否定し、湯と共に赤子も流し去る危険をもっている」（岡田精司「記紀神話研究の現状と課題」『歴史学研究』一九六八年）など、その問題性が指摘されるようになった。さらに思想史研究の分野では、古代律令国家における支配層の政治目的による作為という視点からそのすべてを論じることには限界があるという指摘もある（守本順一

郎『日本思想史の課題と方法』新日本出版社、一九七四年、二四頁。また丸山眞男『丸山眞男講義録　第七冊』東京大学出版会、一九九八年、六二頁)。

しかし、同じく古代日本を扱っている『我が国民思想の研究』の「貴族文学の研究」との関係から考えると、津田の一連の記紀研究の企図がその政治性を明らかにすることに留まるものであるとは考えにくい。結論を言うと、津田の記紀研究には記紀の説話に民間伝承の要素を認め、そこに古代日本人の人生観や世界観を見出すという側面もあった。そして、記紀研究を含め他の日本文学を通じて古代日本人の思想・文化が具体的にいかなるものであったかを論じたのが『我が国民思想の研究』の「貴族文学の時代」であった。その内容は以下の通りである。

単一民族と皇室

まず、津田自身は日本国民および皇室の始原をどう捉えていたのであろうか。日本民族および日本国民の歴史とは、「公式には」一八七二年、明治政府によって制定された紀元前六六〇年の神武天皇即位の年が始まりであるとされる。しかし津田によれば、それは「学問的な見方ではない」。彼は日本国民の歴史が始まる前に、日本「民族としての長い歴史が無ければならない」と主張する(「日本上代史の研究」〈津田全集〉第三巻、三九五頁)。それは「何時からということが全《ま》るで判らなくなっているほど古い時代からの話であろう」(「貴族文学の時代」〈津田全集〉別巻第二、二五頁)。そして、統一の時点ではすでに単一民族となっていた。津田は日本民族が皇室のもとに政治的に統一され、日本国民となったのは四世紀初め頃であると考える。この政治的統一がいかなる動機から起こり、いかなる経過によって行われたかは「容易に解釈し難い史学上の問題」であるが、地方の小君主は概して「甚《はなは》だしき抵抗なしに服従し」、服従した小君主の多くは豪族として配下の土地と民衆をそのまま所有することができた。しばしば武力の行使を伴うこともあったであろうし、多少の反抗者もいたであろうが、統一後は「多くの豪族等は喜んで我が皇室に帰服していたので、皇室と諸氏族との間には親和な関係が成り立つようになった。だから皇室も威力を以て彼等《ら》を抑圧せられることが少なかった」〈「貴族文学の時代」〈津田全集〉別巻第一、三三―三四頁〉。

やや引用が長くなったが、この日本民族の政治的統一に関する津田の主張には、注目すべき点が三つある。一つは、国民の歴史以前に、民族の歴史があったという見方である。言うまでもなく、これは古代史＝建国史、日本の歴史はすなわち日本国民の歴史という当時の「正統」なる認識への否定である。二つ目は、それはあくまで平和裏に進行し、その中で皇室と豪族との間には親和関係が成立していったと津田が説いたことである。津田は武力の行使を伴ったケースや、皇室と豪族との間にある征服者と被征服者、統治者と被治者の権力関係がはらむ問題について直接触れることはなかった。それは同一民族であるがゆえに激しい対立や衝突が存在する余地などない、という彼の見解によるところが大きいだろう。彼は次のように述べる。

事実に於いて我が国民が人種を同じくし、言語を同じくし、風俗習慣を同じくし、また閲歴を同じくしている同一民族であるからであり、従って、皇室と一般氏族との間が親愛の情を以て維《つな》がれているからである〈「神代史の新しい研究」〈津田全集〉別巻第一、一二四頁〉。

つまり、必ずしも血縁関係にあるわけではない皇室と一般氏族が、氏姓制度によって強固に結びついていたのは、彼ら自身が同一民族であるがゆえに多くのものを共有していると思想的に信じられたからであると、津田は捉えている。

そして注目すべき三番目は、津田が皇室のその始原における必然性について、積極的に議論を展開していないことである。上述した津田の記述からは、皇室は小国を有する数多の豪族の中でも有力なものが、当時の政治的・経済的・軍事的力学の中で他の豪族から皇室として偶然承認された結果にすぎないというイメージが強い。しかし国家が統一されると、皇室は主に皇室と貴族豪族との親和性、親しい感情によって、その地位と権威を確立していったと津田は強調する。これは皇室と貴族、豪族との関係であるが、一般の民衆については国家統一前も後も生活に大きな変化はなかったと彼は断定する（「貴族文学の時代」〈津田全集〉別巻第二、三三五頁）。

こうした主張には重要な企図が込められていた。それはほかでもなく、井上哲次郎（一八五五—一九四四）の家族国家観に対する批判である。井上は明治国家体制を擁護する立場から、日本に古くから祖先崇拝の伝統があり、家族内において、「孝」つまり家長に対する服従が一番の美徳だと説いている。さらに彼は、記紀の記述を拠り所に、天皇は日本国民の宗家で、国を家の拡大だと捉え、家族国家観の観点から、天皇に対する「孝忠」を唱える。津田は記紀の中心思想とは、井上などが主張する「天皇は日本の宗家である」という思想では決してないと主張した。津田によると、皇室を宗家とする一大家族という考えは氏族が自らの祖先を皇室に近づけるため、「本来、皇室から出たよりむしろ諸家の方から生じた」（「日本古典の研究」〈津田全集〉第一巻、六六一頁）。さらに朝廷の側も国家統一を精神面から強固にするため、「おのずからこの思想を容認」したと、津田は考えた。そして長い時間を経て「宗家としての皇室」に「精神的権威がついて来る」ようになり（「日本古典の研究」〈津田全集〉第一巻、六六七頁）、皇室も諸氏族も自ら進んでその思想を受け入れるようになったと分析する。このように皇室は諸氏族の宗家であるという考えは史実ではなく思想上の虚構であること、しかもこの考えは「明治時代になって生じた」もので、「権力階級、治者階級に属する貴族や豪族のことであって、被治者階級たる一般民衆に毫も関係のない」（「日本上代史の研究」〈津田全集〉第三巻、二六五—二六六頁）と結論づけ、井上の家族国家論がまったく歴史的根拠のないことを示した。

以上のように、津田は記紀の史実性を否定し、それを拠り所にした国体論や井上の国民道徳論を批判した。それでは津田自身は古代日本の思想や文化、そして日本のアイデンティティをどのように認識していたのだろうか。

古代日本の独特の思想と文化

津田は「貴族文学の時代」で、古代日本人の美意識や自然観、人間関係の基礎となる感情や思想を中心に論を展開していた。それによると、古代日本の文化は中国からの多大なる影響下にあって中国文化を輸入、模倣することで発展した。中国文化の模倣はその帰結として、一種の知識主義的傾向を生み出し、文化と「実生活」の乖離をもたらした。

しかし津田によれば、中国文化が浸透していない「実生活」にこそ、日本固有の「国民思想」があった。古代日本人の「実生活」の特徴、それは何よりも「情を重んじる人間関係」であった。中国の人間関係は、儒教の「孝」の道徳を基礎に形成されていた。あらゆる領域において権威に基づく厳格な階層秩序が形成され、支配と服従の論理が貫徹していた。これに対して日本では家族は素朴で自然な愛情によって結びついていた。また政治においても治者と非治者――天皇と豪族貴族、豪族貴族と民衆――の間に親和の情が見られた。この時代の文化の担い手は貴族および一部の有力な豪族であったが、彼らは規律を整えるといった観念や、落ち着いた形式の美に対する感受性が乏しかった。例えば詩歌などは対句を好まず、音や語、句を重ねることが好まれた。また模様なども対称的なものは少なく、不規則なものが多かった。しかし、これこそが古代日本人の美意識であったと津田は論じる（津田の古代日本文化・思想論の詳細について、李建華「津田左右吉の古代日本思想論（平安初期まで）――中国古代思想研究との比較を手がかりに――」『人間環境学研究』第五巻第一号を参照）。

このように、津田は中国とは異なる日本独特の人生観、世界観、美意識、恋愛観、自然観、また道徳思想と政治思想を析出したのである。大局的に言えば、近代日本のナショナリズム論には西欧、また中国・朝鮮との差異を強調することによって、ナショナル・アイデンティティを確立しようとする潮流が強く存在していた（米原謙『近代日本のアイデンティティと政治』ミネルヴァ書房、二〇〇二年、二頁）。津田の場合、まさに日本と中国の差異を強調するという方法に基づいて、日本思想文化の独自性を浮かび上がらせたのであった。家永三郎や増淵龍夫は、津田が西洋文化に普遍性を見出していたのと対照的に中国文化には普遍性が見られないと捉え、中国文化に対する表面的な批判で終わり、反発と蔑視を持っていると指摘しているが（家永前掲書、二〇八―二一八頁。増淵龍夫「歴史意識と国際感覚――日本の近代史学史における中国と日本（Ⅰ）――」『人と思想　津田左右吉』三一書房、一九七四年所収）。しかしその最大の特徴は、決して中国に対する日本の優越性の強調ではない。日本固有の文化形成過程における中国文化からの影響を否定することで、中国発祥の思想である儒教的価値観を基礎に据えた同時代の支配的思想――家族道徳論、国民道徳論など――の正統性を否定することにあった。これは排他的な愛国主義に基づく日本優越論とは無縁なのである（津田の中国観について、李建華「津田左右吉の中国観」『政治経済史学』第四九二号を参照）。また、米谷匡史は、津田が「満鮮地理歴史調査室」に所属していたことから、津田の中国・朝鮮研究は日本との差異化研究であり、原敬《たかし》の「内地延長主義」と対立する後藤新平の植民政策と連動するものであると指摘しているが（米谷前掲論文）、そもそも原敬の「内地延長主義」は中国をその対象としておらず、したがって原と後藤の対立は朝鮮・台湾の植民政策に集中しているのである。ゆえに、こうした図式には問題が多いと言えよう。

津田が見出した古代日本文化、思想の特徴はおおむね以上のようなものである。同時に、これらは決して永遠不変なものではなく、時代に伴い「実生活」が変われば文化、思想の内容も変化すると津田は見ていた。次にその展開を一瞥しよう。

日本文化論の展開

平安中期以降、貴族に代わり武士が国民思想の担い手となった。津田は当時大きな影響を持っていた新渡戸《にとべ》稲造（一八六二―一九三三）や井上哲次郎の武士道論を批判し、それらとは異なる武士思想論を提示した。津田は「武士の思想」を、武士の「実生活」から明らかにしようとした。その「実生活」は主従関係と戦争への従事からなる。主従関係は基本的には恩賞と奉公の利益交換であった。さらに生産と戦闘の場に生きた武士は、旺盛な自立心や「事業欲」、名誉観、礼儀や義侠心など評価できる要素をいくつも持っていた。しかし、「武士の思想」はその根底に人間の生存欲を否定する要素を含んでいた。そのため、主従関係も安定的な社会秩序を形成することができないという限界を持っていると、津田は考えた。

津田によれば、武士思想の原型が平安時代末期に生まれ、戦国時代に成熟し、江戸時代に入り天下泰平の世になると発展の余地を失い、次第に頽廃していった。江戸時代以降、代わりに台頭してきたのが町人を中心とした平民であった。平民の生活は、主従関係など、武士の生活と類似した要素もあった。しかし、儒教的規範主義の排除や人間の情意の尊重など、武士の生活には見られない新たな要素も持っており、津田はそれらを積極的に評価した。しかし他方で、平民は相手によって対応・態度を変えるという武士の二重道徳・状況主義をそのまま継承した。このことは「平民の思想」が社会全体の道徳となる上で大きな問題となった。そして、幕末の「黒船」来航による西洋文明との劇的な出会いと、その後の近代化過程の中で、日本の「生活そのものが、その地盤である経済組織社会機構と共に、多く現代化せられ」た。そして思想や文化も西洋との交流を通じて「世界性」を備えるようになった（「シナ思想と日本」〈津田全集〉第二〇巻、三三〇頁）。

以上、津田のナショナル日本文化論を、時代を追いながら考察してきた。津田は国体概念およびそれに依拠した議論を否定し、さらに中国思想（儒教）の影響を知識の世界に限定することで彼独自の日本「国民思想」像を描き出した。言い換えると、津田は中国思想（儒教）という「他者」を否定的に評価することによって、日本「国民思想」の内実を明らかにした。明治後期には、「明治の青年」たちにより、政府が提示した「臣民」像と異なる「国民」像の模索が進められていた。例えば、徳富蘇峰《そほう》を中心に「平民主義」を唱えた民友社のグループ、三宅雪嶺《せつれい》、陸羯南《くがかつなん》ら国粋主義者はその代表であり、彼らの主張はそれぞれ性格を異にしながらも、近代的国民国家のあるべき道を示そうとした。津田は「国民思想」史を再構成し、明治国家体制を支える井上の国民道徳論などの思想のあり方とは異なる新しい将来の「国民思想」を構想しようとした。この仕事も根本的にこうした明治の「健康なナショナリズム」に基づいた国民論の延長に位置づけられるであろう。

おわりに

戦後、津田は改訂版『文学に現はれたる国民思想の研究』を出版した。しかし、初版と改訂版との違いなどから彼は戦後「変貌」したという主張も出てきた（家永三郎前掲書、第六編を参照）。こうした問題は、津田自身の問題関心の変化や歴史認識、そして同時代の歴史的環境との緊張関係などから統一的に把握すべきものであり、紙幅の関係上立ち入らない。ここでは、津田のナショナル・アイデンティティの特質を明確にするため、敗戦直後『世界』に掲載された津田の「建国の事情と万世一系の思想」と、戦後一躍にして有名になった啓蒙思想家の中心人物の丸山眞男（一九一四―一九六）の「超国家主義の論理と心理」とを比較し、天皇制をめぐる津田と丸山の立場の相違、津田と戦後的な価値観とのズレに触れ、本章を結びたい。

津田が「建国の事情と万世一系の思想」を発表したのは、『世界』編集長である吉野源三郎が、戦後『世界』の創刊決定を機に寄稿を依頼したからである。吉野は津田が「津田事件」で岩波茂雄とともに出版法違反に問われた経緯があっただけに、明治国家体制を厳しく批判した論考を津田に期待した。しかし、吉野の思惑とは異なり、津田は実証史学の立場から記紀を分析しながらも「国民の皇室」、「われらの天皇」に対する熱烈な愛情を吐露し、日本のナショナル・アイデンティティにおける天皇制の不可欠性を強調した。こうした津田の主張はもちろん、戦後になって突然変わったのではなく、終生の記紀研究や「国民思想」史研究を通じて形成されていったものである。さらに日本における民主主義は天皇制と両立可能であると主張し、またそのためにも「国民的結合の中心」や「国民的精神の生きた象徴」としての天皇の存在意義を強調、皇室存続の重要性を積極的に擁護した。津田にとって、「万世一系の皇室」は、長年の歴史の中で培われ、日本人が敬愛の対象としてきたものである。ゆえに新しい時代になっても、皇室は「国民の皇室」なのであり、国民は「われらの天皇」を愛さなければならない（「万世一系の皇室といふ観念の生じまた発達した歴史的事情」〈津田全集〉第三巻、四七三頁）。

終戦直後は天皇と天皇制が言論界で大きな争点となっていた。その中で、津田論文の翌月に、丸山の「超国家主義の論理と心理」が同じ『世界』に掲載された（この間の経緯は不詳。奥武則『論壇の戦後史』平凡社、二〇〇七年、七三―七四頁を参照）。丸山は戦前の日本の国家体制を支えてきたイデオロギーを超国家主義と捉えた。彼によれば、ヨーロッパの近代国家は真理や道徳について中立的な立場を取る「中性国家」だったのに対して、超国家主義国家日本では、国家主権が精神的権威と政治的権力を一元的に占有していた。その頂点に位置する天皇も決して自由ではなく、万世一系の皇統を承け、皇祖皇宗の遺訓によって統治する存在として位置づけられていた。こうした認識を踏まえ、丸山は日本人の自由な人格形成は天皇制によって大きく阻まれていると主張した。

その後、丸山は「論壇の寵児」となり、戦後思想の枠組みをつくっていくわけであるが、津田はオールド・リベラリストたちによる「同心会」グループが『世界』と別に創刊した雑誌『心』を舞台に活動するようになり、二人の主張の隔たりは大きくなっていった。特に戦争責任の問題、「近代化」の捉え方などにおいてよく現れている。

すなわち津田の見方では、日本は明治以来すでに近代化され、戦争は軍部や右翼の策謀から出た特異の事件であり、大正期に回帰すれば問題が解決できる。それに対し、丸山は戦争が近代日本社会全体の病理がもたらした結果であり、近代化とは単なる科学技術や政治制度の面を意味するのではなく、人間道徳の内面においても「近代化」しなければならないという観点から、社会構造と意識構造の分析と変革を唱えた。しかし、筆者は両者の間にあるのは断絶・対立だけではないと考える。本章で考察してきた津田の明治日本国家体制批判、二重道徳の議論は、丸山の「超国家主義の論理と心理」等の論考にも少なからぬ影響を与えていると考えられる。津田と丸山の議論における知的連続性という問題は、これまで十分に検討されてこなかった。それは津田の提起した問題の、戦後日本における有効性を検討することであり、また筆者の今後の課題でもある。

参考文献

〈津田左右吉全集〉全三五巻、岩波書店、一九八六—一九八九年
家永三郎『津田左右吉の思想史的研究』岩波書店、一九七二年
小熊英二『〈民主〉と〈愛国〉——戦後日本のナショナリズムと公共性——』新曜社、二〇〇二年
鹿野政直『近代日本の民間学』岩波書店、一九八三年
田尻祐一郎「『国民』という思想——津田左右吉をめぐって——」季刊『日本思想史』六三、二〇〇三年
丸山眞男『戦中と戦後の間』みすず書房、一九七六年
守本順一郎『日本思想史の課題と方法』新日本出版社、一九七四年
米谷匡史「津田左右吉・和辻哲郎の天皇制——象徴天皇制論」網野善彦ほか編『人類社会の中の天皇と王権』〈岩波講座天皇と王権を考える〉第一巻、岩波書店、二〇〇二年
米原謙『近代日本のアイデンティティと政治』ミネルヴァ書房、二〇〇二年
李建華「津田左右吉の古代日本思想論（平安初期まで）——中国古代思想研究との比較を手がかりに——」『人間環境学研究』第五巻第一号、二〇〇七年九月

第5章　尾崎秀実

「東亜協同体」論のゆくえ

はじめに

本章は、尾崎秀実《ほつみ》を中心に、昭和研究会メンバー蝋山《ろうやま》政道や東亜連盟論の提唱者石原莞爾《かんじ》の論説を比較し、東亜協同体論の歴史的意味を検討したものである。当時の中国にとって、最大の課題は抗日民族統一戦線であったが、その背景には民衆の下からのナショナリズムが存在した。これに対して、長期化する日中戦争の早期解決を図り、抗日民族統一戦線に対処するために日本側が考え出したものが「東亜新秩序」論であった。本章では「東亜新秩序」論の解釈をめぐって登場した東亜協同体論に対する中国での反応を探るとともに、尾崎の民族問題論に着目して、抗日統一戦線の形成、発展過程における尾崎の認識を辿り、彼の中国ナショナリズムへの理解の正確さとその意味について検討する。

1　日中戦争と「東亜新秩序」——問題の限定

どの戦争のストーリーも戦闘と和解工作を交えてつくられていくが、日中戦争の場合もその例外ではなかった。一九三八（昭和十三年）年十一月三日、近衛文麿《このえふみまろ》は、「東亜新秩序」声明を発表した。この歴史的な声明こそ、前年七月七日の盧溝橋《ろこうきょう》事件の勃発以来、南京陥落（一九三七年十二月十三日）、徐州作戦（一九三八年四月）、武漢作戦（一九三八年八月）など、日中両国の経済を窮乏化させ、限界を超え、泥沼化の様相を呈してきた日中戦争に歯止めをかけようとした窮余の策である。しかも、トラウトマン工作を頂点とする和平工作の失敗と、先に発表した「国民政府を対手とせず」の声明のもたらした予想外の展開に悩み、また軍部に対してコントロールを失いつつある近衛にとって、この「東亜新秩序」の声明は、八方塞がりの政局を打開する大きな期待を込めたものだった。

このとき、蔣介石《しょうかいせき》の率いる国民政府は、徐州作戦で南京を失い、武漢作戦で武漢三鎮を追われて、首都を次々と奥地に移動させながら抗戦を継続し、最後は重慶に立て籠もっていた。近衛の声明は「抗日容共政策を固執する限り、これが潰滅を見るまでは、帝国は断じて矛を収むることなし」（外務省編『日本外交年表並主要文書』下巻、四〇一頁）との固い武断的決意を明示する一方で、長期化する日中戦争の解決を究極の目標とした。ここで構想された新秩序は、日本、満州、中国からなり、政治的、経済的、文化的に協力し、東亜における国際正義を確立し、共産主義に対する共同防衛を完遂し、新たな地域文化を創ることを目指すものとされた。さらに、十二月二十二日には「日満支三国は東亜新秩序の建設を共同の目的として結合し、相互に善隣友好、共同防共、経済提携の実を挙げんとするものである」という第三次近衛声明が発表された（同上、四〇七頁）。

この両声明に前後して、「東亜新秩序」の解釈をめぐって、当時論壇に登場したのが「東亜協同体論」と呼ばれ

プロフィール

尾崎秀実（一九〇一—四四）は東京生まれで、新聞記者だった父が台湾総督府民政長官だった後藤新平に請われて台湾に赴任したので、生後まもなく台湾に渡った。一九一九（大正八）年、第一高等学校に入学し東京に移る。一九二二年、東京帝国大学に入学し、帝大新人会の講演会などに出席してマルクス主義の文献を読んだ。一九二六年、朝日新聞社に入社した後、一九二八年に上海に赴任し、アメリカの作家・ジャーナリストのアグネス・スメドレーと知り合い、スメドレーを介してソ連赤軍諜報員として派遣されたリヒャルト・ゾルゲと交流して情報提供するようになった。

尾崎は一九三二年初めに日本に帰任したが、新たにドイツの新聞特派員という資格で日本に派遣されたゾルゲと一九三四年に再会し、諜報活動に協力することになった。一九三六年十二月、西安事件に際して尾崎が執筆した「張学良クーデターの意義」は、事件の本質をいち早く洞察したものとして注目され、近衛内閣のブレーン集団である昭和研究会に参加し、中国問題の専門家として活躍するようになった。一九三八年には朝日新聞社を退社して近衛内閣の嘱託となり、近衛内閣総辞職後は、満鉄本社調査部嘱託として東京支社調査室に勤務した。一九四一年十月、ゾルゲの組織が摘発され一九四三年に東京地裁でゾルゲとともに死刑判決を受けた。上申書を提出したが、一九四四年に大審院で死刑判決が確定し、十一月七日のロシア革命記念日を期して絞首刑に処された。

中国ナショナリズムについて傑出した認識を持ち、帝国主義支配からのアジアの解放を日中両国の革命によって実現するという壮大な構想を持った稀有なジャーナリストだった。中国社会の全体的・動態的把握を試みて、「嵐（あらし）に立つ支那（シナ）」（一九三七年）、「現代支那論」（一九三九年）、「支那社会経済論」（一九四〇年）などによって独自の東亜協同体論を展開した。獄中から妻子に宛てた書簡を集録した『愛情はふる星のごとく』は、敗戦直後のベストセラーになったものの、東西冷戦などもあってゾルゲ事件の真相究明は遅れたが、〈尾崎秀実著作集〉（勁草書房、一九七七年）、『ゾルゲ事件』（みすず書房、一九六二—七一年）、『新編　愛情はふる星のごとく』（岩波書店、二〇〇三年）などの刊行により、尾崎の人間像やその歴史的位置づけも明らかにされつつある。

る様々な構想である。この日中戦争の解決を究極目的とする東亜協同体論は、一九三八年末から四〇年前半にかけて、一年余りという短い期間しか継続しなかった。しかも今日までの歴史的評価は、批判の対象として扱われるか内容の深刻さを無視する傾向がある。東亜協同体論が日本の大陸への侵略行為のイデオロギー的擬装であり、イデオロギー的美化にほかならなかったという批判が、日中両国の間にほぼ共通したものだと言えるだろう。また、東亜協同体論が結果的には現実の日本の政治を変えることができず、ついには「大東亜共栄圏」という幻想的思想に吸収されてしまうことから、「内外に対する自己欺瞞の表現」あるいは、「結局は、一部の良心的知識人にとっての知的玩具」とされてきた（橋川文三「東亜新秩序の神話」橋川文三・松本三之介編『近代日本政治思想史』Ⅱ、三五九、三六四頁）。さらに、日本外交の文化的側面を指摘する議論が多かったことから、「国際社会における日本の孤立化と表裏一体をなすもの」としているものもある。

確かに、東亜協同体論は、激変する日本の国内外の情勢にあって、わずか一年間ほどで消滅してしまい、「大東亜共栄圏」の構想に取って代わられてしまった。上記のような評価が一般的理解となったのはやむをえないであろう。しかし、東亜協同体論は、結果はともあれ、日中戦争期というかつて遭遇しなかった苦難の時代に、日本の知識人が戦争解決に向けて行った懸命な努力の表れである。政治的結果とは別に、その思想的意味を考察することの意義は大きい。

近年、米谷匡史は一連の研究で、東亜協同体論の思想的意義を「現代化」という世界史的課題との関連で位置づけ、尾崎秀実などの論者が、日中戦争という国家的危機を日本の国家体制変革の好期と捉えていたことを明らかにした（章末の参考文献の米谷匡史の論文を参照）。本章はこうした研究に刺激を受けつつ、尾崎秀実らの中国理解を当時の歴史的状況を踏まえて跡づけることを目的としている。また、特に尾崎のナショナリズム理解とその特徴に焦点を絞ることとする。米谷の分析は、戦時の「革新派」の面に力点を置いているが、筆者は尾崎の中国ナショナリズム理解こそが歴史的に大きな可能性を持っていたと考えるからである。

2　日中戦争と東亜新秩序をめぐる模索

日中戦争の勃発

第一次世界大戦後、当時駆け出しの貴族院議員だった近衛文麿は、ウィルソン的世界秩序への不満を次のように表現する。「……此連盟により最も多く利する者は英米両国にして他は正義人道の美名に誘われて仲間入りをしながら殆ど何の得る所なきのみならず益々経済的に萎縮すと云う如き場合に立至らんか、日本の立場よりしても正義人道の見地よりしても誠に忍ぶ可らざる事なり」（「英米本位の平和主義を排す」『日本及日本人』一九一八年十二月十五日）。つまり、日本の軍事的・経済的安全は、欧米列強への屈従によってのみ得られることになる。戦後の軍備の縮小と経済協力の約束とは、主として、英米がすでに世界の大半の経済的支配を確立し、他の諸国を、彼らの都合のよいように現状維持のままにさせるだけの話である。日本がその自給自足と独立維持のために必要とする膨張はこれにより抑えられてしまった。戦後のウィルソン的世界秩序は、世界平和についての英米のヴィジョンにすぎないい。それは日本の安全と経済的利害を守るものでもなければ、真に普遍的な道義でもない。一九一〇年代から三〇年代にわたって、日本の帝国主義は、国際金融・貿易・資源について英米に深く依存しながら、その存立と膨張を維持していた。一九二九年の世界大恐慌に際して、西洋列強が経済ブロックをつくり、日本商品に対して関税障壁を設けたのは、西洋に対する日本の劣弱な地位が現れた結果とも言えよう。

こうした中で、日本の軍部指導者は、自国の安全と経済的利益の防禦者としての役割から、ウィルソン的秩序の諸制限下での日本の依存性と無力性に苛立っていた。英米の定義に拘束されていないソ連の台頭がさらにそれを加速した。自国の生存のため、最後に英米と対決しなければならず、中国から資源と労働力を確保することが西洋と対抗するための不可欠の手段とも考えた。こうした考えによれば満州建国は、まさにワシントン体制を打破して、大日本帝国の存立・発展の保証を見出す画期的な事件だった。満州を日本の将来の大陸攻略の根拠地として、また対外戦争に備えるための資源の供給地として高く評価していたのが関東軍であり、陸軍中央である。以後、軍部は、日本帝国主義の危機の深まりの中で、統帥権の独立の運用と謀略の行使などによって主導権を握り、日本政府のウィルソン的秩序への参加を無視して、中国への軍事的拡大をし続けた。そして、ついに一九三三年初頭、ウィルソン的理想の制度的具現であった国際連盟から脱退する決定を下した。

一方、中国では、一九三五年十一月に、イギリスの支援を受けながら、国民政府の幣制改革が成功を収め、国内の経済的統一と経済建設とが急速に発展した。また、翌年夏には、華南の広東、広西を拠点に分立していた西南政権が国民政府に屈服し、政治的にも国内統一化が進められた。さらに、国内統一の最大のガンともなった国共内戦も、一九三六年十二月の西安事件によって解決の道が開かれた。

しかし、こうした中国の統一化の動きに対して、日本の軍部は否定的な見方を取っていた。まず、国内統一を図る国民政府の幣制改革に対して、陸軍は猛烈に反発した。イギリス支援のもとでの幣制改革は、アジアを圧迫・侵略してきた欧米諸国に依存して、それと結託し、また地方の利益を犠牲にして中央の一部の為政者や財閥の利益のみを図る行為だと見なされた。このような反発から、陸軍は華北の自治運動を強引に推進した。一九三五年末には傀儡政権（冀《き》東防共自治政府）を樹立し、冀察政務委員会を分立させ、密貿易などによって経済的統一を攪乱した。また、「分治合作」策で、「日満支」三国提携を図ろうとした。

こうした対策の背後には、陸軍の国民政府への強い不信感があったことは言うまでもないが、中国人に近代国家建設の能力が欠けているから、日本の治安維持のもとでの発展が中国人にとって幸福だという中国非国論の認識があった。しかし、分治工作によって、中国民衆の抗日ナショナリズムはより一層刺激され、国内内戦の停止と抗日を唱える共産党の影響力がかえって増大した。さらに、一九三六年十一月、日本軍が内蒙古分離を画策した綏遠《すいえん》事件の失敗によって、軍部の大陸進出が抗日民族戦線と正面から対峙するようになった。

盧溝橋事件が起こった後も、一時、講和の情勢があったにもかかわらず、結局、南京陥落の後には、華北・内蒙に防共特殊政府をつくり、非武装地帯を華中にも広げ、賠償と駐兵を国民政府に求めることとなった。そして、中国側の回答が遅れると、近衛内閣は「国民政府を対手とせず」の声明を出して、華北・華中を日本の経済ブロックへ組み込む態勢を取った。

しかし、徐州戦を経ても中国が屈服せず、徹底抗戦が続く状態となった。日本では、中国の抵抗に対応するため、対ソ予定兵力の転用も余儀なくされ、さらに、国内の輸出減少による経済危機も起こり、これ以上進攻作戦を行う余力も失った。そして結局、国民政府を相手とする和平工作が検討されるようになった。

「東亜新秩序」の構想

以上、述べてきたように、結局、日本の利益がウィルソン的理想、そして中国のナショナリズムと両立しない場合、日本は、自身の安全と、世界における地位の確保を実現するために、新たな世界秩序を探求せざるをえなくなる。こうして、自らを道徳的に防禦しうるような、新たな正当化の論理が必要となってくるのである。このような時代的課題を背負って現れたのが「東亜新秩序」論だった。

「東亜新秩序」を目指す構想として、東亜連盟論と東亜協同体論の二つが提起された。東亜連盟論は、満州国協和会関係者を中心に、関東軍の作戦参謀である石原莞爾の思想に基づいたものである。石原が初めて東亜連盟の語を使ったのは、一九三三年の六月だったと言われており、その理念は満州建国まで遡ることができる。しかし、日本国内で提唱されるようになったのは、日中戦争の勃発と関係がある。のちに東亜連盟協会のメンバーとなる神田孝一の論文「東西戦争理論の再吟味」が『外交時報』（第七八六号、一九三七年九月）に掲載されているのはその現れであろう。

周知のように、日中戦争不拡大の立場に立った石原は、中国民族運動の役割を重視して、それを自らの世界最終戦論に組み込もうとした。東亜連盟の指導原理は「王道主義」で、東亜新秩序は「八紘一宇の大使命」の遵奉による「昭和維新の顕現」とされた。具体的には、「西欧帝国主義体制の打破による東亜の解放」を目標に、「日満支」による「東亜新体制」を建設し、それによって「支那事変の根本的解決と我国の総力戦態勢の完備」を目指したものだった（宮崎正義『東亜連盟論』改造社、一九三八年、一〇頁）。

しかし、満州事変にすでに現れているように、覇道（軍事）で事を処理していたものが、王道に転換するはずがない。「王道」が覇道を実現するための単なる口実にすぎないことは、石原自身も意識していただろう。要するに、アメリカとの「世界最終戦」に備えるために、中国との戦争を終結させる必要があったのである。満州占領のイデオロギーから発展し延長したものが、「日支事変」で突然「自分達の態度を反省」するような形を呈したと、尾崎秀実が批判的に言及したのは当然だった（『東亜連盟』第一巻、東亜連盟刊行会、一九三九年、一三九頁）。

東亜連盟論に代表される日本の東亜新秩序論に対して、中国での反応を検討しておこう。主張された「新秩序」が中国の民衆を対象にしている以上、それがどのように受け止められたかが歴史的評価の根拠になるだろう。ここでは、当時の中国の最も代表的な新聞『申報』の論説を中心にその一端を明らかにしてみよう。

『申報』の反応

まず「和平論と継続抗戦」（『申報』一九三八年十月二十六日）という社評は、武漢作戦で撤退し、湖南に移って抗戦を継続しようとする蒋介石の抗戦姿勢を評価し、武漢戦後、講和調停をしようとする日本側と汪兆銘《おうちょうめい》の動きに対して否定的な態度を取っている。その論旨は以下のようなものである。もし、平和の道を探そうとするなら、まず「公道の基礎」を明確にすべきだろう。中国の領土から撤退しないかぎり、平和の実現が不可能というのがその「公道の基礎」である。

さらに「国策は決して動揺せず」（一九三八年十一月二日）という論説では、撤退が保障されなければ、中国も民族生存のために抗戦を放棄しないだろうと言い、それが盧溝橋事件以来の「国策」であり、広州や武漢の失陥によっても動揺するものではないと、抗戦姿勢を強調した。また、十一月五日の社評「近衛の謬論を闢《ひら》ける」では、近衛内閣は蒋介石と平和談判を望んでおらず、南京で作られた親日政権（汪政権）との講和を望んでいるが、それは中国に内乱を起こさせ、「華をもって華に制しよう」とする軍事的侵略に等しい政治的「陰謀」だと批判した。

『申報』はこの時期、南京でつくられた汪兆銘の親日政権を強く批判し、一九三八年の国慶節での「蒋介石の民衆に告げる書」（一九三八年十月十日）、「蒋介石の近衛声明反駁の記念演説」（一九三八年十二月二十六日）、共産党の国共合作継続や蒋介石擁護の論説を多数紹介している。そこでは、盧溝橋事件以後、国共両党が抗日救国のために強固な協力関係をつくっていたことを浮き彫りにしている。

近衛内閣の「東亜新秩序」の提出について、十二月十六日の社評「遠東秩序と欧州秩序」は「絵に描いた餅で飢えを凌ごう」とするようなもので、結局、名のみで実がないと批判した。また、東亜に秩序がないのではなく、秩序を破壊しようとする国があるから、東亜の問題は、秩序を樹立することで解決するのではなく、秩序を回復することが肝心なのだという。近衛声明の真の目的とは、東亜を独覇し、武力で中国の独立を破壊することである。つまり、新秩序においては「権力以日本為主宰、利益以日本為依帰」であるという。言い換えれば、権力は日本のものとなり、利益は日本に帰すものであるから、愚策にすぎないという（「近衛の謬論を闢ける」）。

「東亜新秩序」という構想の根本的欠陥は、以下の二点から説明されている。まず、近衛内閣は中国の抗戦戦略を理解していないこと。『申報』から見れば、この時期における日本軍の戦略は、武漢に最大の兵力を集め中国の主力軍に致命的な打撃を与える一方、その他の占領地で傀儡政権をつくることである。だが、この戦略を実現できるかどうかはきわめて疑問だという。例えば、陳造「中国抗戦の現勢」(一九三八年十月十日)は、武漢失陥後の中国の戦略を次のように説明している。武漢作戦の失敗により、中国主力軍は重大な損失を蒙ったが、兵力配置を変えれば、戦局は不利から有利に変えられないことはない。日本の殲滅戦略と比べ、中国は消耗戦の戦略を取っているから、武漢を中心として敵軍の主力を牽制し、抗戦の時間を稼ぐとともに、ゲリラ戦と人民武装を増大して、将来、敵に反攻するための条件を整えていくことができる。つまり、武漢を死守しなくてもいいから、ほかの多くの抗戦根拠地をつくっていくべきである。このように『申報』は、徐州や武漢作戦での撤退が、決して失敗ではなく、敵に「空城の計」を施したすばらしい戦いだと主張した(一九三八年十月二十七日の社評「抗戦新局勢の開始」)。

二点目の欠陥は、中国の抗日統一民族運動への認識が欠けていたことである。『申報』は「近衛の狂気を痛斥する」(一九三八年十二月二十五日)という記事で、『上海日報』のフランス語版の記事を引用しながら、数億の中国人の中で、近衛の提出した東亜新秩序を受容したがる人は数百人にも満たず、しかも中国人に蔑視される人ばかりだという。また、別の論説「中国士兵——作戦決心、日に増す」(一九三八年十二月十六日)で、東亜新秩序が提出されてから、中国の士兵たちの決意はかえって日増しに高まってきたという。さらに、ドイツの新聞評論を紹介し、「中国民気、依然として堅強」(一九三八年十二月二十四日)との記事も載せている。

以上、『申報』によって窺うことができるように、近衛の提唱した東亜新秩序論は、中国国民の強烈な反日民族感情の前では挫折すると見通されていた。近衛内閣がこのことを理解しえないかぎり、あれこれと謀略をめぐらせても事態はまずくなるだけだというのが、彼らの一貫した主張だった。これまでの軍部の露骨な侵略政策と違って、近衛は巧妙な「和平」論を打ち出し、「一張一弛」の姿勢で侵略の形跡を隠そうとした。しかし、武漢戦後、中国では強固な抗日戦線が形成されたばかりだけではなく、日本民衆の反ファシズム勢力も形成されつつあると、『中報』は日本における反ファシズム勢力への期待も表明している（一九三九年一月二日の社評「抗戦第二期の勝利形成」）。

3　東亜協同体論をめぐって

東亜協同体論と中国

このように、近衛内閣が提起した「東亜新秩序」は中国側から根本的な不信と反発を持って迎えられた。東亜協同体論の場合も、事情はそれほど違わない。ここで東亜協同体論を中国語で紹介した『東亜協同体論叢』（興建月刊社、一九四〇年）を検討しておこう。この本は、筆者の調べたかぎり、東亜協同体論に関して中国国家図書館に保存されている唯一の当時の単行本である。余立三「『東亜協同体』論叢」と董一介「『東亜協同体』の論争」という二篇の中国人の論文のほかに、日本人を著者とする二篇の論文（新明正道／凱洛訳「東亜協同体と民族問題」と谷口吉彦／耆言訳「東亜建設之理論観」）が載っている。ここでは、『東亜協同体論叢』に掲載された中国人の論文を取り上げてみよう。

「『東亜協同体』論叢」で余立三は、東亜協同体論に関する一〇〇篇の論文を雑誌、単行本に分けて列挙した上、日本の思想界で唱えられている東亜協同体論は、確立されたものではなく、立場によっては正反対の考え方があると述べている。一つは、東亜協同体論を中日結合の思想として捉える考え方で、もう一つは、東亜協同体論を「敗北主義」だとする考え方である。余にとって、現時点では、東亜協同体の思想体系の帰趨はどちらとも言えないが、世界的思想となるか敗北主義となるかは今後の状況次第である。東亜協同体として発展するためには、東亜協同体論の思想に害毒を及ぼす「西欧的な個人主義」から脱出しないと、東亜協同体論も現実離れとなりかねないと主張している。ここには、中国へのさらなる理解を求めるということではなく、日本をアジアの盟主とする対外観や日本主義の一方的な押しつけがあると考えて、憂慮している様子が窺える。

董一介は、「『東亜協同体』の論争」で、まず最も早く東亜協同体論に言及したジャーナリストの杉原正己について、その前提となる「国民協同体」の性格を問題にし、ナチス流の全体主義の色彩があると指摘し、杉原の理論に対し、理論上の不安を感じざるをえないとしている。おそらく彼は、ナチス流の全体主義を打ち出した杉原の主張に、中国のナショナリズムが否定されてしまうのではないかと心配しているのだろう。そして、その他の論者たちを、(A)文化史的立場（三木清・三枝博音）、(B)道義ないし政治的立場（蝋山政道、佐々弘雄、高田保馬）、(C)相互連環的立場（山崎靖純、平貞蔵、尾崎秀実）に分類し、以下のようなことを述べている。

(A)文化史的立場の特徴を、井伊亜夫《つぐお》の見解を借りて次のように言う。「日中戦争の解決という現実の問題に追随する潮流の中で、文化史的立場の人々の主張は、政治的、民族主義の色彩を帯びている」。三木清は、歴史哲学および文化史的観念から文化世界の性質を論じて、東亜協同体の理念を肯定し、三枝博音は論理学でその理念の基盤を固めようとしている。しかし、その理念は、はたして他の民族にも適用し、彼らの文化活動の指標になれるだろうかと、董は疑念を表明する。「東亜協同体の論理という一個の理念を何人にも異存なき一つの真理に変えようとするのなら、さらなる明確な解釈が必要だろう」と董は言う。

(B)ナチスの「血」と「土」の思想とは異なる「東洋的覚醒と東洋的統一」を主張する蝋山政道の論説に対しては、はたしてそれはナチス的な神話以上のものになれるのかと、遠慮がちに疑問を呈している。また佐々弘雄が、国民再組織の問題を重視していると指摘し、その国民再組織の形態の如何《いかん》を問う。「相通じる連帯融合心理」を持つだけで「民族的連帯」はなしえないのではないかと、董は述べている。

(C)董によれば、山崎靖純、平貞蔵、尾崎秀実の議論は経済的要素を重視し、「相互連環」を東亜協同体の基本形態としているという。そして、彼らは中国に長期間滞在したことがあり、中国に対してある程度の認識を持つ人々だと述べて、一定の評価をしている。さらに、中国民族の積極的協力がなければ真の協同体ではないと主張する尾崎の論説を高く評価しているが、民族問題だけではなく、資本主義と民族問題の関連性が最大の問題だと指摘している。そして、日本の権益を重視する経済ブロック論者の小島精一に対する尾崎の批判を取り上げ、東亜協同体論者と日本資本主義勢力との間に対抗関係があるという事実を示そうとしている。

こうして、東亜協同体論が一枚岩でないことは、董一介らによっても認識されていた。そして、東亜協同体を実現するには、日本の権益を重視する経済ブロック論などの日本の大陸政策の側面を清算しなければならない。すなわち日本が、関係諸民族の民族主義的要求をいかに満足させうるかが問題の核心であるが、この点で彼らは一様に懐疑的だったと言える。

蝋山政道の東亜協同体論

ここで、尾崎の東亜協同体論の検討に入る前に、まず蝋山政道の議論を簡単に見ておきたい。蝋山は地域主義を議論の根底に据えることによって、中国のナショナリズムを沈静化させることを目指した。尾崎が中国民衆のナショナリズムをバネにして、日本と世界の変革を構想したのとは対照的な考えである。

蝋山が東亜協同体論の構想の必要性を感じるに至ったのは、満州事変と欧州情勢の急展開を背景にしていた。満州事変によって、国際連盟と真正面から対立するに至った日本の将来について、蝋山は次のように言う。連盟脱退後に、日本が「独自の国際平和政策」を樹立できなければ、「世界戦争は何時勃発するやも知れない状態」になり、日本は「大破局に当面しなければならぬ危険性がある」(「連盟脱退と今後の国際外交」『世界の変局と日本の世界政策』

巌松書店、一九三八年、三七頁)。不幸にも、蝋山の予感は的中することになったが、彼の東亜協同体論はまさしくこのような破局を防ぐために構想されたものだった。

蝋山の主張を見てみよう。蝋山の理論は、一言で言えば、「地域的運命共同体説」あるいは「地域主義」である。つまり、日本の「大陸的発展」の原理を、帝国主義ではなく、防衛または開発のための「地域主義」と見るのである(「東亜協同体の理論」『東亜と世界』改造社、一九四一年、一七頁)。そして、この「地域主義」こそが、東洋を統一へと導く「内在的原理」であるとしている。

では、日中両国の争点となっていた満州の問題はどうか。蝋山はすでに『日満関係の研究』(一九三三年)で、満州問題は囲碁の「劫《ごう》」のようなものだと述べている。表面上は一つの石を争っているにすぎないが、実は全体の死命を決するもので、容易に譲ることができず、他の局面で新たな手を打って局面を打開するしかないという意味だろう。その新たな手とは、満州における日本の特殊的地位を、国際連盟やワシントン体制の枠組みではなく、「世界的普遍的な秩序原理」、つまり東亜新秩序を持ち出すことで正当化しようとしたものである。蝋山は、「国際連盟」という枠組みさえ取り除かれれば、「日満支提携」による東亜新秩序の構想が満州で容易に浸透すると考えた。

ここで蝋山は、満州における日本の軍事的侵略を既成事実として立論している。また、満州問題と中国本土を分離して考えていたから、中国の国権回復のナショナリズムと衝突する可能性があったが、彼はこうした問題を既成事実に合致させようとした。蝋山は、満州について次のように言う。「同じ中国民族の居所地域である中国本土と満州とを、異なった政治組織で引離すことは不自然であるし、しかも、それを中国人に納得させるには、実質的に効果ある『相互利益』の方法をもちいなければならない」(「満州時局に対する観察」『新天地』一九三二年一月、二一―二二頁)。

つまり、蝋山は中国本土と満州の政治的分離の不自然さを認識しながら、結局、国防の観点から、中国本土から満州分離策を取らざるをえなかったのである。蝋山にとって、日本の大陸進出（満州建国）は、「西欧の資本主義の支配する世界秩序の混乱から自己を防衛し、自ら発展を保障せんとする」ものである。それは、「日本の大陸発展の内在的原理」であり、「帝国主義ではなく、防衛又は開発の為め」だと理解された（「東亜協同体と帝国主義」『東亜と世界』一八八頁）。

このように、蝋山は中国のナショナリズムを日本側からしか認識しない。それによれば、国民政府の中国は西欧ナショナリズムを誤解し、それを「平和と建設の究極原理」、「統一」と「進歩」の原理として受け取り、革命に突進して、ついには西欧帝国主義の援助のもとで日本と衝突してしまった（「東亜協同体の理論」『東亜と世界』）。それが日中戦争で、ここに日中関係の悲劇性があり、日本の「大陸的経営」も中国側には単に「帝国主義的領土的企図」として誤解されてしまった。こうして、この「誤れる」中国のナショナリズムを超克するのが、「地域主義」の帯びた使命であると、蝋山は論理化したのだった（「事変処理と大陸経営の要諦」『東亜と世界』）。

中国の「誤れる」ナショナリズムの克服は、ほとんどの東亜協同体論者に見られる特色である。蝋山の場合は、中国ナショナリズムを「隣邦日本との提携を拒否して、独自に国民国家たらんとし、反って連蘇容共の政策、西欧帝国主義国家への求援の余儀なきに至り、東洋の秩序を撹乱してしまった」と捉えている（「事変処理と大陸経営の要諦」『東亜と世界』一一二頁）。言うまでもなく、これは中国のナショナリズムへの無理解であり、その背景には、中国が独自に国民国家を形成するのは不可能だとの認識がある。以上のように、日本の大陸進出は、西欧からの自己防衛の必要から当然視され、それに対抗して出現した中国ナショナリズムは世界の状況に対する無理解として否定されるのである。

4　日中戦争と尾崎秀実

蝋山の東亜協同体論は、日本の国家的必要のために中国ナショナリズムをねじ伏せようとして構想されたものだった。蝋山と同じく中国ナショナリズムを論理的前提にしながら、そのナショナリズムと調和しうる協同体の構想を展開したのが尾崎秀実だった。

尾崎は、一九三七年から昭和研究会の「支那問題研究会」の座長として、また近衛内閣の嘱託として活躍した。尾崎がはたして東亜協同体論者の一人に数えられるべきかどうかについては、異論を唱える論者もある（高橋久志「『東亜協同体』——蝋山政道、尾崎秀実、加田哲二の場合——」を参照）。いずれにせよ、数多くの東亜協同体論論者の中で、尾崎は特異な存在として注目されていた。ここでは、民族問題を中心に検討する。上述のように、長期化する日中戦争の早期解決を図るため、換言すれば、抗日民族統一戦線に対処するために、日本側が考え出したものが東亜協同体論であり、その根本には中国のナショナリズムとどのように対峙するかという問題が存在したからである。

尾崎がジャーナリズムの注目を浴びることになったのは、一九三六年に起こった西安事件についての論説がきっかけだった。西安事件は、満州の軍閥張学良が西安で蔣介石を監禁して、「逼蔣抗日」（蔣介石を共産党との内戦から抗日に転換させる）を要求したものである。尾崎は事件が伝えられた日に執筆した「張学良クーデターの意義」で、一方で、張学良のクーデタは「ルンペン軍閥」の「乾坤一擲《けんこんいってき》」にすぎず、南京政権を打ち倒すことは不可能なことだと主張しながら、他方で、張学良をそこまで追い詰めたのは中国民衆の抗日意識の高揚にほかならないと述べた。つまり張学良の行為を単なる軍閥のヘゲモニー争いではなく、中国民衆のナショナリズムの観点から捉えたのである。

一九三〇年代半ば以降における中国の政治過程はきわめて複雑な道程であった。一方での蔣介石政権による「経済建設」を基礎とした「国家的統一」、他方での民族的危機の激化を基礎にした「抗日的民族統一」という二つの大きな流れがあった。尾崎は「張学良クーデターの意義」で、それを的確に把握した。さらに、前者と後者の複雑な絡み合いの中で、「抗日民族統一戦線」の形成過程が段階づけられ、尾崎は国民党が容共に傾斜する必然性も洞察していた。

西安事件後、日本国内では、国民政府の基礎が強固であることを称揚する評論家の数が急速に増加した。尾崎の整理によれば、当時の中国認識には二つの対立した見解があった。第一の見解は中国停滞論であり、第二の見解は中国が近代化の道を「まっしぐらに」進みつつあり、国民党によって統一されると期待するものだった（「西安事件以後の新情勢」〈著作集〉第一巻、一四六頁、以下「〈著作集〉①一四六」のように略記）。西安事件が平和的に解決されたことによって、後者の見解の正しさが証明されたと考えられたのである。

こうした状況の変化は、日本の対中外交政策の見直しの機運を呼び起こすことなった。矢内原忠雄の「支那問題の所在」は、この見解の理論づけを行った論文である。この論文で、矢内原は、中国が分裂と半植民地化の状態から脱却して統一と脱植民地へ向かっており、その原動力は浙江財閥を中心とした中国資本主義の発達で、それに支えられた国民政府が中国の近代国家建設の担い手であると主張した。そして、中国の民族国家的統一を「認識」し、「是認」し、「援助」する政策こそが、中国、日本、そして東洋の平和を助けることになるとして、日本の対中国政策の転換を呼びかけた。矢内原は、「経済的資本的の範囲及び方法」さえ自制すれば、中国のナショナリズムと衝突せずに「妥協親善」関係を築くことが可能だと考えたのである。

この論文が火つけ役となって、中国再認識論、日中経済提携論などが盛んに議論された（米谷匡史「戦時期日本の社会思想」を参照）。この矢内原の見解が「日本における支那論壇の主潮」となりつつあったとき、矢内原を批判したのが尾崎である（以下では尾崎の論文「日支経済提携批判」を参照）。尾崎は、矢内原の「日支経済提携論」の持っている大陸政策に対する批判の側面を評価しつつも、他方では、それは「日本資本主義の要求する対支経済政策」であると批判し、「日本側の利益を主として立てられた方式」としての限界を指摘する。尾崎の言う日本側の利益とは、「日満支経済ブロック」化への手段としての経済提携論にほかならない。したがって日本側の利益である華北地域との密接な諸関係が、この「日支経済提携」によって保証されないかぎり、言い換えれば、「経済的・資本的方法」が行き詰まれば、「本来的な大陸政策の方法」が発動することになると、尾崎は批判する。要するに、矢内原の「日支経済提携論」は、華北における日本の「政治的＝軍事的」圧力の問題を解決することが前提となっている。尾崎は、この前提が容易なことではないと考えた。

興味深いことに、日中経済提携論に対する尾崎の以上のような批判は、中国側の批判と軌を一にしている。この時期の『東方雑誌』（第三四巻第一号、一九三七年一月一日）では、「中日問題」という特集コーナーが設けられ、四六名に及ぶ論者たちが日中経済提携や日中親善について議論をしている。彼らの共通した視点は、満州国を含めた華北（東北四省）を返還させ、駐在する軍隊を撤退させることが日中親善提携の先決条件であって、それが実現できなければ、日中提携の可能性はほとんどないということである。尾崎と中国の論者とのこのような暗合は、尾崎が中国ナショナリズムの基本的要求をよく理解していたことを示している。

ところで、尾崎は「日支経済提携論」を説く論者を批判して、余りに多く国民政府との関係ばかりを見ていると批判する。つまり、労農大衆に支えられた自主的な統一化・脱植民地化への動向、すなわち、中国ナショナリズムの動向を軽視しすぎているというのである。「問題は民衆自体の考え方にある、この点を無視して国民政府だけをひっぱりつけようとすれば、国民政府はその擬装の国民的性質を失って民衆から棄て去られるばかりである」（「日支親善ということ」〈著作集〉③二九五）。この言葉は、国民政府の動向を、中国民衆の下からのナショナリズムから読み取ろうとする尾崎の特色がよく出ている。

民衆のナショナリズムの動向を注視していた尾崎にとって、抗日人民戦線運動が単に共産党や少数の進歩的インテリゲンチアの運動にすぎないなら、大して問題ではなかった。中国の人民戦線運動は、知識層にかぎらない広い層を包含した民族運動であるというところに、日本にとって重大な意味があると、尾崎は強調する（「支那に於ける国際関係の新局面」〈著作集〉①三二）。このことを、尾崎は以下のように表現している。「国民党政権がこの巨大な民族運動の波頭に乗ってはいるものの、決して自らこの波を指導し、コントロールする力の無いこと」が問題である。「最近発展しつつある事態はまかり間違えば国民党政権をこの波頭からたたき落とす危険性をもっている」（「西安事件以後の新情勢」〈著作集〉①一四七）。つまり、民族運動の方向と国民党政権との立場とは、必ずしも一致していないことを、尾崎は認識していた。こうして、尾崎は、国民党政権による国家的統一と抗日民族運動による民族的統一を区別し、後者の勢力が無視できない存在だと把握した。だからこそ彼は、その後の中国政治の発展過程を展望しえたのである。

泥沼化する日中戦争と尾崎の論説

盧溝橋事件の段階において、尾崎は、日本の華北地域に対する一九三一年以来の政治的併合の過程を振り返って、以下のように語っている。「最も我々が重視するところは全支問題の意味が単に全支の統一政権たる国民政府の問題であるという意味でなく、全支那民族を相手にして居るのであるという事実である」（「北支問題の新段階」〈著作集〉②六五）。国共両党が、この「民族戦線」の内部で深い対立を持ちながらも「国家的統一」を促進しつつあると、尾崎は判断した。したがって、尾崎の認識からすれば、日本による対中国戦争の全面化は、中国の「民族戦線の全面的抗日戦との衝突」を意味するのも当然であった。

盧溝橋事件が起こると、尾崎は、「必ずやそれは世界史的意義を持つ事件としてやがて我々の眼前に展開され来るであろう」と予言した〈著作集〉②六〇）。日中の対立が、従来のような局地的解決方法では解決しえない段階に到達したと、尾崎は断定したのである。そして、国民政府の軍事力は取るに足りないとしても、「支那の民族戦線の全面的抗日戦との衝突は遥かに重大な意義を持っている」と警告している〈著作集〉②六五）。この発言は、逮捕後の尋問調書での記述によれば、第二次世界大戦の勃発を予期したものだったという（「検事尋問調書」『ゾルゲ事件』2、二〇二頁）。尾崎はこの文章に、深い洞察と決意を込めていたのである。

しかし、表面上の戦局の推移は尾崎の認識とは背反した。日中戦争開始後三カ月も経たないうちに、上海戦で日本が勝利した。尾崎の論文「敗北支那の進路」（十月二十九日）は、当時日本の多くの論者が、中国はやがて軍事的、経済的抵抗力を喪失するとともに内部的分裂も引き起こして屈服するだろうと観測していると指摘し、こうした認識は誤っていると唱えている〈著作集〉②八〇以下）。尾崎から見れば、「高度の資本主義機構」を持った日本と、「半封建的、半植民地的社会」の中国との間に甚《はなは》だしい力の差があるが、戦争の進行とともに、中国のナショナリズム運動が益々強固となっていくのは必然だった。たとえ上海が完全に日本の手に落ちたとしても、必ずしもこれによって、南京政府が崩壊するとか、中国側が降伏するとかということはないと、尾崎は断言する。そして、中国の「抗日的敵慨心」と「統一を守ろうとする国家意識」が意外にも根強いものとして表れていると、表面上の現象とは異なる側面に注意を喚起している（「日支事変　展開を予定する停滞」〈著作集〉⑤二七二）。

この時期に、尾崎は毛沢東が外人記者に与えたインタビューの内容も紹介している（「時局と対支認識」〈著作集〉⑤七二）。地主の土地没収を停止することを約束し、国民党との対立を取り除こうとする共産党の路線の変化から、抗戦によって統一への意識が高まっていることを、暗に示唆したのである。

一九三七年末頃、日中戦争は日増しに長期戦の様相を濃くしていた。そして、当初は不拡大・局地解決を模索していた近衛内閣も、ついに容共・抗日路線を取る国民政府に対して「膺懲《ようちょう》」すると主張するに至った。南京占領後にも、国民政府が屈服しないことが明らかとなると、蒋介石の国民政府を、中国を代表する統一政権として認めないとする意味の「国民政府を対手とせず」（一九三八年一月十六日）の声明を出した。そして、この声明と前後して、北京には中華民国臨時政府（一九三七年十二月）、南京には中華民国維新政府（一九三八年三月）が樹立され、占領下の傀儡政権による中国分断政策が進められた。

尾崎は、戦局の推移と、日本による中華民国臨時政府の擁立などが、長期戦への移行を余儀なくさせていることを明確に指摘している。「真に興味ある問題は、蒋介石の行方ではなくして、支那の民族戦線の行方」だと、尾崎は強調する（「抗日支那の行方」〈著作集〉⑤一五七―一五八）。要するに、国民政府の態度はこの「民族戦線」の従属変数にすぎないというのだ。この時期すでに、尾崎は、中国は「赤化」の方向へ進むと推論していた（「支那は果して赤化するか」〈著作集〉①一九四―一九七）。その根拠は、以下のような洞察に基づいている。戦争の帰趨は、中国における抗日戦争への民衆動員に関わっている。広汎な労農大衆を動員するには、帝国主義下の半封建性・半植民地性から脱却しようとする彼らの要求に応えていかなければならない。そして、それは次第に脱植民地化に向けられ、それとともに中国の社会変革＝社会主義化も促進され、中国共産党の勢力基盤が益々強化・拡大していく。一方、浙江財閥は没落し、国民政府が南京から重慶へと移転し、重要な勢力基盤を喪失する（「長期抗戦の行方」〈著作集〉②九四―一〇二）。その結果、蒋介石は、「統一戦線の指導者の地位を棄てて下野する」こともありうると予測する（「蒋介石はどこへ行く」〈著作集〉②二〇二）。

日本軍の南京占領後、尾崎は、中国が戦争によって全体としての力を弱められ、国家的な抵抗を弱めつつあることを一応認めた上で、以下のように論ずる。歴史の長い眼から見れば、中国の「民族的凝集力」は飛躍的な前進を遂げており、長期抵抗の可能性を決定するものは結局「民族的結合力」の問題だから、中国は容易に屈服することはない（「長期抗戦の行方」〈著作集〉②九八―九九）。しかし、中国との抗争の本質が「民族闘争」であるという事実を、日本側は決して正確に認識していないと、尾崎は考えた（「支那事変第三期」〈著作集〉②一一五）。尾崎によると、日本で指導的立場にある四五―五五歳の年齢層は、日本資本主義の上昇期に生きてきた時代の人々で、対外認識が常に「強気」で、中国を日本の「発展対象」としか見ていない。だから中国民族の結合力にほとんど「何等の顧慮」も払わない。したがって、現在の一元的大陸政策遂行機関をつくり出した「国内機構全般にわたる急速な編成替え」が必要だと、尾崎は主張する。こうした認識は、彼が内閣嘱託として関与していた新体制運動を念頭に置いたものだろう。

尾崎が「国内機構全般」の「編成替え」を明確に表明するようになったのは、一九三八年の徐州戦（四―五月）から漢口戦（八―十月）にかけての時期であった（「長期抗戦の行方」、「長期戦下の諸問題」、「漢口戦後に来るもの」を参照）。彼は、日本社会が「底深いところから深く動かされ」つつあると指摘する（「漢口戦後に来るもの」〈著作集〉②一二八）。問題は、政府と国民の間に「官僚的、資本家的な既成機構の深い層」が存在し、政治指導部と国民との間に「絶縁体」が形成されていることだった。尾崎はこの「絶縁体」を破壊して、政府と国民を「再組織」しようと考えていたと思われるが、周知のように、新体制運動はすぐに行き詰まった。

以上のように、尾崎は、盧溝橋事件の頃から民族問題の重大さと深刻さを強調してきた。長期抗戦の段階に入ると、「今日支那との抗争が既に民族闘争であるという事実」（「支那事変第三期」〈著作集〉②一一五）を国民に訴え、問題の解決を日本の根本的改造いわゆる新体制運動の中に取り込もうとしたが、それは挫折した。

尾崎の東亜協同体論

東亜協同体について、尾崎が体系的に論及し始めたのは、『中央公論』一九三九年一月号に掲載された「『東亜協同体』の理念とその成立の客観的基礎」である。「戦争三年目の春を迎うるにあたって、この言葉はきわめていきいきとした感覚をもって語られつつある」と、尾崎は観察している（「支那事変第三期」〈著作集〉②、一一五）。「東亜新秩序」論は、近衛内閣が窮地に追い込まれた結果だったが、「いきいきとした感覚」という言葉には、恐らく尾崎の強烈な皮肉が込められていただろう。

この論文で、尾崎はまず、十一月三日の近衛声明以後、「東亜新秩序」の内容を形づくると考えられる東亜協同体論と「東亜連盟論」が、「さまざまのヴァライエティをもって一時に花開くの壮観を呈した」と述べる（以下「東亜協同体の理念とその成立の客観的基礎」〈著作集〉②三〇九以下を参照）。そして、東亜協同体論は日中戦争の進行によって生まれた「歴史的産物」であると指摘する。尾崎はここでも、東亜協同体の理念が中国ナショナリズムとの「はげしい体あたりの教訓」の結果だと強調する。要するに、「低い経済力と、不完全な政治体制と、劣弱な軍隊とをもつ支那が、とにもかくにも今日まで頑張り続けている謎」が、中国のナショナリズムにあることを認識しなければならないと強調するのである。換言すれば、抗日民族統一戦線はもはや日本の帝国主義の力で対抗できないところまで来たと、尾崎は改めて再確認したのである。

ゲリラの戦士から「農夫や街頭のルンペン《ママ》少年」まで、中国は強固な抗日民族意識によって統一されていると、尾崎は語る。日本はその動向と完全に「背馳《はいち》する方向」にある。日本が中国ナショナリズムの動向に対して、力のみで抑え、方向を変えさせるのは不可能だと、尾崎は暗に日本の帝国主義を批判した。だから彼は、東亜協同体論は理念として「大理想」だが、実態は「惨めにも小さい」と指摘したのだった。

尾崎の認識からすれば、東亜協同体が真に実質を伴ったものとして発展するためには、「日本の政治経済をかかる目的に照応せしめて編成しなおす」ことが絶対必要であり、同時に、この線に沿った「日本国民の再編成」も不可欠だった。しかし、尾崎の国内体制「再編成」の意図は、一九三九年初頭の近衛内閣の総辞職によって明確な実現の展望がない状態だった。特に、閣内では国内抗争や日中戦争の行き詰まりを打開する糸口を、ヨーロッパ情勢の変化に求める傾向が強く、変革のための政治基盤づくりより、日独伊三国同盟締結か英米協調維持かをめぐって外交路線の対立が目立った。

再び変革への気運が高まったのは一九四〇年の夏である。その契機となったのは、ドイツの電撃戦の開始だった。ドイツ軍は相次いでオランダ、フランスを降伏させ、イギリスに迫った。こうした新情勢が、三国同盟を結び、イギリスのヘゲモニーを崩壊させ、世界秩序の転換を実現する気運を高めたのであった。また、オランダ、フランスの屈服は、東南アジアの植民地体制を弱体化し、日本の南方進出の誘因ともなった。こうして、東亜新秩序の構想は、日本の南方を含んだ大東亜共栄圏構想への拡大と併行し、国家革新のための新体制運動も始まった。

以上のような情勢に対して、尾崎はドイツの勝利に便乗した帝国主義的膨張政策を批判している。東亜新秩序の創建は「その端緒」すらできておらず、『共栄』の観念は、いまだ東亜の歴史的現実とかけ離れ過ぎている」。表現は遠慮がちだが、尾崎がこうした言論に批判的だったのは明らかである。

尾崎は、東亜新秩序の内部的発展と離れた南方政策は「安易」であり、「危険」だという（「新体制と東亜問題」〈著作集〉⑤三八二）。この「安易」さ、「危険」さと対抗しながら、尾崎が変革の呼びかけを行ったのが「東亜共栄圏の基底に横たわる重要問題」（一九四一年三月）だった。この論説は、東亜諸民族の解放と自立とを前提とする協同こそが東亜共栄圏確立にとって不可欠の要素であり、自己解放に向かうアジア諸民族の運動と呼応しながら、日本が「自己自身の革新・編成替えを全面的に成し遂げる」べきことを主張するものである。ここで尾崎は、中国民族の「解放」と「自立」を通じた「日支両民族の正しき協同」こそは、「東亜共栄圏確立の根幹」をなす第一前提だと言う。さらに、尾崎は、中国の抗日ナショナリズムを先頭とした南方諸民族の自己解放こそ、英米帝国主義を「完全に瓦解」させる原動力だと強調する。そして、日本自身が変革を行い、共産党がヘゲモニーを握る中国と提携することによって、南方諸民族の自己解放を支援しなければならないと、彼は呼びかけるのである。

この段階になって、「日本革命」の必要性が、尾崎の視野にはっきり入ってきたことに注目すべきだろう。尾崎は、中国のナショナリズムについて考察し、その強固さと不可避性を認識したことによって、それと呼応できる日本国民の自己反省と自己革新に期待するに至った。ここで尾崎は、日中両国民の根本的連帯の基礎条件が「農業革命」だと指摘する。つまり、日本と満州の農業の生産状態が中国と酷似しているとの認識から、東亜新秩序建設のためには、「東洋諸社会の内容をなす半封建的農業社会の解体による農民の解放」が必要だと、説くのである（「東亜共栄圏の基底に横たわる重要問題」〈著作集〉③二一一）。

さらに尾崎の構想は、「大東亜共栄圏」論と並行するように、南方にも広がる。インド、ビルマ、仏領・蘭領のインドシナなどの南方諸国でも、世界の旧秩序に反対する民族運動が勃興している。こうして植民地支配に苦しんできた地域から列強を駆逐し、自己解放することが東亜新秩序の建設であり、そのために日中両国民が解放と自立を通じて協同することが「東亜共栄圏確立の根幹」だと、尾崎は主張する（〈著作集〉③二二三）。

尾崎の東亜協同体論の構想は、実はこれだけに終わっていない。逮捕後の尋問過程で、尾崎は次第にその変革のプログラムを語り始めた。調書によれば、尾崎は、東亜新秩序を「世界革命の一環」をなすものと位置づけていた。日中戦争の過程で、日本が英米と衝突するのは不可避だが、日本の革命勢力が脆弱なので、ソ連および共産党がヘゲモニーを握った中国との提携が必要だと、尾崎は考えた（『ゾルゲ事件』2、一二八―一二九頁）。

尾崎が検挙直前に執筆した最後の論説「大戦を最後まで戦い抜くために」（一九四一年十一月）は、第二次世界大戦は「世界資本主義体制の不均衡の爆発」による「世界史的転換期の戦い」であり、この「世界最終戦」を最後まで戦い抜かねばならないと呼びかけたものである（「大戦を最後まで戦い抜くために」〈著作集〉③二六八）。それは、日中ソ三国の協同と、英米仏蘭から解放された植民地が提携し、さらに、蒙古、朝鮮、満州などの諸民族が参加する協同体が構想されていた。壮大な世界革命の構想である。それはアジア主義という一種のロマン主義の夢想にすぎないのだろうか、それとも世界革命の必然性を信じたマルクス主義者としての信念の表明だったのだろうか。

尾崎の書き残したものの中には、マルクス主義に関するまとまった著作は存在しないので、彼の構想した世界革命の詳細は霧の中である。

おわりに

戦後の日本では、尾崎に対する多様な評価がある。反戦の勇士で愛国者もしくは日本民族主義者、共産主義者、アジア主義者などである。恐らく尾崎の思想を一義的に規定するのは適切ではないだろう。未完成で荒削りのまま、尾崎はその生涯を駆け抜けた。「劇しい人類史の転換期に生れ、過剰なる情熱を背負わされた人間としてマルクス主義を学び、支那革命の現実の舞台に触れてより今日に至る迄、私は殆どかえり見もせず、驀地《ばくち》に一筋の道を駆け来ったようなものでありました」(「検事尋問調書」『ゾルゲ事件』2、二九〇頁)。これが尾崎が獄中で自らの半生を振り返ったときに語った言葉である。

本章は、尾崎を中国ナショナリズムの理解者としての側面から捉えた。それは日本と世界の変革の思想と結合していたが、尾崎の中で社会変革の思想の側面は未熟のままに終わったと考えたからである。

参考文献

今井清一・藤井昇三編『尾崎秀実の中国研究』アジア経済研究所、一九八三年
江口圭一『十五年戦争研究史論』校倉書房、二〇〇一年

小林啓治「戦間期の国際秩序認識と東亜協同体論の形成」『日本史研究』四二四号、一九九七年
酒井哲哉「『東亜協同体論』から『近代化論』へ」『近代日本の国際秩序論』岩波書店、二〇〇七年
高橋久志「『東亜協同体』――蝋山政道、尾崎秀実、加田哲二の場合――」三輪公忠編『日本の一九三〇年代』彩光社、一九八〇年
胆紅「陸羯南と新聞『日本』のアジア論――日清戦争まで――」『国際公共政策研究』第九巻第二号、二〇〇五年九月
――「一九一〇年代日本の中国論――『東洋経済新報』を中心に――」『政治思想研究』第六号、二〇〇八年五月
戸部良一『日本陸軍と中国――「支那通」にみる夢と蹉跌』講談社、一九九九年
中尾訓生『日本戦時思想の研究』恒星社厚生閣、二〇〇一年
野村浩一『近代日本の中国認識――アジアへの航海――』研文出版、一九八一年
橋川文三「東亜新秩序の神話」橋川文三・松本三之介編『近代日本政治思想史』Ⅱ、有斐閣、一九七〇年
米谷匡史「戦時期日本の社会思想」『思想』一九九七年十二月
――「日中戦争期の天皇制――『東亜新秩序』論・新体制運動と天皇制」『近代日本の文化史7　総力戦下の知と制度』岩波書店、二〇〇二年。
蝋山政道『東亜と世界』改造社、一九四一年
『オットーと呼ばれる日本人・冬の時代　木下順二作品集Ⅷ』未来社、一九七一年
『抗日政権の東亜新秩序批判』東亜研究所、一九四一年
『ゾルゲ事件』１・２、みすず書房、一九六二―七一年
『東亜協同体論叢』興建月刊社、一九四〇年

〔付記〕 本章は『中国研究月報』第六一巻第一〇号、二〇〇七年十月の拙稿に手を加えたものである。

第6章　橋川文三

戦後知識人の戦争体験論とナショナリズム論

はじめに

本章は、橋川文三《ぶんそう》（一九二二―八三年）の思想的作業のうち、一九五〇年代後半から六〇年代にかけてのテクストを取り上げ、戦争体験を持つ戦後知識人が、戦争と敗戦の体験をどのように思想化しようと試みたのかを明らかにするものである。これまでの戦後思想に関する研究は、知識人の戦争と敗戦の体験が戦後思想の形成に与えた影響について、十分な検討を行っていない。戦後日本における知の枠組みが急速に崩壊した現在、その思想的遺産にどのように向き合うのかが問われている。

橋川の思想的作業の独自性は、戦争体験論など同時代の思想状況に関する発言とともに、日本政治思想史研究の分野において、「昭和超国家主義」に関する分析などナショナリズム論を展開した点にある。本章で明らかにするように、橋川のナショナリズム論は、政治学的な分析である一方で、エッセイを通じた自己分析の様相も呈してお

プロフィール

一九二二年長崎県対馬生まれ。数え年四歳で、父親の郷里である広島に帰る。三四年、広島高等師範学校付属中学校に入学。三九年、第一高等学校に入学。この頃、日本浪曼派に接近する。四二年、東京帝国大学法学部政治学科に入学。四三年九月に「学徒出陣」のために臨時徴兵検査を受けるが、胸部疾患のため丙種合格となり、徴兵されなかった。戦後は、出版社に勤務し、雑誌『潮流』、同人誌『未来』の編集を担当する。四七年、丸山眞男を知る。同年、日本共産党に入党。五一年から五五年にかけて、胸部疾患のため療養生活を送る。この頃、丸山からカール・シュミット『政治的ロマン主義』の初版本を借り、その翻訳に取り組む。それによって、日本浪曼派批判の考え方を固めることになる。

一九五七年、雑誌『同時代』に「日本浪曼派批判序説——耽美的パトリオティズムの系譜——」を発表して、本格的な著作活動を開始する。その後、明治大学で政治学の教鞭を執る。また、日本戦没学生記念会（わだつみ会）の常任理事となり、五九年からは、機関誌『わだつみのこえ』初代編集長ともなる。この頃、戦争体験をめぐり、石原慎太郎、大江健三郎などと論争する。六〇年代には、竹内好らとともに「中国の会」を組織し、雑誌『中国』を編集する。六九年、竹内について中国語を学び始める。七〇年代には、『順逆の思想——脱亜論以後』、『黄禍物語』などが、その成果として発表される。八三年、脳梗塞のため横浜市の自宅で死去。

主著に、『日本浪曼派批判序説』（未来社、一九六〇年）、『歴史と体験——近代日本精神史覚書』（春秋社、一九六四年）、『近代日本政治思想の諸相』（未来社、一九六八年）、『順逆の思想——脱亜論以後』（勁草書房、一九七三年）、『黄禍物語』（筑摩書房、一九七六年）、『昭和維新試論』（朝日新聞社、一九八四年）、『昭和ナショナリズムの諸相』（名古屋大学出版会、一九九四年）などがある。それらも含めて、主な著作は〈橋川文三著作集〉増補版、全一〇巻（筑摩書房、二〇〇〇—〇一年）に収められている。

また、『思想の科学』一九八四年六月臨時増刊「橋川文三研究」には、橋川について論じた数多くの文章が掲載されており、参考になる。さらに近年、『日本浪曼派批判序説』（講談社文芸文庫、一九九八年）、『黄禍物語』（岩波現代文庫、二〇〇〇年）、『昭和維新試論』（ちくま学芸文庫、二〇〇七年）が刊行されたことにより、橋川の著作は改めて注目されている。

り、それらは当該期の戦争責任論・戦争体験論の動向に深く関わっていた。

本章では、第一に、一九五〇年代から六〇年代前半にかけての丸山眞男・竹内好の議論を参照することから、当該期に戦争体験を問うという立場が、戦争責任論の動向にもたらした影響を分析する。第二に、丸山や竹内との関係を踏まえた上で、橋川がどのような形で自らの戦争体験に向き合ったのかという問題について、彼の戦争体験論、日本浪曼派批判を取り上げる。第三に、橋川のナショナリズム論に関して、丸山の思想史の方法論を意識する形で提示された「昭和超国家主義」論の独自性を検討する。

1　丸山眞男と竹内好の戦争責任論・戦争体験論

丸山眞男の戦争責任論

占領下の統制された言論状況を経て、アジア・太平洋戦争の経験が主題化されるのは、冷戦体制の確立と朝鮮戦争の勃発という事件に直面した一九五〇年以降のことである。戦後日本における戦争責任意識も、五五年頃を境にして新しい段階へ移行するが、それは鶴見俊輔が指摘するように、「戦争責任意識の制度的形成の時代」から「戦争責任意識を自力でつくりだす動き」が見えるという変化に示された（「戦争責任の問題」『思想の科学』一九五九年一月：〈鶴見俊輔著作集〉第五巻、筑摩書房、一九七六年、三七頁）。すなわち、東京裁判、公職追放、憲法および法律の改廃、教育の改革などで占領軍によってつくられた戦争責任意識を克服して、自力で戦争責任意識を創り出す試みが見られたのである。

丸山眞男の「戦争責任論の盲点」は、戦争責任論について明快な立場を打ち出すことによって、その論理展開に新たな地平を切り開いたものである。丸山はこの中で、戦争責任を主体的に問うために、主観的心情ではなく客観的結果を重視する政治的な責任問題の考え方を導入した。そして、戦争責任が不問に付された「二つの大きな省略」(「戦争責任論の盲点」『思想』一九五六年三月:〈丸山眞男集〉第六巻、岩波書店、一九九五年、一六一頁)として、天皇と共産党の問題を取り上げた。すなわち、前者については、「自らの地位を非政治的に粉飾することによって最大の政治的機能を果すところに日本官僚制の伝統的機密があるとすれば、この秘密を集約的に表現しているのが官僚制の最頂点としての天皇にほかならぬ」(「戦争責任論の盲点」一六三頁)と述べた。また、後者については、共産党が有効な反ファシズム・反帝国主義闘争を組織化できなかったことを指摘し、戦後における共産党の非転向という〝超越的立場〟への違和感を表明したのである。

この問題提起を受けて、思想の科学研究会一九五六年度総会では、「戦争責任について」という主題で討論が展開された。丸山はその中でも、責任の意識がなく、かえって支配層を構成していた人々が被害者意識しか持っていないことは、支配層にリーダーシップの自覚がなかったことと関係があると言う。そして、なぜ日本の支配層に政治的リーダーシップの自覚が少なかったのかという点について、「戦争に突入した頃の日本の天皇制自身がいわば一個の厖大な『無責任の体系』だと思うのです」(「〈討論〉戦争責任について」『思想の科学会報』第一七号、一九五七年三月二十日、二三頁)と自説を展開した。丸山の発言には、ファシズムと戦争を客観的に推進した諸力と、彼らの主観的な意図なり意識なりのギャップが日本の場合非常に大きいこと、そこにはそういうギャップが出てくる機構的な必然性があったことを、社会科学的に、また歴史的に解明するという問題意識が顕著である。ここに見られる丸山の戦争責任論は、「超国家主義の論理と心理」(『世界』一九四六年五月)や「軍国支配者の精神形態」(『潮流』一九四九年五月)をはじめとする、「日本ファシズム」批判の豊かな成果を踏まえたものである。

竹内好の戦争責任論・戦争体験論

竹内好もまた、思想の科学研究会一九五六年度総会に参加していたが、そこではほとんど発言を残さなかった。その後、討論の記録が『思想の科学会報』に掲載される際に寄せた一文に、彼の立場がよく示されている。竹内はその中で、第一に「戦争責任は究極には個人の責任、したがって道徳責任に帰着する――あるいはそれが出発点になる」こと、第二にその問題を追及する方法として、「告白という経路」が必要であること、第三に戦争責任を考える場合に、「日本の近代化の型の問題」(とりわけ、中国との比較)を考慮に入れなければならないことを挙げた(「(討論)戦争責任について」四一―四二頁)。ここには、戦後の思想状況において意識化された問題を、あえて戦中の自らの立場を探究する作業として問うという、自己省察の姿勢を見て取ることができる。すなわち、竹内は「大東亜戦争と吾等の決意(宣言)」(『中国文学』一九四二年一月)を書き、時局にコミットした政治的判断の誤りの自覚に基づき、戦後も一貫してアジアを主体的に考える歴史的視座を探し求めたのである。

竹内は、アジアへの責任論について、戦争責任論が成立するためには、加害意識の連続が前提になると言う。そして、そのためには戦争処理が完結していない、あるいは戦争そのものが事実として終わっていないという認識が必要であると述べる。竹内は、「近代の超克」(〈近代日本思想史講座〉第七巻、筑摩書房、一九五九年)の中で、日本の行った戦争の性格を、侵略戦争であって同時に帝国主義対帝国主義の戦争であり、この二重性は日本の近代史の特質に由来するという仮説を立てた。それを踏まえた上で、戦争責任論について、「侵略戦争の側面に関しては日本人は責任があるが、対帝国主義戦争の側面に関しては、日本人だけが一方的に責任を負ういわれはない、という論である」(「戦争責任について」〈現代の発見〉第三巻、春秋社、一九六〇年:〈竹内好全集〉第八巻、筑摩書房、一九八〇年、二一六頁)と述べるのである。このようなアジアへの責任の強調は、東京裁判がアメリカの主導のもとになされた責任追及であって、アジアからの視点を欠いていたことに対する異議申し立てという意味を含んでいた。そして竹内は、「民族感情に自然な責任感の伝統をよりどころと」する「責任意識」、すなわちアジア、とりわけ中国に対する侵略の痛みをもとにした「責任意識」の構築を唱えるのである（「戦争責任について」二一七頁）。

竹内は、一九六〇年の日米安保条約反対運動以降、世代間での戦争観の乖離に不安を抱きつつ、戦争体験に関する文章をいくつか発表することになった。そこでは、安保運動という共通体験を戦争体験の結実と見て、逆に戦争体験へと遡る方法、すなわち「戦争体験を戦後体験と重ねあわせて処理するという方法」（「戦争体験の一般化について」『文学』一九六一年十二月：〈竹内好全集〉第八巻、二二〇―二二一頁）を提起したのである。竹内は、若い世代が前世代の戦争体験を白眼視したり拒否したりするのは、戦争体験の封鎖性を前提にするかぎり、もっともな理由があると言う。しかし、もし彼らが主観的に拒否すれば戦争体験の世代と切れると考えるならば、そのこと自体が戦争の傷から解放されていないこと、彼らもまた戦争体験の特殊化の被害者であることを証明していると述べる。「遺産を拒否するという姿勢そのものが遺産の虜である。歴史を人為的に切断することに私は反対ではないが、切断するためには方法をもってしなければならない。戦争の認識を離れてその方法が発見できるとは思えない」（「戦争体験の一般化について」二二八頁）。ここから明らかなように、竹内は、戦争体験をどのようにして一般化するのかという課題について、世代を超えた「理念」へと練り上げる必要性を感じていた。そうした問題関心は、次に取り上げる橋川文三の議論とも重なるものである。

2　橋川文三の戦争体験論――思想史研究とエッセイの間

「戦中派」の戦争体験論

丸山眞男や竹内好とは異なり、橋川文三のテクストには、「戦中派」としての独自の問題関心が刻み込まれている。橋川は、一九五〇年代後半から六〇年代にかけて、戦争体験と世代をめぐって、繰り返し発言した。そこには、「戦中派」の立場からする、前世代に対する異議申し立てという側面と同時に、「戦後派」からの突き上げに応答するという側面があった。しかし、橋川の問題提起を世代論に収斂させるなら、その議論の射程を見誤ることになるだろう。そこには、世代的自己主張に留まらない、思想の方法の根幹に関わる問題があったのである。

「『戦争体験』論の意味」をはじめとして、この時期に発表された橋川のテクストには、竹内の影響を色濃く見て取ることができる。橋川は、戦争体験論の積極的な意味について、「私たちが戦争という場合、それは超越的意味をもった戦争をいうのであって、そこから普遍的なるものへの窓がひらかれるであろうことが、体験論の核心にある希望である。感傷とか、同窓会趣味とかには縁もゆかりもない」と言う。そして、戦争体験に籠もる個々の感傷の集成ということを、戦争体験論の課題とは考えないとして、「ことばはややおかしいが、『超越者としての戦争』——それが私たちの方法なのである」と述べる(「『戦争体験』論の意味」〈現代の発見〉第二巻、春秋社、一九五九年:〈橋川文三著作集〉第五巻、二四七—二四八頁。以下、〈橋川文三著作集〉増補版、全一〇巻、筑摩書房、二〇〇〇—〇一年、からの引用は、〈著作集〉と略し、巻数と頁数をその下に示す)。

この時期、橋川はわだつみ会の常任理事として活動し、機関誌『わだつみのこえ』の編集にも携わっていた。橋川は、「同窓会趣味」とは責任的主体が問われない構えであると批判したが、そこには、こうした活動に対する下の世代からの突き上げに応答することが企図されていた。すなわち、橋川は、石原慎太郎、浅利慶太、村上兵衛、大江健三郎、江藤淳との論争の中で、わだつみ会に見られる回顧的感傷は現実回避であるとする批判に対して、戦争体験を問うことは日本人が歴史意識を形成する契機であると解釈したのである(「座談会　怒れる若者たち——芸術と政治について」『文学界』一九五九年十月)。

橋川は、「敗戦は、国体という擬歴史的理念に結晶したエネルギーそのもののトータルな挫折を意味した。そのことは、いいかえれば、開国＝維新過程において一面においては開かれ、他面においては閉ざされた本来的な歴史意識のための、本当の解放がはじめてもたらされたことを意味する」と言う。そして、「太平洋戦争の過程を、歴史過程としてでなく、超越的な原理過程としてとらえようという提言」（「『戦争体験』論の意味」二五一―二五二頁）をすることから、竹内の呼びかけに応えようとした。このような戦争体験への関心は、橋川において、前世代が切り捨てたナショナリズムの深さと広がりを問い直すという世代的な関心とも重なっていた。

『日本浪曼派批判序説』

橋川が本格的な著作活動を開始するにあたり、最初に取り組んだのは、日本浪曼派の問題であった。日本浪曼派の文学運動は、プロレタリア文学運動の挫折とファシズムの拡大の中で転向文学が生まれ、一方では文芸復興という文学界の動きが顕著になったことを背景として、ロマン主義的方向を打ち出すことによって、時代的な閉塞感を打ち破ろうとする運動であった。雑誌『コギト』に掲載された「『日本浪曼派』広告」（一九三四年十一月）には、神保光太郎、亀井勝一郎、中島栄次郎、中谷孝雄、緒方隆士、保田與重郎が同人として名前を連ねている。また後に、伊東静雄、太宰治、壇一雄、林房雄、萩原朔太郎らも加わった。雑誌『日本浪曼派』は一九三五年三月に創刊され、三八年八月には廃刊となったが、その後も保田の作品を中心に、多くの読者を獲得した。むしろ、『日本浪曼派』廃刊後の保田の存在こそ、日本浪曼派の影響力を物語るものである。

橋川の最初の著作である『日本浪曼派批判序説』は、戦後初めての本格的な日本浪曼派批判であると同時に、「戦中派」の戦時体験の思想的意味を問うたものとして重要である。彼が『日本浪曼派批判序説』の諸論稿を書いたのは、一九五七年から六〇年にかけて、戦後の民主主義の論点がほぼ出尽くし、新たな批判に晒される最中のことである。丸川哲史が指摘しているように、橋川が戦後過程において日本浪曼派の問題を主題化したことには、

「戦後革命（の挫折）から『民族』への注目という、五〇年前後における批判的知識人の問題意識の移動」がある。そして、その背景としては、「日本共産党の『占領軍＝解放者』規定の撤回と、コミンフォルムによる新たな指導、新中国の成立などによって加速された『民族解放・反帝国主義』路線への傾斜」を挙げることができる（「橋川文三『日本浪曼派批判序説』」岩崎稔・上野千鶴子・成田龍一編『戦後思想の名著50』平凡社、二〇〇六年、二四六頁）。例えば、竹内の「近代主義と民族の問題」（『文学』一九五一年九月）は、そうした問題意識の移動を代表する論稿であり、橋川もその影響を強く受けている。

橋川は『日本浪曼派批判序説』の中で、戦前から戦中にかけて反近代と古典回帰を唱えた日本浪曼派、とりわけ保田の色濃い思想的影響を受けた自らの体験を批判的に考察することを試みた。そこには、日本浪曼派をウルトラ・ナショナリズムとして黙殺するだけで、その心情のあり様を内在的に批判しえない戦後の論壇に対して、疑念を呈する意味が込められていた。すなわち、橋川には、一九三〇年代初頭に顕著な転向現象の収束した後に思想形成を行った世代が、なぜ日本浪曼派に〝いかれた〟のかを主題とすることから、浪曼派体験の歴史的位置づけを試みるという問題関心があった。それとともに、日本浪曼派に〝いかれた〟精神構造は、自分たちの世代に留まらず、戦後も生き続け再生産されているのではないか、そしてその心情のあり様は戦後社会が問題化しえない病理としてあるのではないか、という問題関心が存在したのである。

橋川は、論稿の副題として「耽美的パトリオティズムの系譜」を掲げ、あえて日本浪曼派をその系譜のうちに捉えることから、ナショナリズムのウルトラ化を自己の責任外の出来事とした戦後の思想状況を批判した。その作業を通して、橋川は日本浪曼派のテクストを読む／批判すると同時に、浪曼派体験が破綻した戦後の思想状況に向き合うことを目指したのである。ここには、戦前のマルクス主義文学運動の経験者である『近代文学』同人が、かつてのプロレタリア文学運動の追求をその戦後的出発の課題としたにもかかわらず、そのアンチテーゼとしての日本浪曼派を正面から論じていないことへの批判も含まれていた。その意味において、橋川の日本浪曼派へのアプローチには、戦後文学におけるナショナリズム批判の方向性に対する異議申し立てという側面があったことを無視することはできない。

橋川は、副題に「パトリオティズム」という言葉を選んだことについて、「ナショナリズム」という政治学的な用語を避ける意味もあったと言う。橋川には、戦争中の日本における一種のウルトラ・ナショナリズムは、政治的なナショナリズムというより、むしろパトリオティズムと呼んだ方が適当である、という考えがあった。さらに、戦争下の国民的エネルギーを、あのように極度にまで動員したものが、いわゆるナショナリズムであったとすれば、戦後におけるその急激な解消・分散の現象は、やや理解しにくくなる、ということも念頭にあった。「そして、戦前と戦後に一貫する国民の精神構造を追究しようとする場合、むしろ曖昧な根源性をおびるパトリオティズムの視角をとることが便宜であると考えたわけである」（『日本浪曼派批判序説』未来社、一九六〇年：〈著作集〉第一巻、七七頁）。ここから明らかなように、橋川が「耽美的パトリオティズム」という言葉を選んだのは、日本浪曼派に見られる日本的な伝統への回帰、古典復興の動きが、「政治的と非政治的」の間を媒介し、まさに仮構された日本という共同体への同一化を可能にしてしまう心情のあり様を問題にするためであった。その作業は、日本浪曼派が問うた近代批判の現実性に、改めて向き合う試みとしてあった。

3　イロニイと政治の分析

保田與重郎とイロニイ

日本浪曼派に共通するのは、日本の伝統への回帰、古典への憧憬、日本的美意識の主張などであり、それらは反近代、反政治主義的傾向を持っていた。とりわけ、保田與重郎はドイツロマン派を受容することから、それらを「ロマンティッシュ・イロニイ」の心的態度と表現したが、その態度には一切の政治的リアリズムの排斥、あらゆる理性的判断の無意味と無効性を説く姿勢が顕著である。彼の説くイロニイの否定性は、主として若い読者に、敗戦の必然に対する予感的構想、死を全体性の究極の形態と捉える死の美学として受け止められた。戦前から戦中にかけて、日本浪曼派はまさに政治的な無力と時代への絶望感に対して、それからの逃避と救済を可能にするものだったのである。橋川文三は、浪曼派体験について、「私たちの感じとった日本ロマン派は、まさに『私たちは死なねばならぬ！』という以外のものではなかった」（『日本浪曼派批判序説』三六頁）と告白している。この文章を見るとき、それは時代的な閉塞感の中で、ある種の陶酔を与えるものであったことを、強く印象づけられる。

日本浪曼派について、橋川の分析の中心に位置したのは、イロニイと政治の関係である。橋川は、「私たちにとって、日本ロマン派とは保田与重郎以外のものではなかった」（『日本浪曼派批判序説』一九頁）と述べているが、それは狭義の日本浪曼派批判としては語り尽くせない精神構造の分析に重きを置くためであった。橋川にとって、保田を論じることは、「精神史上の事件としての満州事変」以後の革新的な存在としての意味を問うことであり、そこには、保田のテクストに表れるイロニイの形態を析出する目的があった。橋川は、日本浪曼派について、現実の「革命運動」に常に随伴しながら、その挫折の内面的必然性を非政治的現象に媒介・移行させることによって、同じく過激なある種の反帝国主義に結晶したものと言う。「その組織論が『日本美論』であり、その戦略が『反文明開化官僚主義』であったといえば私のいう意味も明白であろう」（『日本浪曼派批判序説』二六―二七頁）。このように述べて、マルクス主義の挫折から日本浪曼派への転回を引き起こした「日本ファシズムの奇怪さ」について、政治から疎外された革命感情の「美」に向かっての後退・噴出、デスパレートな飛躍がもたらされたことに注目した。そして、「問題の文脈をひろく我国中間層における総体としての『政治的と非政治的』の問題に拡大し、政治的リアリズムとそのアンチテーゼとしての日本的美意識の問題にまで結びつける必要がある」（『日本浪曼派批判序説』二七頁）と説いたのである。

ここには、保田が言う、「日本の新しい精神の混沌と未形の状態や、破壊と建設を同時的に確保した自由な日本のイロニー、さらに進んではイロニーとしての日本といったものへのリアリズムが、日本浪曼派の地盤となった」（「我国に於ける浪曼主義の概観」〈現代文章講座〉第六巻、三笠書房、一九四〇年：〈保田與重郎全集〉第一一巻、講談社、一九八六年、三〇二頁）という近代批判の方法に対する、橋川のこだわりを見て取れる。橋川は、そのイロニイこそ、頽廃と緊張の中間に、無限に自己決定を留保する心的態度の表れであり、近代日本の精神構造の究極的形態を特徴づけるものと理解した。それは、同時に、政治的な無力と時代への絶望感について、「『郷土喪失』の感情は、感傷として、もしくは、主知的な決断として、いずれも『素直』に『日本への回帰』のコオスに吸収されていった」（『日本浪曼派批判序説』六〇頁）と言われるように、「ネガティヴな『故郷』の意識」（『日本浪曼派批判序説』七七頁）を呼び起こし、政治意識が美意識に容易に回収されたことに、注意を促すものであった。

ロマン主義とナショナリズム

橋川は『日本浪曼派批判序説』の最後に、小林秀雄と保田において、「歴史」が「伝統」と同一視され、それらがいずれもまた「美」意識の等価と見られたことを指摘した上で、ナショナリズムがロマン主義という形を取って表れる場合の危うさについて述べている。橋川は、ロマン主義の精神構造において、「ある政治的現実の形成は、それが形成されおわった瞬間に、そのまま永遠の過去として、歴史として美化されることになる。（中略）保田や小林が、『戦争イデオローグ』としてもっとも成功することができたのは、戦争という政治的極限形態の苛酷さに対して、日本の伝統思想のうち、唯一つ、上述の意味での『美意識』のみがこれを耐え忍ぶことを可能ならしめたからである。いかなる現実もそれが『昨日』となり『思い出』となる時は美しい」（『日本浪曼派批判序説』八八頁）と言う。それゆえ、橋川にとって、保田の「国粋主義」は、「ウルトラ・ナショナリズム」というよりも、むしろ「耽美的パトリオティズム」と呼ぶにふさわしいものであった。

こうした精神構造について、橋川は、日本浪曼派におけるロマン主義の本質がどのようなものであったのかという問いを立てて、その特質を日本の歴史上に辿り始める。橋川は、日本でいく度か繰り返されたロマンティシズムの運動の中で、日本浪曼派が最も過激な存在であったと言う。そして、それが明治の中期あるいは後期のロマン主義をある形で踏まえながらも、なぜあのように異形の運動形態として表れたのかという特質について、「それがイロニイという一種微妙な近代思想のもっともラジカルな最初の体現者であったという点に求められる」（『日本浪曼派批判序説』四二頁）と述べるのである。橋川は、日本浪曼派について、石川啄木以後繰り返された、近代日本における「強権」の発展過程とそれに対する反体制的底流の相互関係の中に正当に位置づけられるべきだと主張した。

ここで、橋川のナショナリズム論との関連について考えてみよう。橋川は『日本浪曼派批判序説』を出発点として、以後、日本の国体、ナショナリズムに関する論文を数多く発表する。そこに一貫した主題は、ロマン主義の近代批判の側面に注目した橋川らしく、日本思想の伝統の中にその源流を辿るというものであった。橋川は、「日本の場合にも、ドイツの場合と同じように、あるきわめて優美で繊細な心の作用（たとえばもののあわれ）が、しばしばその反対の不気味で醜怪な政治行動と結びついており、しかもそれらがきり離せない関係にあったという印象は同様であろう」（「民族・政治・忠誠――ナショナリズムとロヤルティの問題――」『現代の眼』一九六九年一月：〈著作集〉第二巻、四七頁）と言う。そして、その一方のみを抽象して他方との絶縁を図ることは、論理的には可能かもしれないが、現実には不可能と考えるほかはないような、ある宿命的な共存関係がその両者の間に認められるという点もよく似ていると述べるのである。ここから明らかなように、橋川は日本浪曼派をくぐりぬけることによって、ナショナリズムの原型そのものの中に潜む病理に迫ることができた。こうした問いかけは、美と政治が渾然一体となって存在した戦中の思想状況を鋭く見定めることから引き出されたものである。橋川は、「イロニイとしての日本」という思想について、「その思想の論理的・心理的内容の実質が、ロマンティシェ・イロニイと国学的主情主義のもっとも頽廃的な結合によって規定されたものである」(『日本浪曼派批判序説』四八頁)と分析したが、その思想構造を追究する作業こそ、彼の思想史研究の根本に位置する主題であり続ける。

4 「昭和超国家主義」論――思想史の方法論をめぐる問い

「超国家主義」への関心

橋川文三における「イロニイとしてのロマン主義という問題関心」は、西郷隆盛・岡倉天心・北一輝・柳田国男など、明治国家の形成過程を通して打ち消されていったロマン主義の系譜を辿り、彼らのロマン主義が現実の明治国家体制に対していかにイロニックな意味を持ちえたのか、を主題とする思想史研究として展開される。それは、近代化の過程における「近代と反近代」の相克を描き出す作業でもあった。その主題が、橋川の思想史研究を貫くものであることは、「私がたとえばあの戦争の死者に対する態度は、簡単にいえば西郷隆盛や木戸孝允が維新時の死者に涙した境遇と同じものである」(「戦中派とその『時間』」『毎日新聞』一九八〇年四月五日:〈著作集〉第五巻、三六三頁)という、晩年の文章にも明らかである。そこで、次に、日本浪曼派批判で示された問題関心が、どのような形で以後の思想史研究に持ち越されるのか、という点について考察を進めたい。

橋川の思想史の方法論は、丸山眞男の「超国家主義」批判を意識する形で発表された「昭和超国家主義の諸相」に見ることができる。橋川はその中で、「あの太平洋戦争期に実在したものは、明治国家以降の支配原理としての

『縦軸の無限性、云々』ではなく、まさに超国家主義そのものであったのではないか」(「昭和超国家主義の諸相」〈現代日本思想大系〉第三一巻「解説」、筑摩書房、一九六四年:〈著作集〉第五巻、七頁)と言う。そこには、丸山が、ファシズムと結びついた昭和初期の「超国家主義」を「国家主義の極端形態」と見なし、明治期からなし崩し的に拡張した軍国主義的ナショナリズムのあり方を批判したことに対する、橋川の立場の違いを見て取ることができる。橋川は、日本の「超国家主義」を国家主義一般から区別するための歴史的視座を構築するという課題を、強く意識していた。

「昭和超国家主義の諸相」では、朝日平吾から、血盟団、北一輝、石原莞爾に至るまで、テロリズムを引き起こした暗黒な衝動がいかなる構造を持ち、どのような心性から生まれているのか、という点に関心が示された。橋川は、「超国家主義」の世界を問題とするにあたって、その特性を示すものとして、暗殺者の心理に注目したのである。「人間が絶対の意識にとらえられやすい領域の一つが宗教であり、他の一つが政治であるとするなら(もう一つ、エロスの領域があるが)、テロリズムは、その二つの領域に同時に相渉る行動様式の一つとみることもできるであろう。そしてまた、それが人間行動の極限形態として、自殺と相表裏するものであることが認められるとするなら、その両者の様式を規定するものとして、テロリズムの文化形態ということを言ってもかまわないであろう」(「昭和超国家主義の諸相」八頁)。その上で、「超国家主義」の中には、「なんらかの形で、現実の国家を超越した価値を追求するという形態が含まれている」(「昭和超国家主義の諸相」六三頁)という問題を提起することから、そこに「求道=革命的自我意識」の存在を読み取ったのである。橋川には、「超国家主義」を内在的に分析することから、テロリズムを引き起こした心性について、その歴史的な位置づけを試みるという姿勢が顕著である。

橋川文三と丸山眞男の間

こうしたテロリズムへの関心は、一九七〇年から七三年にかけて書かれた『昭和維新試論』にも表れている。橋川は、「超国家主義」批判を「昭和維新論」という主題に置き換えて、「維新者」たちに「一種不幸な悲哀感」(『昭和維新試論』朝日新聞社、一九八四年:〈著作集〉第九巻、一六六頁)を読み取ることから、その時代精神の歴史的な位置づけを試みた。橋川はその中でも、初めに朝日平吾を取り上げ、彼が一九二一年に安田善次郎を暗殺した事件は「超国家主義」のスタートを暗示するものだったと言う。それは、以前のテロリズムとは異なり、「被支配者の資格において、支配されるものたちの平等=平均化を求めるものの欲求に根ざしている」(『昭和維新試論』一六二頁)。朝日はまさに、「大正デモクラシーを陰画的に表現した人間」(同、一六六頁)であった。

こうした「超国家主義」へのアプローチには、思想史の方法論をめぐる問いが含まれていたことを見逃すことはできない。橋川は、「私はあの凄まじい超国家主義時代の経験をたんなる錯誤としてではなく、また特殊日本的な迷妄としてではなく、まさしくある一般的な人間の事実としてとらえなおすことによって、かえって明朗にこれに対決する思想形成が可能であるという風に考えた」(『近代日本政治思想の諸相』未来社、一九六八年、「あとがき」、三八七頁)と言う。この考え方は、かつて日本浪曼派の問題を取り扱った場合と同じである。すなわち、それらを理解を絶した異常現象として切り捨てるやり方が、戦前のあの思想的な転換期において、いかに無力であったかということは、橋川の戦争体験に刻み込まれた根本的認識の一つであった。橋川は、戦後社会において、消滅したはずの「超国家主義」が形を変えて復活することを予感しながら、それを生み出した時代背景を探究し、その思想潮流を批判的に捉えることを試みたのである。

思想史の方法論をめぐる橋川と丸山の違いについて、姜尚中が、橋川のナショナリズム論を丸山のそれと対置させ、前者の議論の歴史的な射程の広さを指摘していることは興味深い。すなわち、姜は、丸山が日本のナショナリズムの中に「幸福なナショナリズムの形態」を読み取り、それが「歪み」、侵略的国権主義や盲目的な超国家主義に変質していったと捉えたのに対して、橋川が「近代ナショナリズムの原型」そのものの中に、そのような要因があったと考えていた点を重視する。「ここで橋川と丸山の関係で面白いのは、橋川が丸山の『超国家主義』にあえて異をとなえて、丸山が『良き日本』と『悪しき日本』の冷徹な二分法を方法として国家主義のイデオロギー構造の病理をえぐり出してはいるが、『日本の中にあるもっとも人間的に懐しいものと、もっとも嫌悪すべきものとの同時存在』そのものを問題にしてはいないと指摘していることである」(「橋川文三覚え書　ナショナリズムの『心』をめぐって」『現代思想』二〇〇一年十二月、二四五—二四六頁)。姜が指摘するように、丸山の思想史研究には、明治期の「国民主義」と昭和初期の「超国家主義」を論理的に結ぶ歴史的視座が示されていない。橋川は、そのことにこだわって、「超国家主義」の源流を日本の歴史上に辿る作業を進めたのである。この点は、橋川のナショナリズム論を再評価する際のポイントになるだろう。

おわりに

橋川文三における思想史の方法論をめぐる問いは、「戦中派」として戦争体験にこだわり、戦後社会への違和感を表明する中から出されたものである。そして、彼は、敗戦までの昭和精神史を形成した二つの型であるマルクス主義と転向に加えて、日本浪曼派を含む「昭和超国家主義」を歴史的に位置づけることを試みた。その思想的作業は、「超国家主義」に内在した分析というスタイルを採るかぎりにおいて、ある種の息苦しさを与えることも確かである。しかし、橋川には、自らの戦争体験を思想化することを避けて、戦後を切り出すことはできなかった。彼は、日本浪曼派をかいくぐったからこそ、ナショナリズムの病理を深く抉り出すことができたのである。

橋川の批判が、彼の師である丸山眞男に届いていたのかどうかは、疑問である。橋川の死後、丸山は『日本浪曼派批判序説』を「橋川君の最高傑作」と評しながらも、日本浪曼派への〝無関心〟を包み隠すことなく語り、橋川の批判を次のように片づけている。「橋川君は、丸山は『軍国支配者の精神形態』の中で、御神輿と官僚と無法者って書いているけれど、保田はどこにもあてはまらない、って書いてるんですよ。ぼくにいわせれば当たり前なんだな。あれは軍国支配者で、（中略）文学者は、保田じゃなくても誰でもあてはまらないのは当然なんです」（『日本浪曼派批判序説』以前のこと」〈著作集〉第七巻付録「月報」：〈丸山眞男集〉第一二巻、岩波書店、一九九六年、二六九頁）。そして、保田與重郎の「現実オンチ」を「バッカじゃなかろうか」と一蹴すると同時に、橋川自身の「詩人の中にあるノンポリの盲点」を指摘するのである（『日本浪曼派批判序説』以前のこと」二七五頁）。

丸山の「軍国支配者の精神形態」について、戦時体験が十分に問われていないと批判した橋川は、このように丸山と不幸にすれ違っていた。丸山の橋川に対する〝冷淡〟とも取れる態度をどのように理解するのかは、それ自体興味深い問題である。その点については、稿を改めて考察したい。ただ、丸山が、自らの理論の基盤を揺るがす「戦中派」の問題提起を正面から受け止めなかったことについて、戦後日本におけるナショナリズム論の展開の可能性を狭める結果を招いた、ということだけは確かである。戦後日本における知の枠組みが急速に崩壊した現在、ナショナリズム批判の論理についても、その有効性が試されている。

参考文献

石田雄『記憶と忘却の政治学――同化政策・戦争責任・集合的記憶』明石書店、二〇〇〇年
姜尚中『ナショナリズム』岩波書店、二〇〇一年
竹内好『日本とアジア』ちくま学芸文庫、一九九三年
平野敬和「丸山眞男と原爆体験」、「著作解題／丸山眞男『現代政治の思想と行動』」、「著作解題／丸山眞男『戦中と戦後の間』」

『KAWADE道の手帖　丸山眞男』河出書房新社、二〇〇六年
――「戦後思想とアジア――一九五〇年代の丸山眞男を中心に――」『同志社法学』第三二一号、二〇〇七年七月
――「戦後の『近代主義』と『民主主義』」苅部直・片岡龍編『日本思想史ハンドブック』新書館、二〇〇八年
丸川哲史『リージョナリズム』岩波書店、二〇〇三年

【付記】　本章の内容は、先に発表した、「ロマン派体験の思想史――橋川文三『日本浪曼派批判序説』を手掛かりに――」『甲南女子大学研究紀要』第四二号、文学・文化編、二〇〇六年三月、「戦争体験と戦後思想――橋川文三を中心に――」『甲南女子大学研究紀要』第四三号、文学・文化編、二〇〇七年三月、「『日本浪曼派』の意味」苅部直・片岡龍編『日本思想史ハンドブック』と重複する部分がある。

あとがき

本書はある小さな読書会の副産物である。わたしがこの読書会に参加し始めたのは、一九九七年の春頃だったと記憶する。完結してほどない『丸山眞男集』の主要な論文をテーマに、毎月一回、同志社大学を会場にして開催されていたので、誰言うとなく〈丸山眞男を読む会〉と呼ばれるようになった。この会がいつ始まったのか、正確なことをわたしは知らない。ともかく八月を夏休みとする以外、毎月一回必ず開催された。当然ながら、参加するメンバーは時の経過とともに変化したが、読書会自体は継続して今日に到っている。

会に参加する人々は実に多様である。最年少はＨくん。Ｈくんは「つい先日、京都の＊＊高校を卒業したばかりです」と自己紹介した。高校在学中に図書室にあった『丸山眞男集』を全部読み終え、卒業祝いに祖父から『丸山眞男集』を買ってもらったという。居並ぶ面々が舌を巻いて驚いたことは言うまでもない。「丸山オタクなんて、あったんかいな！」。Ｈくんは今大学四年生になって、将来の進路について思い悩んでいる。熱心に参加した丸山会が、彼に悪い影響を与えていないことを祈るばかりである。

最年長はＨさん。イニシャルは偶然同じだが、Ｈくんとは何の関係もない。参加し始めた頃、Ｈさんは動物園の園長さんだった。動物園で生まれた（すなわち野生ではない）ゴリラの雌雄に子を産ませるのがいかに大変か、要するにゴリラにセックスの仕方を教えるのがいかに難しいかについて、Ｈさんは大真面目に語った。その後、Ｈさんは保育園の園長さんになったので、「出世」して人間を相手できるようになったと大いに自慢した。むろん丸山眞男を限りなく尊敬するＨさんは、たいへんな読書家である。Ｈさんがいかに多くの本を購入し読破しているかは話の端々から想像され、わたしはしばしば赤面せずにいられない。

一時期、とても熱心に丸山会に参加していたYさんについても書いておこう。Yさんは予告なく会に参加するようになり、毎回、熱心にみんなの話を聞くが一言も発したことはなく、会が終わるとすぐに帰って行った。かなり長い間、誰もYさんと話すきっかけを持てずにいたが、いつしか打ち解けて自分のことを語るようになった。それによるとYさんは有名な電機メーカーの社員で、労働組合の役員をすることになったので、政治学の勉強をしようと思い立って丸山会に参加しているという。その後、しばらく経って衆議院総選挙があったとき、わたしは自分の住んでいる地域の候補者掲示板にYさんの名前を見つけてびっくりした。この地域はその電機メーカーの社員がたくさん住んでいることで知られ、中選挙区時代から、その会社の労組経験者が野党の公認候補として着実に当選していた。どういう事情か知らないが、Yさんはその公認候補に対抗するような形で無所属で立候補して惨敗した。その後もYさんは丸山会に出席して意気軒昂だったが、しばらくして足が遠のいた。その後、統一地方選挙に立候補しているというメールをYさんから受け取ったが、当選したという話を聞いていない。丸山会は「政治学の勉強」にはならなかっただろうと考えると、申し訳ない気がしている。

もちろん丸山会のメンバーはこんな変わり種ばかりではない。多くは研究者か大学院生なので、読書会の成果を論文集にして出版しようという話になり、読書会とは別に合宿までした。しかし丸山眞男をテーマとする論文集は、この会の常連でもある編集者の白石徳浩さんの督励にもかかわらず、実現しなかった。それからずいぶん時間が経ち、白石さんからは「あの話」はどうなったのかと何度もつつかれて、長妻さんがナショナリズムをテーマにした論文集の企画をつくった。執筆者はほとんどが読書会の常連だが、足りない部分は友人たちに執筆をお願いした。すべての原稿について編者がチェックし、二度三度と改稿をお願いした。読書会と同じ論法で遠慮のない批評批判をしたが、腐らずに全員が原稿を出してくれた。おかげで単なる寄せ集めの論文集ではなく、一貫したストーリーを持った本ができたと思う。

丸山会は、このところ新たに出席する人が少なくなり、メンバーが固定化してマンネリの傾向がある。興味がなくなった人、就職その他の事情で通うのが難しくなった人、そして留学生活の一時期に丸山会に通い、今は祖国で活躍している人。丸山会はいずれ自然に消滅するだろうが、会に参加したたくさんの人々の議論と情熱の結果が、このような形で結晶したのは喜ばしいかぎりだ。

最後に、辛抱強く待っていただいた白石さんに感謝したい。生意気にも、新しく出版社を設立した白石さんを助力しようというのが最初の趣旨だったと思うが、結果的には、ひどく迷惑をかけてしまった。本書が萌書房の負担にならないことを祈るばかりである。

二〇〇九年八月　金大中元大統領国葬の日　ソウルで

米原　謙

平野 敬和（ひらの ゆきかず）
1973年生まれ。大阪大学大学院文学研究科博士後期課程修了。現在，同志社大学人文科学研究所嘱託研究員。博士（文学・大阪大学）。『〈歴史認識〉論争』（共著：高橋哲哉編，作品社，2002年），『KAWADE 道の手帖 丸山眞男』（共著：河出書房新社，2006年），『日本思想史ハンドブック』（共著：苅部直・片岡龍編，新書館，2008年）ほか。〔第Ⅱ部第6章〕

安西 敏三（あんざい としみつ）
1948年生まれ。慶應義塾大学大学院法学研究科博士課程単位取得退学。現在，甲南大学法学部教授。博士（法学・慶應義塾大学）。『福沢諭吉と西欧思想――自然法・功利主義・進化論――』（名古屋大学出版会，1995年），『福澤諭吉と自由主義――個人・自治・国体――』（慶應義塾大学出版会，2007年），『現場としての政治学』（共著：日本経済評論社，2007年）ほか。〔第Ⅱ部第１章〕

魯 炳 浩（ノ ビョンホ）
1969年生まれ。京都大学大学院人間・環境学研究科博士課程修了（共生文明学専攻）。現在，韓国外国語大学・慶熙大学・翰林大学非常勤講師。博士（人間·環境学・京都大学）。「吉野作造の弟子奥平武彦の朝鮮」『歴史文化社会論講座紀要』第1号（京都大学大学院人間・環境学研究科歴史文化社会論講座編，2004年），「丸山真男における朝鮮論の『古層』」『社会システム研究』第8号（京都大学大学院人間・環境学研究科社会システム研究刊行会，2005年），「丸山真男とヘーゲル」『日本研究』第31号（韓国外国語大学校日本研究所，2007年）ほか。〔第Ⅱ部第２章〕

織田 健志（おだ たけし）
1979年生まれ。同志社大学大学院法学研究科博士後期課程修了。現在，関西大学・大阪商業大学非常勤講師。博士（政治学・同志社大学）。「『国家の社会化』とその思想的意味――長谷川如是閑『現代国家批判』を中心に――」『同志社法学』第299号（2004年），「『煩悶青年』のゆくえ――長谷川如是閑における『個』の問題」『同志社大学ヒューマン・セキュリティ研究センター年報』第4号（萌書房，2007年），「共同性の探求――長谷川如是閑における『社会』概念の析出――」『同志社法学』第321号，2007年）ほか。〔第Ⅱ部第３章〕

李 建 華（リ ジェンホァ）
1976年生まれ。名古屋大学大学院環境学研究科博士課程修了。現在，中国北京理工大学外国語学院准教授。博士（法学・名古屋大学）。「津田思想史学における『実生活』と『平民』像」『日本学研究』第11号（2002年），「津田左右吉の平民論と明治国家体制批判」『政治経済史学』第479号（2006年），「津田左右吉の古代日本思想論（平安初期まで）――中国古代思想研究との比較を手がかりに――」『人間環境学研究』第5巻第1号（2007年）ほか。〔第Ⅱ部第４章〕

胆 紅（タン ホン）
1973年生まれ。大阪大学大学院国際公共政策研究科博士課程修了。博士（国際公共政策・大阪大学）「陸羯南と新聞『日本』のアジア論――日清戦争まで――」『国際公共政策研究』第9巻第2号（2005年），「1910年代日本の中国論――『東洋経済新報』を中心に――」『政治思想研究』第6号（『自由思想』第105～106号，2006年に再録），「『東亜協同体』論をめぐって――戦時下日本の中国論――」『中国研究月報』第61巻第10号（2007年）ほか。〔第Ⅱ部第５章〕

■執筆者紹介（執筆順，＊は編者）

＊長妻三佐雄（ながつま　みさお）
1964年生まれ。同志社大学大学院法学研究科博士後期課程満期退学。現在，大阪商業大学総合経営学部准教授。博士（文学・立命館大学）。『公共性のエートス』（世界思想社，2002年），「三宅雪嶺の中国認識」『ヒストリア』第192号（2004年），「運動としての模倣――中井正一の挑戦――」（伊藤徹編『作ることの日本近代』世界思想社，近刊）ほか。〔まえがき・第Ⅰ部第５章〕

小寺正敏（こでら　まさとし）
1949年生まれ。神戸大学大学院法学研究科博士課程単位取得退学。現在，兵庫県立三木高等学校教諭。「透谷・愛山論争における文学概念と政治思想」『兵庫　史学研究』第44号（1998年），「北村透谷の文学史論の行方と国民観」同誌第45号（1999年），「『楚囚之詩』の政治的位相について――北村透谷における詩の政治学」同誌第48号（2002年）ほか。〔第Ⅰ部第１章〕

田中和男（たなか　かずお）
1947年生まれ。同志社大学大学院法学研究科博士課程後期課程中退。現在，龍谷大学非常勤講師。『近代日本の福祉実践と国民統合』（法律文化社，2000年），「鏡花の挑発」『研究紀要』第8号（世界人権問題研究センター，2003年），「大原社会問題研究所の設立と米田庄太郎」『同志社法学』第321号（2007年）ほか。〔第Ⅰ部第２章〕

萩原　稔（はぎはら　みのる）
1974年生まれ。同志社大学大学院法学研究科政治学専攻博士後期課程修了。現在，同志社大学嘱託講師，大阪成蹊大学・阪南大学非常勤講師。博士（政治学・同志社大学）。『北一輝自筆修正版　国体論及び純正社会主義』（共編：ミネルヴァ書房，2007年），「アジア――対立と共同のはざまで」（出原政雄編『歴史・思想からみた現代政治』法律文化社，2008年），「超国家主義の諸相――北一輝，橘樸を中心に」（西田毅編『概説　日本政治思想史』ミネルヴァ書房，2009年）ほか。〔第Ⅰ部第３章〕

滝口　剛（たきぐち　つよし）
1958年生まれ。大阪大学大学院法学研究科博士後期課程単位取得退学。現在，大阪大学大学院法学研究科教授。「戦時体制――その衝撃と1930年代の政治――」（多胡圭一編『日本政治――過去と現在の対話――』大阪大学出版会，2005年），「実業同志会と大阪財界」『阪大法学』第55巻第3・4号（2005年），「民政党内閣と大阪財界㈠㈡」同誌第57巻第4号，2007年；第58巻第5号，2009年）ほか。〔第Ⅰ部第４章〕

＊米原　謙（よねはら　けん）
1948年生まれ。大阪大学大学院法学研究科博士課程単位取得退学。現在，大阪大学大学院国際公共政策研究科教授。『近代日本のアイデンティティと政治』（ミネルヴァ書房，2002年），『徳富蘇峰』（中公新書，2003年）『日本政治思想』（ミネルヴァ書房，2007年）ほか。〔第Ⅰ部第６章・あとがき〕

ナショナリズムの時代精神——幕末から冷戦後まで——

2009年11月1日　初版第1刷発行

編　者　米原謙・長妻三佐雄

発行者　白石徳浩

発行所　有限会社　萌《きざす》書房
〒630-1242　奈良市大柳生町3619-1
TEL（0742）93-2234 / FAX 93-2235
［URL］http://www3.kcn.ne.jp/~kizasu-s
振替　00940-7-53629

印刷・製本　共同印刷工業・藤沢製本

ISBN978-4-86065-052-0